Samuel Willenberg

Treblinka

rat UNRAST

Die deutsche Ausgabe diese Buches entstand auf Initiative des Bildungswerkes Stanisław Hantz e.V., Kassel
Übersetzung: Steffen Hänschen, Berlin
Lektorat: Tina Henkel und Rita Bartenschlager
Erstveröffentlichung: Mered be-Treblinka, Israel Ministry of Defense, Tel Aviv, 1986

Samuel Willenberg

Treblinka

Lager | Revolte | Flucht | Warschauer Aufstand

rat UNRAST

Bibliographische Information Der Deutschen Bibliothek
Die Deutsche Bibliothek verzeichnet diese Publikation in der Deutschen Nationalbibliographie; detaillierte bibliographische Daten sind im Internet über http://dnb.ddb.de abrufbar.

Samuel Willenberg
Treblinka
2. Auflage, März 2018
ISBN 978-3-89771-820-3
rat · reihe antifaschistischer texte

Postfach 8020, 48043 Münster – Tel. (0251) 66 62 93
www.unrast-verlag.de

Mitglied in der assoziation Linker Verlage (aLiVe)
Umschlag: pbdt, Hamburg
Satz: pbdt, Hamburg
Druck: CPI – Clausen & Bosse, Leck

Inhalt

Vorwort

In der Lobby des Marriott am Potsdamer Platz herrscht Hochbetrieb. Filmteams hasten mit ihren Kameras und Stativen an den Menschen vorbei. Polnische, russische, englische und hebräische Worte schwirren durch die riesige Halle. Morgen wird das Holocaust-Mahnmal in Berlin eröffnet. Historiker, Diplomaten, Museumsleiter und Politiker aus aller Welt sind angereist. Auch einige Hundert Überlebende aus Konzentrationslagern und ehemalige Zwangsarbeiterinnen und Zwangsarbeiter sind eingeladen worden. Wir wollen Ada und Samuel Willenberg aus Tel Aviv treffen. Da wir bisher nur telefonischen Kontakt hatten, haben wir ein Erkennungszeichen verabredet. Frau Willenberg will die *Jerusalem Post* in der Hand halten, wir das englische Buch ihres Mannes *Revolt in Treblinka.* Also suchen wir nach einem älteren Ehepaar mit Zeitung. Ältere Ehepaare gibt es viele in der Lobby – nur die Willenbergs sind bisher nicht darunter. Schließlich kommt eine ältere Frau mit modischem Kurzhaarschnitt gefolgt von einem Mann mit schlohweißen Haaren durch die Drehtür. Beide schauen sich suchend um. Dann holt der Mann eine Zeitung aus seiner hellbraunen Ledertasche. Das müssen sie sein.

Ada und Samuel Willenberg sind zusammen mit ihrer Tochter nach Berlin gekommen. Vor unserem Treffen haben sie sich bereits das Holocaust-Mahnmal angeschaut. Mit dem Stelenfeld können sie wenig anfangen, aber die Ausstellung hat sie begeistert. Beiden ist die Reise nach Deutschland nicht leicht gefallen. Samuel Willenbergs Schwestern Ita und Tamara wurden von Deutschen umgebracht. Auch Ada Willenbergs Eltern wurden ermordet. Sie selbst überlebte das Warschauer Ghetto dank der Unterstützung einer polnischen Frau, die sie als ihr Kind ausgab. Noch am Ende des Krieges verschleppten die Deutschen sie – im Glauben sie sei katholische Polin – zur Zwangsarbeit auf einen Hof in die Nähe von Dresden. Jahrzehntelang war für die Willenbergs alles Deutsche tabu. Das Land, die Menschen, die Sprache, deutsche Autos. Einfach alles. Aber jetzt, 60 Jahre später, trinkt Samuel Willenberg seinen ersten deutschen Saft. Ihn reizt es, eine neue Generation von Deutschen kennen zu lernen. Gewissermaßen Pionierarbeit hat seine Tochter geleistet. Die Architektin der israelischen Botschaft in Berlin war schon häufiger im Land der Täter und hatte ihren Eltern vom neuen, demokratischen Deutschland berichtet. Heute sitzt sie neben ihnen in der Lobby des Berliner Hotels. Aufmerksam hören die drei unseren Vorschlag an, Samuel Willenberg für eine Vortragsreise zu gewinnen. Die Idee gefällt ihnen.

Und tatsächlich, schon wenige Monate später reisen Ada und Samuel Willenberg mit uns durch Deutschland. Auf Einladung des Bildungswerks Stanisław Hantz spricht Samuel Willenberg in Göttingen, Bielefeld, Hamburg und Berlin über das Vernichtungslager Treblinka. Überall sind die Zuhörerinnen und Zuhörer sichtlich bewegt von den Erzählungen des 84-Jährigen. Samuel Willenberg berichtet vom Anfang des Krieges, seiner Deportation ins Vernichtungslager nach Treblinka, dem täglichen Kampf ums Überleben und dem Häftlingsaufstand. Als er in Göttingen von seinen Schwestern spricht, muss er abbrechen und seine Frau bitten, fortzufahren. Während er mit den Tränen kämpft, schildert sie stellvertretend für ihren Mann die Szene, die sich bei ihm so schmerzvoll ins Gedächtnis eingebrannt hat. Als Sklavenarbeiter der SS musste Samuel Willenberg in Treblinka die Kleidung der kurz zuvor Ermordeten sortieren. Denn die besten Stücke wurden regelmäßig »ins Reich« geschickt. Eines Tages hielt er den Mantel seiner Schwester Tamara in der Hand. Es gab keinen Zweifel. Die Ärmel des Mantels hatte seine Mutter mit einem farbigen Stoffteil verlängert. Und unter Tamaras Mantel entdeckte er auch noch den Rock seiner älteren Schwester Ita. Darüber hat Samuel Willenberg auch nach dem Krieg nie mit seinen Eltern sprechen können. Er brachte es nicht übers Herz, ihnen vom Schicksal seiner Schwestern zu erzählen.

Den roten Faden in Samuel Willenbergs Vortrag bilden seine Bronzeskulpturen, deren Bilder an die Wände projiziert werden. Als Rentner studierte Samuel Willenberg Malerei und Bildhauerei. Produkte seines künstlerischen Schaffens sind Plastiken, die alle etwas mit dem Vernichtungslager Treblinka zu tun haben. Jede Skulptur birgt eine eigene Geschichte. *Der Scheißmeister*, der Musiker *Artur Gold und seine Band*, eine junge Frau, die wahnsinnig vor Angst, ein Stück Brot wie einen Schatz umklammert, oder ein einbeiniger Mann, der auf seine Erschießung wartet. Auch die mit Gewehren und Granaten bewaffneten Häftlinge, Symbol für den jüdischen Häftlingsaufstand vom August 1943, hat er in einer Bronzeplastik abgebildet. Als Samuel Willenberg nach fast zwei Stunden seinen Vortrag beendet, stehen viele Zuhörer auf und applaudieren. Eltern kommen mit ihren Kindern zur Bühne und bedanken sich mit bebender Stimme dafür: »Sie hören zu dürfen.« Andere bitten um Autogramme oder fragen, ob es ein Buch über Samuel Willenberg und sein bewegtes Leben gibt. Ada und Samuel Willenberg strahlen über das ganze Gesicht. Sie sind froh darüber, dass sie diese Reise gemacht haben. Gerne würden sie wiederkommen – vielleicht, um Samuel Willenbergs Skulpturen in Deutschland zu zeigen.

Seit 1998 besuchen wir mit unseren Reisegruppen regelmäßig die Gedenkstätten der Vernichtungslager der »Aktion Reinhardt« Bełżec, Sobibór und

Treblinka; die Orte, an denen die SS mehr als anderthalb Millionen jüdische Menschen ermordete. Einmal im Jahr fahren wir auch nach Treblinka in die Nähe von Warschau. Schon seit vielen Jahren ist das Buch *Revolt in Treblinka* von Samuel Willenberg eines von zwei, drei Büchern, die es dort in einem kleinen Kiosk über das Vernichtungslager Treblinka zu kaufen gibt. Auch 65 Jahre nach der Errichtung des zweitgrößten NS-Vernichtungslagers nach Auschwitz-Birkenau ist Treblinka weitgehend eine publizistische Leerstelle geblieben. Dabei hat das Lager Treblinka, in dem fast 900.000 zumeist jüdische Menschen ermordet wurden, eine besondere Geschichte. Am 2. August 1943 gelang es den jüdischen Arbeitshäftlingen, einen Aufstand gegen die SS-Leute und deren ukrainische Wachmannschaften zu organisieren. Es war der erste bewaffnete Aufstand in einem NS-Vernichtungslager. Zwar wurde die Häftlingsrevolte wie später auch in Auschwitz-Birkenau und Sobibór blutig niedergeschlagen, doch einigen jüdischen Häftlingen gelang die Flucht. Heute kennt man die Namen von etwas mehr als 60 Überlebenden des Vernichtungslagers.

Wer etwas über Treblinka erfahren möchte, muss sich sein Wissen mühsam aus einigen wenigen Büchern zusammensuchen. In deutscher Sprache gibt es bisher nur ein einziges Buch eines Treblinka-Überlebenden: *Die Falle mit dem grünen Zaun* von Richard Glazar aus Prag. So stammt das, was wir heute über Treblinka wissen, überwiegend von den Tätern selbst. Zum Beispiel aus den Gesprächen der britischen Journalistin Gitta Sereny mit dem früheren Treblinka-Kommandanten Franz Stangl oder aus den Ermittlungsakten und Prozessunterlagen deutscher Staatsanwaltschaften. Deswegen ist es uns ein besonderes Anliegen, Überlebenden wie Samuel Willenberg eine Stimme zu geben und seine Erinnerungen für die Nachwelt zu erhalten.

Samuel Willenberg schildert in seinem Text sehr anschaulich und detailliert den Alltag und die Extremsituationen im Vernichtungslager Treblinka, in das er 1943 verschleppt wird. Zum damaligen Zeitpunkt ist Samuel Willenberg gerade einmal 20 Jahre alt. Das erlittene Leid und die traumatischen Erfahrungen im Lager Treblinka sind jedoch nur ein Teil des Buches. Der zweite Teil beschäftigt sich mit dem Leben nach der Flucht. Mit klaren, präzisen Worten beschreibt er Beobachtungen und Erfahrungen, die er mit Deutschen, Polen und Ukrainern im besetzten Polen gemacht hat. Anhand seiner prägnanten Momentaufnahmen wird die doppelte Gefahr, denen Juden von deutscher und von nationalistisch-polnischer Seite ausgesetzt waren, offensichtlich. Seine beiden Schwestern wurden von polnischen Nachbarn bei den Deutschen denunziert, sein Vater musste seinen jiddischen Akzent vor seinen Mitmenschen verbergen, um nicht verraten und verhaftet zu werden. Jüdische Flüchtlinge und Widerstandskämpfer wurden von antisemitischen Polen erschlagen und ermordet. Die Tragik dieser Lebensumstände prägt Willenbergs Biografie. Zwar kämpfte er im (nicht-jüdischen) Warschauer

Aufstand 1944 Seite an Seite mit polnischen Partisanen gegen die deutschen Besatzer. Doch seine jüdische Herkunft musste er vor den eigenen »Kameraden« verbergen und als jüdischer Partisan doppelt um sein Leben fürchten. Trotz dieser schrecklichen Situation vergisst Samuel Willenberg nicht zu differenzieren. Er erzählt auch von der Hilfe und Unterstützung durch katholische Polen. Ohne sie hätten er und sein Vater nicht überlebt.

Der vorliegende Text von Samuel Willenberg basiert auf seinen Erinnerungen, die unmittelbar nach dem Krieg im Rahmen eines längeren Interviews aufgezeichnet wurden. Im Anhang finden sich, neben einer Kurzbiografie von Samuel Willenberg, Bilder seiner Bronzeskulpturen und die Auszüge aus einem Gespräch zwischen Samuel Willenberg und dem polnischen Publizisten Paweł Śpiewak. Weiterhin gibt es im Anhang einen Text zur Geschichte des Vernichtungslagers Treblinka.

Danksagung

Unser Dank gilt zuallererst Ada und Samuel Willenberg für ihre Geduld und die freundschaftliche Zusammenarbeit bei der Erstellung des Buches. Wir haben uns zudem sehr gefreut, dass Paweł Śpiewak aus Warschau damit einverstanden ist, Teile seines Interviews nachzudrucken. Außerdem möchten wir uns bei der Heinrich-Böll-Stiftung sowie dem Trägerkreis Shoah-Gedenkstätten beim Kirchenkreis Bielefeld für die finanzielle Unterstützung des Projektes bedanken.

Bildungswerk Stanisław Hantz, März 2009

Prolog

Der klagende Heulton der Sirenen unterbricht die Ruhe des schönen Aprilmorgens. Durch die Straßen der Stadt, die von warmen Sonnenstrahlen erleuchtet wird, weht der Duft der Orangenhaine aus der Umgebung.

Ich fahre mit meiner Frau und meiner Tochter durch die überfüllten Straßen Tel Avivs zur Arbeit, als plötzlich der Straßenverkehr erstarrt. Die Autos halten an. Fahrer wie Mitfahrer steigen aus. Sie stehen aufrecht und still – jeder bei seinem Auto. Das Heulen der Sirenen ertönt in diesem Moment in ganz Israel und kündigt den Beginn des Yom HaShoah [Holocaust-Gedenktag][1] an. Diese Schweigeminute ist dem Gedenken von sechs Millionen Ermordeten gewidmet. Die Sekunden rasen, während wir uns in Gedanken mit denen, die nicht mehr unter uns sind, verbinden, und die Erinnerungen an damalige Ereignisse an uns vorbeiziehen. Ich schaue mir die Menschen um mich herum an. Sehe meine Frau und meine Tochter, die neben mir stehen.

Plötzlich verwischt das Bild, das mich umgibt. Nebel verdeckt meine Augen. Die Konturen der Häuser und Menschen verschwimmen. Ich sehe die überfüllte Straße nicht mehr. Dunkles Grün breitet sich aus. Ich schaue durch ein kleines, mit Stacheldraht vergittertes Fenster eines Güterwagons und höre das Rattern der Räder, spüre, wie der Wagon hin und her schaukelt. Das Licht des frühen Morgengrauens dringt ins Innere.

Der Weg ins Ungewisse

Die Deportierten hatten sich auf dem Boden niedergelassen und lehnten sich aneinander. Die Menschenmasse verharrte in Bewegungslosigkeit und absoluter Stille. In den Gesichtern stand Sorge. Wir wussten nicht, wohin wir fuhren und was uns erwartete.

Unruhige Gedanken durchfuhren meinen Kopf. Erinnerungen kamen hoch, deutlich und klar, wie in einem Film. Plötzlich sah ich mich in Radość mit meiner Familie. Glückliche Jugend, ruhiges Elternhaus. All das war plötzlich unglaublich weit entfernt und merkwürdig irreal. Als wäre das alles nur ein wunderschöner Traum gewesen, so als ob es im Leben keine Ruhe, Freiheit, Freude und Sorglosigkeit mehr geben würde. Ich erinnerte mich an meine Mutter, meinen Vater, meine Schwestern. Ich sorgte mich um ihr Schicksal. Sind sie in Sicherheit? Die Sorge um meine Schwestern wechselte sich ab mit dumpfer Resignation und dem Wunsch, dass das alles schnell vorübergehen möge. Und plötzlich schien die Wirklichkeit nur eine Illusion zu sein: Dass alles um mich herum nur ein gespenstischer Traum sei und ich wie früher fröhlich und frei aufwachen würde.

Das Rattern der Räder erinnerte mich an das Echo der Trommelwirbel auf der Straße, das mich am Tag zuvor geweckt hatte. Zu dem Zeitpunkt begriff ich noch nicht wirklich, was vorging. Es war vier Uhr morgens. In Opatów war die Deportation der jüdischen Bevölkerung und die Räumung des Ghettos angeordnet worden. Kindergeschrei und Wehklagen der Frauen begleitete die Vorbereitungen auf die Reise ins Ungewisse. Auf den Straßen patrouillierten SS-Einheiten. Von überall her drangen Verzweiflungsschreie und Beschimpfungen; die Deutschen, die uns vertrieben, wurden verflucht. Aus den Häusern schoben sich Juden, gebeugte Gestalten unter dem Gewicht ihrer mageren Vorräte. Die Menschenwelle wogte auf den Marktplatz zu. Dort wuchs die Menge von Minute zu Minute an. In Opatów wohnten zu diesem Zeitpunkt etwa 7.000 Juden. Dieser traurige Umzug machte einen fürchterlichen Eindruck. Viele gingen in dumpfer Resignation – vielleicht mit dem Vorgefühl, niemals wieder in ihre Häuser zurückzukehren, in denen sie lange Jahre verbracht hatten. Auf dem großen Platz stellte man uns in Fünferreihen auf. Während des Abzählens trennte man eine Hand voll Juden ab; sie sollten das Ghetto auflösen. Auch Mitglieder der jüdischen Polizei und des Judenrats blieben mit ihren Familien zurück. Patrouillen durchkämmten die

Wohnungen nach Menschen, die sich noch versteckt hielten: meist Kranke und Alte, die nicht marschieren konnten. Sie wurden an Ort und Stelle erschossen.

Nach einigen Stunden des Wartens setzte sich der riesige Zug in Bewegung. Unsere Bewacher waren Ukrainer[2] und Deutsche. Sie führten uns aus der Stadt hinaus zur nächsten Bahnrampe, die etwa achtzehn Kilometer vom Städtchen Opatów entfernt war. Während des Marsches blieben immer wieder Alte oder Kranke zurück, sie konnten nicht mithalten. Bewaffnete deutsche SS-Männer und Ukrainer umgaben uns. Die SS-Männer kannten keine Gnade, sie zogen die Unglücklichen aus der Kolonne und legten sie mit dem Gesicht zum Boden in den Straßengraben. Ein Ukrainer, der ihnen dabei oft auch noch einen Fuß auf den Rücken stellte, hielt den Lauf seines Gewehrs an ihren Kopf und drückte ab. Der Knall zerriss die Luft. Aus dem zertrümmerten Schädel spritzte Blut und tränkte die Erde. Es war verboten, die Reihen zu verlassen. Für jede Ordnungsübertretung drohte ein tödlicher Schuss. Die Bewacher sparten nicht an Kugeln und schossen aus nichtigstem Anlass.

Die Ukrainer trugen Holzschuhe. Wenn sie an den Füßen der Juden gute, feste Schuhe sahen, zogen sie diese von den Füßen der Deportierten und überließen jenen ihre Holzschuhe. Noch vor Sonnenaufgang trieben sie uns in der Nähe des Bahnhofs Ożarów unter Schlägen und Beschimpfungen in die Wagons. In diese Viehwagons zwängte man 120 Personen. Mit Mühe drängte ich mich zu dem kleinen, vergitterten Fenster. Der Nebel lichtete sich über dem Sumpfboden und grüne Felder waren zu sehen. Noch war die Sonne nicht aufgegangen. Wir fuhren an Bächen und Seen vorbei. Am Horizont tauchte lilagrauer Wald auf. Durch die Baumwipfel schien das Rot der aufgehenden Sonne. Außerhalb des Wagons kündigte sich ein schöner Herbstmorgen an.

Die im Wagon zusammengepferchten Menschen fragten mich, ob ich einen Bahnhof sehen würde. Sie fühlten das Gerüttel des Wagons, der auf den Weichen hin und her sprang. Wir fuhren gerade durch irgendeinen größeren Bahnhof. Am Bahnsteig hing ein Schild – Siedlce. Dann wurde der Zug langsamer. Wir hielten auf einer kleinen Bahnstation. Dort warteten Leute auf einen Zug. Aus der Ferne konnten wir vereinzelte Stimmen hören: »Juden, jetzt wird Seife aus euch gemacht.«

Seife wird aus euch gemacht – Im Wagon wurde es still. In die Gesichter traten Resignation und Trauer. Berger, ein wohlhabender Jude mit einem schönen, gepflegten kurzen Bart, nahm meine Hand: »Siehst du, Samek, du wolltest doch zu den Partisanen gehen. Du wolltest kämpfen. Kämpfen, aber mit wem? Zusammen mit denen, die uns noch mehr hassen als die Deutschen? Du wolltest, dass ich meine Kinder in den Wald schicke und hast uns geraten, sie sollten sich dort verstecken. Aber bei wem? Bei denen, die sie bei erstbester Gelegenheit eigenhändig ermorden? Oder für einen Liter Wodka verraten? Du warst schließlich selbst auf der »arischen« Seite[3]. Überleg mal, wer dir dort geholfen hat. Was hast du erlebt? Was ist mit deinen beiden Schwestern passiert, die doch so arisch aussahen? Haben nicht Polen sie in die Hände der Deutschen ausgeliefert? Die sind doch zufrieden darüber, was mit uns passiert, dass die Deutschen uns aussiedeln, wer weiß wohin. Oder vielleicht wissen sie es sogar.« Er ließ den Kopf hängen und drängte sich durch zu seiner Familie.

Der Zug hielt auf einer Bahnstation. Uns gegenüber, auf dem zweiten Gleis, stand noch ein Zug, ebenfalls voller Menschen. Sie fragten uns, woher wir kämen. Sie waren aus Warschau. Der Zug setzte sich langsam wieder in Bewegung. Später fuhren wir an einem Bahnsteig entlang, auf dem ein paar Bahnarbeiter und eine Gruppe SS-Männer herumstanden. Auf einem Schild war zu lesen: Treblinka. Der Zug stoppte. Plötzlich fuhren wir rückwärts. Die Puffer schlugen mit laut kreischenden Geräuschen aufeinander. Ich nahm mein Gesicht nicht vom Fenster. Ich sah, dass die meisten Wagons auf dem Bahnhof zurückblieben, während wir mit einigen Wagons auf ein Nebengleis geschoben wurden. Nach ein paar Minuten waren wir von Wald umgeben. Die Bäume standen sehr nah und streiften am Zug entlang. Im Wald erkannte ich Baracken und kurz danach einen großen Berg Schuhe, um den herum sich Menschen bewegten. Dann verschwand der Wald und wir befanden uns auf einem leeren Platz, der von einer Hecke umgeben war und an eine Holzbaracke grenzte. Der Platz verengte sich an der Baracke zu einem Bahnsteig. Überall liefen SS-Männer mit Peitschen in den Händen herum. An der Hecke und vor der Baracke standen Soldaten in schwarzen Uniformen, mit entsicherten Gewehren. Etwa zehn Meter weiter sah ich zivil gekleidete Juden mit blauen Abzeichen auf den Ärmeln. Sie hatten Besen in den Händen. Der Zug hielt an, knirschend öffenetn sich die Türen. Soldaten in schwarzen Uniformen schrien wild russisch und ukrainisch durcheinander und befahlen uns, aus den Wagons zu steigen. Das waren die Ukrainer.

Die Rampe füllte sich mit Menschen. Die Familien trugen ihre gesamte bescheidene Habe auf dem Rücken. Mütter drückten weinende Kinder an sich, überall gellten Schreie. Durch Kolbenhiebe und Rufe *Schnell, schnell!*[4] getrieben liefen wir alle in Richtung Hecke, in deren Mitte sich ein offenes Tor befand. Neben dem Tor standen ein bewaffneter Ukrainer und dahinter jemand mit einer roten Armbinde, der wie ein Jude aussah. Dieser befahl die Männer nach rechts und die Frauen nach links. So gelangte ich auf einen Platz, der von zwei Seiten mit Baracken begrenzt war. Vor der rechten Baracke stand ein Brunnen. Der Abstand zwischen beiden Baracken betrug etwa dreißig Meter. Den Platz begrenzte ansonsten eine ausgetrocknete, braungrüne Hecke. Ich stellte mich ans Ende der Baracke zu den Männern. Zehn bis zwanzig Juden mit roten Armbinden befahlen uns, auf die Erde zu setzen und die Schuhe ausziehen. Sie gaben uns kurze Schnüre, um die Schuhe zu Paaren zusammenzubinden. Zu mir kam ein junger Mann in Stiefeln, in einer sportlichen Windjacke und mit einem bunten Tuch um den Hals.

Schon im ersten Moment kam mir das Gesicht merkwürdig bekannt vor. Ich fragte ihn: »Woher kommst du?« Er stellte mir dieselbe Frage. Ich begann die Städte aufzuzählen, in denen ich gewesen war: Warschau, Opatów, Częstochowa. Er unterbrach mich: »Aus Częstochowa? Und wie heißt du?« »Ich heiße Samuel Willenberg.« »Samek, du bist das. Sag einfach, dass du Maurer bist.«

Er entfernte sich wieder und teilte weiter Schnüre aus. Ich sah mich um, meine Mitreisenden zogen bereits ihre Schuhe aus und banden sie zu Paaren zusammen. Ich tat es ihnen nach. SS-Männer schrien: *Alles herunter!* und befahlen uns die Kleider auszuziehen.

Vor der Baracke auf der anderen Seite standen Frauen und entkleideten sich ebenfalls. Durch Spalte zwischen den Brettern konnten wir ins Innere der Baracke sehen, dort hatten die Frauen ihre Kleidung und die mitgebrachten Sachen ebenfalls auf die Erde geworfen. Auch die Männer begannen sich auszuziehen. Immer größerer Schrecken zeichnete sich auf ihren Gesichtern ab. Ukrainer und SS-Männer trieben uns mit ihrem Gebrüll *Schnell, schnell* an.

In diesem Moment kam ein SS-Mann auf mich zu und schrie: *Wo ist der Maurer?* Ich stand auf, stellte mich stramm hin, öffnete meine Jacke und zeigte ihm den leinenen, mit Farbe verschmutzten Kittel meines Vaters, einem Kunstmaler. Mit einem Tritt in den Hintern schickte mich der SS-Mann in die Baracke. Dort umgab mich Halbdunkel, meine Augen gewöhnten sich nur langsam an die Dunkelheit. Ich sah mich um – ich war alleine. Ich näherte mich dem etwas höher angebrachten Fenster, stellte mich auf einen Balken und beobachtete, was auf dem Platz draußen geschah. Ich sah das mitgebrachte Gepäck, die hingeworfenen Kleidungsstücke. Es wirkte wie ein farbiger Teppich aus bunten Stofffetzen. Die nackten Männer verschwanden unter Schlägen in einer Pforte in der Hecke.

Der Platz leerte sich. Nur noch die herumliegenden Gepäckstücke waren zu sehen. Plötzlich wurde aus der Menge der Männer, die von SS-Männern getrieben auf die Pforte zuliefen, einige zurück auf den Platz geholt, wo man sie zwang, die Kleidungsstücke aufzusammeln und hinter »meine« Baracke zu bringen.

Angetrieben von wildem Gebrüll und unmenschlichen Schlägen kamen sie ein paar Mal zurück und trugen die Kleidungstücke bündelweise fort. Als der Platz fast leergesammelt war, trieb ein Ukrainer mit einem Gewehr das Kommando der Aufsammler zu mir in die Baracke und befahl ihnen, sich auf die Erde zu setzen. Ihre Gesichter waren von den Peitschenhieben gezeichnet, die Augen blutunterlaufen, rote Striemen liefen über ihre nackten Körper.

Ich konnte unter den Sitzenden einzelne Gesichter ausmachen: Lolek Bursztyn, der aus dem Warschauer Ghetto nach Opatów geflüchtet war. Daneben Heniek Goldman, mit dem ich befreundet war; er saß an seinen Vater gelehnt. Ihre Blicke waren voller Angst und Verzweiflung. Sie wussten ebensowenig wie ich nicht, was und erwartete.

Nach einer Zeit hörten wir die Geräusche einer neu ankommenden Gruppe und von neuem wurden die Rufe laut: *Alles ausziehen!* Dann holte man die nackten Männer wieder aus der Baracke. Sie liefen mit dem Wachmann hinaus und begannen erneut, die herumliegenden Sachen der Neuankömmlinge einzusammeln. Durch ein Fenster beobachtete ich das Geschehen auf dem Platz. Die nackten Männer verschwanden am Ende der Baracke und die Frauen gingen in die Baracke hinein. Von Zeit zu Zeit hörte ich ein wildes Geschimpfe, dessen Bedeutung ich damals noch nicht verstehen konnte: *Elendes Pack.*

Von dem Ukrainer bewacht kehrte die Gruppe wieder in die Baracke zurück, dieses Mal noch schlimmer zugerichtet. Blut lief den Männern aus ihren Nasen, ihre Körper waren von Striemen übersät. Lolek Bursztyn rief mir zu: »Samek, sie bringen uns um!« Sein Gesicht, das ich nur mit einer Brille kannte, hatte sich jetzt in eine rote, blutige Masse verwandelt. Er warf mir einen verzweifelten Blick zu und fragte: »Was wird aus uns?«

Auf eine solche Frage konnte niemand von uns antworten. Ich war der einzige, der nicht geschlagen wurde und angezogen war. Nur meine Schuhe hatte ich auf dem Platz gelassen. Wieder öffnete sich die Tür und ein SS-Mann befahl der Gruppe herauszukommen. Ein drittes Mal mussten sie dieselbe Tätigkeit verrichten – die Sachen von Neuankömmlingen aufsammeln. Dieses Mal jedoch kehrten sie nicht in die Baracke zurück. Sie wurden von den SS-Männern und den Ukrainern hinter die Baracke getrieben, dorthin, wohin schon vorher die anderen Männer des Transportes laufen mussten. Sie verschwanden hinter der welken, braunen Hecke. Dann war Ruhe auf dem leeren, sauberen Platz.

Erst jetzt, als er in die Baracke kam, erkannte ich denjenigen, der mir das Leben rettete, indem er mir riet, mich als Maurer zu melden, als meinen Freund Alfred Böhm aus Kinderzeiten. Er war ein in Deutschland geborener Jude. Ich erinnere mich, wie er Ende der dreißiger Jahre mit seinen Eltern und seiner kleinen Schwester nach Bytom gekommen war. Weil seine Eltern in Polen geboren waren und sie dort Familie hatten, wurden sie 1938 von den Nationalsozialisten als Folge der Pogromnacht vom 9. November ausgewiesen – genau wie viele andere in Deutschland lebende Juden polnischer Herkunft. Tausende Menschen befanden sich in Zbąszyn an der Grenze zwischen Deutschland und Polen, das sie nicht aufnehmen wollte.

Wir freundeten uns miteinander an, als er auf unserer Straße von polnischen Halbstarken angegriffen wurde. Sie schikanierten ihn wegen seines Akzents und des fehlerhaften Polnisch. Ich war um einige Jahre älter und verteidigte ihn oft. Die Straßenjungen erkannten, dass er unter meinem Schutz stand und hörten auf, ihn anzugreifen. Ich war berüchtigt dafür, mich mit jedem und um alles zu schlagen.

Ich erinnere mich an seine Familie, an seine Mutter, den untersetzten und kleinen Vater und die noch kleine Schwester. Auch sie verteidigte ich nicht nur einmal vor den Attacken der Halbstarken. Er fragte mich: »Samek, bist du alleine hier oder mit deiner Familie?«

Ich antwortete ihm, dass meine Eltern auf der »arischen« Seite gewesen seien, meine Schwestern in Częstochowa auf der »arischen« Seite verhaftet worden waren und ich nicht wüsste, was mit ihnen geschehen sei. Nach Treblinka war ich alleine gekommen. Nachdem ich erfahren hatte, dass meine Schwestern ins Gefängnis gebracht worden waren, dachte ich es sei sinnlos, mich weiter mit »arischen« Papieren zu verstecken. Ich entschloss mich, ins Ghetto nach Opatów zurückzukehren und dort auf die Aussiedlung zu warten. In gewissem Sinne war das Selbstmord, wie mir später klar wurde.

»Und ich«, sagte Alfred, »bin jetzt auch alleine hier. Ich bin mit meiner ganzen Familie hierher gebracht worden. Meine Mutter war hier, mein Vater, mein Schwesterchen, aber sie sind alle umgekommen.« Ich verstand nicht, war aber voller ängstlicher Ahnungen.

Wir sahen uns verzweifelt und aufgebracht an. Wir waren nicht in der Lage, unser Gespräch fortzuführen und fielen einander weinend in die Arme. In unseren Erinnerungen sahen wir uns auf unserer kopfsteingepflasterten Fabryczna-Straße in Częstochowa. Gegenüber rauchten die Nadelfabriken. Bei Różewicz im Hof fuhren wir im Winter auf dem Eis Schlittschuh und im Sommer Fahrrad. Morgens trafen wir uns auf dem Schulweg. Alfred hielt seine Schwester an der Hand und brachte sie in den Kindergarten. Jetzt sahen wir uns hier wieder in der Baracke, zwischen dem bunten aufgestapelten Bettzeug. Bettdecken, Kissen und Decken lagen wie ein farbiger Teppich auf dem Boden. An den Wänden hingen bunte Handtücher und Schlafanzüge. An den Balken und Brettern der Baracke waren Spiegel und abgenutztes Rasierzeug aufgehängt. Zwischen den Balken steckten Gabeln und Löffel und auf den Balken standen bunte Becher. Diese vielen Farben zeugten zusammen mit den anderen herumliegenden Alltagsgegenständen davon, dass die Baracke bewohnt war.

Ich schaute mich um und verstand nichts. Ich fragte Alfred, den einzigen, der mit mir in der Baracke stand, umgeben von dem bunten Allerlei: »Was geht hier vor? Wo bin ich?« Er antwortete: »Du weißt nicht, wo du hier bist?« »Ich kann es mir denken, denn als ich auf der ›arischen‹ Seite war ...« »Du warst auf der ›arischen‹ Seite?« »Ja, das war ich, aber nur für ein paar Tage. Ich bin mit dem Zug durch ganz Polen gefahren und habe einen sicheren Platz für meine Familie gesucht.«

Er sah mich aufmerksam an: »Samek, du bist hier im Todeslager Treblinka.« Schreckliche Gedanken durchschossen in rasender Geschwindigkeit meinen Kopf. Was wir bisher nicht glauben wollten – sollte wahr sein: die kleinen polnischen Kinder, die an den Gleisen gerufen hatten: »Jetzt wird aus euch Seife gemacht!«, wussten mehr als wir oder mehr als wir wissen wollten.

»Das ist unmöglich! Das glaube ich nicht!«»Samek, die ersten Tage hier wollte ich es auch nicht glauben.«

Er zog ein großes Paar Schuhe unter Decken hervor. Ich zog sie über die nackten Füße und wir gingen über den Platz, der leer für die ankommenden Transporte war, zurück zur Rampe. Dort trafen wir auf eine merkwürdig gekleidete Gruppe. In Fünferreihen gingen sie zur Küche. Wir schlossen uns ihnen an und marschierten zum Tor, das von der Rampe in den Wald führte. Im Wald verteilt befanden sich Baracken. Wir gingen in eine hinein – die Küche, wie sich herausstellte. Das Abendessen bestand aus einer dicken, leckeren Suppe. Ich bemerkte verwundert, dass das Essen hier besser als im Ghetto war. Ich hatte noch nicht begriffen, dass die Juden von überall her die besten Lebensmittel mitbrachten. Es gab hier kulinarische Spezialitäten aus unterschiedlichsten Ländern. Alles blieb auf dem großen Platz zurück, während ihre Besitzer schon nicht mehr lebten. Die Lebensmittel wurden eingelagert und die Deutschen ernährten uns davon. Ich hielt einen Löffel mit Farfel [Matzenstücke] in der Hand, das von den sorgenden Händen einer Frau vielleicht vom letzten Groschen zubereitet worden war; reich an Fett und Eiern, denn es sollte so gehaltvoll wie möglich sein, damit man im Osten länger durchhalten konnte.

Alfred stellte mich einem Juden aus Łódź vor, einem Ingenieur, dem Kapo des Baukommandos und Blockältesten von seiner Baracke. Mein Freund bemühte sich darum, dass ich in dieselbe Baracke geschickt wurde. Ich war erleichtert, weil wir zusammenblieben. Während des nächsten halben Tages half ich in der Küche. Der Abendappell fand auf dem breiteren Teil der Rampe statt, zwischen dem Gleis und der Hecke, die sich als Zaun entpuppte, in den Kiefernzweige geflochten waren. Wir standen mit dem Rücken zur Umzäunung, auf der rechten Seite eine Baracke, die scheinbar im Wald verschwand. Eine zweite Baracke lag auf der linken Seite entlang der Rampe. SS-Männer postierten vor den Gleisen. Während sie uns zählten, waren wir umstellt von Ukrainern in schwarzen Uniformen mit Totenköpfen auf den Käppis. Dann brachte man uns in die Küche zum Abendessen. Auf dem Weg gab mir Alfred eine Feldflasche und meinte, ich sollte versuchen, möglichst viel Kaffee zu ergattern. Er erklärte mir, dass es in Treblinka ein Wasserproblem gäbe, weil nur ein Brunnen existierte. Deswegen wäre es besser, jetzt nur wenig zu trinken und den Rest für später mitzunehmen. Auf einen Pfiff des Baumeisters hin stellten wir uns in Fünferreihen vor der Küche auf; um uns herum die Wachmänner mit geladenen Gewehren. Wir gingen durch ein Waldstück an ein paar Gebäuden vorbei und gelangten wieder zur Rampe. Und wieder befand ich mich in der Baracke, aus deren Fenster ich so viel gesehen hatte und in der ich jetzt wohnte. Als ich am Baumeister vorbeiging, fragte ich ihn, ob er mich in die Häftlingsliste eingetragen hätte und erinnerte ihn daran, als Maurer aus dem Transport geholt worden zu sein. Er sah mich spöttisch lächelnd an: »Maurer? Wofür, warum, für wen? Du bist naiv, hier braucht man keine Maurer und es gibt sie auch nicht. Überhaupt gibt es hier nichts. Hier gibt es kein Leben. Du bist hier in dem beschissensten Lager, das man sich vorstellen kann. Hier weißt du heute nicht, ob du morgen noch lebst. Es gibt hier keine Listen. Du bist in Treblinka. Sieh mal, uns hat man die Haare nicht geschoren. Es interessiert niemanden. Das ist hier nämlich kein Arbeits- oder Konzentrationslager. Das hier ist einfach die große Vernichtung eines Volkes und es egal, wie du aussiehst. Es spielt nämlich keine Rolle, ob sie dich mit Haaren ermorden oder ohne.

Ich bin vor zwei Wochen mit einem Transport aus Częstochowa hierher gekommen. Kurz vor unserer Ankunft haben die Deutschen den Großteil der Häftlinge, die bis zu dieser Zeit die Hinterlassenschaften der Ermordeten sortiert hatten, erschossen. Aus unserem Transport holten sie eine große Gruppe von Männern, um die Fehlende wieder aufzufüllen. Sie organisierten hier etwas für uns, das aussieht wie ein Lager, aber täusche dich nicht. Es ist nicht das, was es scheint. Es ist eine riesige Todesfabrik. Bisher herrschte hier Unordnung, Irrsinn, sie schossen, mordeten, vergasten, aber jetzt haben die Deutschen ein wenig Ordnung eingeführt.« »Morden sie jetzt reibungsloser?«, unterbrach ich ihn. »Nenne es, wie du willst. Es gibt hier viele aus Częstochowa, weil sie im ersten Deportationszug waren, der hier ankam, nachdem die Deutschen alle bisherigen Häftlinge ermordet hatten. Man hielt sie nur sehr kurz hier. Und genau so werden sie uns auch nur kurz hier lassen – Jetzt weißt du, wie es hier aussieht. Wir sind hier seit zwei Wochen. Das ist das *SS-Sonderkommando Treblinka.*« Er klopfte mir auf die Schulter, so als wolle er mir Mut zusprechen, und ging weiter.

In der Baracke wies mir Alfred farbiges Bettzeug zu. Er erklärte mir, derjenige, der noch gestern darin geschlafen hatte, wäre heute getötet worden. Ich legte mich in das farbige Bettzeug. Plötzlich wurde die ganze Baracke von flackernden Kerzchen erleuchtet, die auf kleinen Holzstühlen standen. Am Tag wurden diese Stühle unter dem Bettzeug versteckt. Einige der Barackenbewohner bereiteten sich das Nachtlager. Andere – wie auch ich – holten Konservenbüchsen hervor, in deren Deckel drei Dreiecke ausgeschnitten waren. Auf diese provisorischen Kocher stellten wir kleine Aluminiumtöpfe, von denen auch ich einen bekommen hatte. In die Büchse warfen wir Kerzenstücke und Wattekugeln, die man anzündete. Nach kurzer Zeit begann der Inhalt der Töpfe, normalerweise Farfel, Kakao, Zucker und Fett, zu kochen.

Die brennenden Kerzen und die Watte produzierten einen dichten Qualm, der es mir unmöglich machte, Mithäftlinge, die weiter entfernt lagen, zu sehen. Plötzlich hörte ich durch den alles verhüllenden Rauch wie aus der Ferne eine mir bekannte

Stimme. Diese Stimme rief in mir viele Erinnerungen hervor. Jahrelang hatte ich sie ständig gehört und sie war in meinem Unterbewusstsein haften geblieben. Ich überlegte, woher ich die Stimme kannte, ohne den Inhalt ihrer Worte zu verstehen. Erst nach einer Weile erreichten mich die Worte: »Bist du Samuel Willenberg aus Częstochowa? Eine hohe Gestalt mit einer Brille auf der Nase und ergrauten Haaren schob sich zu mir durch und stieg dabei vorsichtig über die bunten Bettlager, die von den Häftlingen zur Nacht ausgelegt worden waren und auf denen die meisten auch schon lagen. Er sprang über sie hinweg und wandte sich an mich: »Willenberg! Bist du das? Was ist mit deinem Vater und dem Rest deiner Familie?« »Wer sind Sie?« fragte ich. »Ich bin dein Lehrer.« Jetzt erkannte ich ihn.

Aus dem Halbdunkel tauchte das sympathische und gepflegte Gesicht meines Geschichtslehrers Mering auf. Er schielte unter seinen Brillengläsern hervor. Als Schüler hatte ich mich vor diesem Blick sehr gefürchtet, auch wenn der Lehrer ein Freund meines Vaters und ein oft gesehener Gast in unserem Haus war. Jetzt blickte er mich im flackernden Kerzenlicht, in dem in bunte Schlafanzüge und Hausjacken gekleidete Häftlinge ihr Abendessen zu sich nahmen, an. Wir fielen uns in die Arme. Wir waren in diesem Moment alleine mit uns, abgeschlossen und gefühllos für alles, was uns umgab. Plötzlich fühlte ich, wie mich jemand am Bein zog. Alfred holte mich in die Wirklichkeit zurück. Lehrer Mering setzte sich auf mein Bettlager, hielt meine Hand und fragte mich über meine Familie aus. Ich erzählte ihm, dass mein Vater aus Opatów geflohen sei, wo er vor Kriegsausbruch die Synagoge bemalt habe und wohin wir nach Kriegsbeginn geflüchtet waren. Er hatte von polnischen Bekannten »arische« Papiere auf den Namen Karol Baltazar Pękosławski bekommen und fuhr damit nach Warschau.

»Wie gut du dich auf Polnisch ausdrückst!« »Bei uns zu Hause sprach man nur in dieser Sprache, Herr Lehrer.« »Bist du verrückt geworden, mich so anzusprechen! Hör auf, mich Herr Lehrer zu nennen!«

Danach begann ich, ihn über sich und seine Lieben auszufragen. Tränen traten in die Augen des Lehrers. Mit zitternder Stimme sagte er: »Willenberg, ich habe hier meine Frau verloren. Erinnerst du dich an sie?«

Ich erinnerte mich gut an sie. Bis heute sehe ich sie deutlich vor mir. Wir nannten sie Kobyła. Sie war in den ersten Schuljahren meine Polnischlehrerin. Dann heiratete sie Mering. Er erzählte weiter: »Meine kleine Tochter war auch bei uns. Jetzt ist sie tod. Ich bin alleine zurückgeblieben. Sie holten mich aus dem Transport und ich wurde Häftling in dieser Todesfabrik. Ich bin hier Zeuge des Mordes am jüdischen Volk.«

Er schaute mich mit einem Blick an, vor dem ich mich früher einmal sehr gefürchtet hatte, wenn er so von seinem Pult zu mir sprach. Er griff nach meiner Hand und flüsterte mit leiser Stimme: »Willenberg, du musst überleben, du musst von hier fliehen!«

Ich sah ihn ungläubig an. Wovon sprach er? Was wollte er von mir? Wie sollte man von hier flüchten? Ich, der ich erst heute hier angekommen war, war mir der Bedrohlichkeit der Situation nicht bewusst.

»Du hast ein ›arisches‹ Aussehen, eine gute Aussprache. Du hast nichts jüdisches an dir. Du musst von hier flüchten und der Welt erzählen, was du hier gesehen hast – das wird deine Aufgabe sein.«

Ich sah den Lehrer an und ich verstand immer noch nicht recht, was er wollte. Kurz danach zog er sich zu seinem Schlafplatz zurück. Bald darauf tauchte eine andere Gestalt in einem chinesischen Pyjama bei mir auf und beugte sich über mich: »Du erinnerst dich wahrscheinlich überhaupt nicht mehr an mich, aber ich habe dich sofort erkannt.« »Wer sind Sie?« »Ich bin der Vater von Harry.« »Gerszonowicz! Wo ist Harry?« »Er ist auf der ›arischen‹ Seite geblieben. Ich bin mit meiner Frau hierher gefahren. Wir wurden aus Częstochowa ausgesiedelt.«

Er fragte mich nach meiner Familie. Wieder erzählte ich meine Geschichte. Und das wiederholte sich noch mehrere Male: weil hier fast alle aus Częstochowa kamen. Ich erinnerte mich an Harry, einen Sabre[5]. Er war mit seiner Familie Ende der zwanziger Jahre nach Polen gekommen. Wir hatten dieselbe Klasse besucht. Während wir uns unterhielten, bemerkte ich bei den Barackentüren mehrere Kübel und fragte ihn, was das sollte.

»Das ist unsere Toilette. Fürs Kleine. In der Nacht dürfen wir die Baracke nicht verlassen und wir bemühen uns, die Luft nicht zu sehr zu verpesten. Außer, man weiß keinen Ausweg und kann nicht mehr einhalten. Versuche dir das zu merken!«

Ich sah mir diese bunte Baracke an: Das auf dem Boden ausgebreitete Bettzeug, die Kerzen, die auf den Hockern brannten, die auf den Boden geworfenen bunten Fetzen, die die Gefangenen trugen. In Treblinka wäscht man nicht, es ist nicht nötig. Man nimmt sich einfach neue Sachen vom Platz mit.

Ein kleiner Raum in der Ecke, mit bunten Plüschdecken abgetrennt, diente unserem Lagerältesten Galewski[6] als Zimmer. Er hatte dort ein Bett und einen kleinen Tisch. Seine Stube war etwas größer als unsere Schlafplätze. Galewski war ebenfalls mit seiner ganzen Familie nach Treblinka gekommen. Lagerältester wurde er durch Zufall. Wahrscheinlich waren seine imponierende große Gestalt und seine guten Deutschkenntnisse die Gründe dafür. Genau so zufällig waren wir aus den Transporten herausgeholt worden.

Langsam erloschen die Kerzen, alle schliefen – ich konnte nicht einschlafen und verstand nicht, wie man unter solchen Umständen schlafen konnte. Es war noch tiefe Nacht, als ein Pfiff mich von meinem Lager hochriss. In der Baracke wurde es laut. Die Häftlinge standen von ihren Betten auf, zogen sich an und bereiteten sich auf den Tag vor. Schnell aßen sie die Reste des von gestern übrig gebliebenen Essens und gingen hinaus auf den noch im Dunkeln liegenden Platz. Die Wachmänner vor unserer Baracke erlaubten uns, zur Toilette zu gehen. Die

Latrine war hinter der Baracke und mit Stacheldraht eingezäunt. Sie bestand aus hölzernen Balken, die eine Art Leiter bildeten. Von beiden Seiten hockten sich Menschen auf die wackligen Balken, unter denen sich ein tiefes Loch voller Fäkalien befand und verrichteten ihre Notdurft immer in Angst, in das stinkende Loch zu fallen. Die Wachen standen draußen. Es begann zu dämmern. Wir stellten uns in Fünferreihen vor der Baracke auf. Der Ingenieur, unser Blockältester, überprüfte ob jemand fehlte. Er meldete es einem SS-Mann wie viele wir waren. Der SS-Mann zählte noch einmal, dann wiederholte er das Wort *Zettel*, dessen Bedeutung ich anfangs nicht verstand. Ich sah nur, wie der Baumeister des Blocks ihm ein Papier reichte. Auf diesem war die Anzahl der Häftlinge notiert.

Auf Befehl des SS-Mannes und umgeben von Ukrainern, die ihre Gewehre auf uns richteten, marschierten wir in Fünferreihen zur Küche. In unserer Baracke lebten rund fünfzig Personen. In der Schlange vor der Küchenluke, durch die die Köche Kaffee ausgaben und wo dicke Scheiben Brot lagen, hatte ich die Möglichkeit, die Häftlinge der anderen Baracken kennen zu lernen.

Ich traf unter den ihnen viele Bekannte aus Częstochowa. Nachdem wir den Kaffeeersatz, dem jeder Geschmack fehlte, getrunken hatten, stellten wir uns wieder in Fünferreihen längs der Baracke auf.

Aus der Ferne tönte Gesang zu uns herüber. Russische Marschlieder. Eine Einheit von etwa fünfzig Ukrainern mit Gewehren über den Schultern, die von außerhalb des Stacheldrahts in geschlossenen Reihen aus dem Wald kamen, marschierte auf uns zu. Der Lagerälteste und die Blockältesten befahlen uns, zur Rampe zu marschieren. Ukrainer umzingelten uns von allen Seiten und bildeten zusammen mit SS-Männern, die Peitschen in den Händen hielten und Revolver im Gürtel trugen, unsere Bewachung. Wir erreichten die Rampe. Hier stellten wir uns wieder längs des Zauns auf und die einzelnen Blockältesten meldeten noch einmal einem SS-Mann die Anzahl ihrer Häftlinge. Ich erkannte den SS-Mann, es war derselbe, der mich auf dem Transportplatz gefragt hatte, ob ich Maurer sei. Er hatte, wie ich später erfuhr, den Beinamen Kiwe[7]. Dann gingen wir auf den riesigen Platz, der sich hinter der Baracke befand. Er war voller Schuhe, Kleidung, Koffer und Rucksäcke. Die Sachen bildeten einen fast zehn Meter hohen bunten Berg, um den herum lagen Tausende offene Koffer, auf die die Besitzer mit Ölfarbe ihre Namen geschrieben hatten. Ich wurde einem Vorarbeiter zugeteilt, einem tschechischen Juden, der mit einem Transport aus Theresienstadt hierher gekommen war. Er sagte nur ein Wort, *Sortiere!* Aus dem riesigen Haufen, der vor mir lag, hatte ich Brillen, Löffel, Rasierapparate, Uhren, Zigarettendosen und kleine Alltagsgegenstände herauszuklauben: Jedes Teil war in einen speziellen Koffer zu legen. Die Kleidungsstücke, Schuhe und die Bettwäsche packten wir ebenfalls gesondert auf ausgebreitete, farbige Decken.

Alles, was man in die Hand nahm, musste genauestens durchsucht, jedes Stück Stoff abgetastet werden, ob vielleicht etwas eingenäht worden war – Schmuckstücke, Goldmünzen oder Banknoten.

»Es ist nicht erlaubt, dass auch nur ein Name diesen Platz verlässt«, brachte er mir bei. »Niemand soll herausbekommen, woher diese beschissenen Lumpen stammen. Jetzt weißt du alles, also los an die Arbeit, sonst helfe ich dir mit der Peitsche.«

Er versetzte mir tatsächlich einen Hieb, aber nicht stark oder schmerzhaft. Wie auf einem persischen Bazar, wie Straßenverkäufer, die ihre Ware an farbigen Ständen anpreisen, begannen die Vorarbeiter und Kapos zu schreien: *Arbeiten, arbeiten! Schneller, schneller!* Der riesige Platz war von ihrem Gebrüll erfüllt. Wir arbeiteten wie die Wahnsinnigen. Alles, was ich in die Hand nahm, musste ich nicht nur nach der Art der Kleidungsstücke, sondern auch nach ihrer Qualität auf verschiedene Stapel legen. Schlechtere Lumpen warf man auf Laken, die man zu großen Säcken zusammenband und hinter den Platz in die Lager brachte. Die Pyramiden weißer Bündel reichten Hunderte Meter weit und bildeten so etwas wie eine unheimliche Straße. Daneben zogen sich Haufen hoch aus sortierten Mänteln, Jacken, Hosen und anderen Kleidungsstücken. Wir arbeiteten in einem wahnsinniges Tempo, angetrieben von dem irren Gebrüll der Vorarbeiter und sortierten alles, was wir aus den Taschen der Kleidung der Ermordeten holten. Da waren Papiere, Geburtsurkunden, Pässe, Geld, Familienfotos, Gruppenbilder. Briefe der Liebsten. Schulabschlusszeugnisse, Universitätsdiplome, Handwerkszertifikate, medizinische Abschlüsse. Diese Dokumente wanderten auf den Müll, einem Haufen Papier, der später weggeworfen werden musste. Vorerst wusste ich noch nicht wohin. Und so sortierte ich Brillen, Messer, Löffel, Töpfe, Scheren. Gebeugt arbeiteten wir, als plötzlich die Vorarbeiter wie auf ein Kommando zu brüllen begannen: »Koyrim, koyrim – Auf die Knie, auf die Knie.« Wir bewegten uns noch schneller. Die Sachen flogen durch die Luft, damit jeder sah, hier wurde schnell gearbeitet und die Arbeit ging voran. Während wir so die Sachen der Ermordeten sortierten, betrat ein großer, elegant gekleideter SS-Mann den Platz wie eine Bühne. Seine Uniform passte perfekt zu seinem athletischen Körper, die hohen Stiefel glänzten. Auf dem Kopf saß verwegen, leicht schräg, die Mütze, auf der der Totenkopf glänzte. Sein Gesicht war rund, der Mund sinnlich., von einem ironischen Lächeln umspielt. Caesarengleich ließ er den Blick des Mächtigen über den Platz gleiten, und als er sich den Häftlingen näherte, flogen die Kapos, Oberkapos und Vorarbeiter auf ihn zu, stellten sich vor ihm auf und rissen sich unterwürfig die Mützen ab. Sie wussten, dass er genau danach gierte. Gehorsam meldeten sie, die Arbeit ginge gut voran. Er betrachtete sie lächelnd, während er in seinen glänzenden hohen Stiefeln wie ein Zirkuspferd von einem Bein aufs andere tänzelte. Zu den Vorarbeitern gerichtet, zeigte er mit seinen behandschuhten Fingern auf einen Arbeiter. Dieser vollbrachte geradezu akrobatische Leistungen, um so schnell wie möglich zu sortieren und die Jacken der Toten gleichmäßig zusammenzulegen. Dem SS-Mann aber gefielen diese Anstrengungen nicht. Mit einer leichten Handbewegung wies er ihn an, zu ihm zu kommen. Der Gefangene mit Brille ging geduckt auf ihn zu. Der SS-Mann schlug ihn mit der ganzen Wucht seines Körpers und trat ihn. Neben ihm stand ein schöner Hund, der dazu dient, Menschen in Not zu retten. Ein Hund der Rasse des Heiligen Bernhards. Ein Hund, an den ich mich noch aus den Zeichnungen meiner Kindermärchen erinnern kann, mit einer Flasche Rum um den Hals, die der Rettung von Eingeschneiten und Erfrierenden dient. Dieser edle Hund, von seinem Herrn zu einer wilde Bestie dressiert, biss Häftlingen Teile des Gesäßes und ihrer Genitalien ab, ganze Fleischstücke riss er aus den Körpern seiner Opfer. Auch dieses Mal freuten sich Herr und Hund gemeinsam über den vor Angst und Schmerz zusammengekrümmten Häftling. Der Herr schlug zu, der Hund griff an und biss. Wie ähnlich sich dieses Paar doch war – ein Meisterwerk satanischer Blutrünstigkeit.

Von den Häftlingen des Lagers erfuhr ich, dass dieser SS-Mann Lalka[8] genannt wurde. Sie sagten mir, er sei einer der größten Sadisten – aber vielleicht war er auch nicht schlimmer als andere, denn sie glichen sich alle in ihrer Grausamkeit.

Zwischen dem Gebrüll und den Rufen der Vorarbeiter hörten wir ein leises Pfeifen. Der SS-Mann Kiwe fand sich ein. Ein paar Minuten später war das Pfeifen der Lokomotive deutlich zu hören. Man hörte die Geräusche eines sich nähernden Zugs: ein neuer Transport. Es war sieben Uhr morgens. Wie sahen den Zug nicht, waren von ihm durch einen Zaun und die lange Baracke getrennt. Angetrieben von den SS-Männern stiegen die Menschen aus dem Zug. Wir hörten Schreie und Weinen. Plötzlich liefen Nackte auf den Platz, genau wie diejenigen, die aus meinem Transport ausgewählt worden waren: Sie säuberten den Platz von Kleidung und Gepäck. Sie legten die Dinge auf die Haufen, die wir sortierten. Auch auf sie schlugen die SS-Männer mit Peitschen ein und trieben sie zum schnellen Laufen an: *Schnell, schnell!* So hasteten die armen Menschen, noch kurz vor ihrem Tod gequält. Sie mussten alle Spuren beseitigen. Damit der Platz leer war, damit die Falle weiterhin ungehindert zuschnappen konnte, damit auch diejenigen, die mit dem nächsten Transport kommen sollten, keinen Verdacht schöpften.

Aus der Ferne drang das Lärmen von Motoren zu uns. Ich fragte, was das sei. Sie erklärten mir: »Jetzt vergasen sie die Menschen« – sie vergasten sie einfach.

Am anderen Ende des Sortierplatzes befand sich eine kleine rechteckige Fläche. Sie grenzte an den Sandwall, der unseren Platz vom Todeslager trennte. Umzäunt war sie von einer Hecke aus eingeflochtenen Zweigen, wie der Rest des Lagers auch. Über dem Eingang wehte die Flagge des Roten Kreuzes.

Der Vorarbeiter befahl mir, Papiere, Fotos, Dokumente zu nehmen, die während des Sortierens der Kleidung angefallen waren und sie zum bräunlichen Zaun mit der Flagge des Roten Kreuzes zu bringen. Ich nahm ein Bündel Papiere, die in ein Laken gewickelt waren, und ging zur Pforte im Zaun. Ich befand mich in einem schmalen Durchgang. Vor mir ragte erneut ein Zaun auf, der mir die Sicht versperrte und das Gelände dahinter verdeckte. Ich bog in die einzig mögliche Richtung nach links ab und gelangte in einen kleinen Raum, der mit rotem Plüsch abgehangen war. An den Wänden entlang standen Bänke, ebenfalls mit roten Plüschdecken beschlagen. Darauf saßen Alte und Behinderte. Ein Kapo in einem weißen Kittel und mit einer Armbinde des Roten Kreuzes bat die Sitzenden freundlich, sich auszuziehen, um sich von einem Arzt untersuchen zu lassen. Durch seine Worte fassten die Menschen Mut und begannen in verschiedenen Sprachen über ihre Beschwerden zu reden. Mit langsamen Bewegungen und der Hilfe des Häftlings Kot [poln.: Katze] begannen sie sich auszuziehen. Unter der Kleidung tauchten alte, nackte Körper auf, vor Kälte bibbernd. Der Kapo bemerkte, wie ich die Szene beharrlich beobachtete und befahl mir, durch die Tür zu meiner Rechten hinauszugehen. Wieder versperrte mir eine Hecke den Weg. Um sie zu umgehen, wandte ich mich nach links. Plötzlich hatte ich Sand unter meinen Füßen und über mir eine Plattform. Darauf saß auf einem kleinen Stuhl ein Ukrainer. Unter der Plattform stapelten sich in einer Grube brennende Leichen. Mein Schreck machte mich für einen Moment unbeweglich. Ich stand wie gelähmt. Die braunen, halb verkohlten Leichen brutzelten und zogen sich zusammen. Eine Flamme lief über sie, explodierte in hellen Zungen, erlöschte plötzlich und produzierte kleine Rauchwölkchen. Und wieder kroch das gasartige Flämmchen weiter und umspielte gleichsam die Leichen und das Holz.

Ich konnte noch Teile der großen Torsi der erwachsenen Männer, die kleineren Rümpfe der Frauen und die Körperchen der Kinder erkennen. Über allem schwebte beißend scharfer Verbrennungsqualm, der in die Nasenlöcher drang und die Augen tränen ließ. Ich warf den Packen mitgebrachter Papiere so weit wie möglich in das Feuer und drehte mich um, um dieser Hölle zu entkommen. In diesem Moment betraten vier Alte mit unsicherem Schritt die Plattform, die sich in einer Höhe von ungefähr drei bis vier Metern über mir befand. Sie sahen auf einmal dasselbe wie ich und begriffen, dass man sie in einen Hinterhalt gelockt hatte. Die Unglücklichen setzten sich mit allen ihnen verbliebenen Kräften zur Wehr. Sie versuchten von der Rampe wegzukommen. Der Ukrainer beendete ihr Dasein mit einem Schuss und schob sie über den Rand der Rampe. Diejenigen, die völlig gebrechlich waren, setzte man auf den Rand und liquidierte sie auf die gleiche Weise. Sie stürzten blutüberströmt in die Tiefe, wo sich bereits die anderen menschlichen Körper stapelten. Schockiert kletterte ich auf den Sandhügel und dort, hinter dem Holzzaun, bemerkte ich ein Schild mit der unschuldigen Aufschrift *Lazarett.*

Als ich mit dem leeren Laken auf den Sortierplatz zurückkehrte, fragte mich der Vorarbeiter ironisch, ob meine Papiere gut gebrannt hätten. Als er den Schrecken in meinem Gesicht sah, klopfte er mir aufmunternd auf die Schulter und sagte: »Mach dir keine Sorgen, wir alle werden auch noch dorthin kommen.«

Am gleichen Tag musste ich vor Arbeitsschluss gegen Abend noch einen Packen Papier ins *Lazarett* bringen. Wieder waren es Briefe, Fotos und Dokumente. Das Herrenvolk liebte Sauberkeit und verlangte von uns, das Gelände vor sechs Uhr abends zu reinigen, damit auch keine Spuren übrig blieben. Und wir sputeten uns und putzten. *Sauber machen!* hörten wir sie ständig rufen. Die zuvor sortierten Gegenstände bedeckten wir mit Decken und Planen. Die Koffer schlossen wir, damit nichts zerbrach oder schmutzig wurde. Und damit die Wachmänner, die uns bewachten, nichts stehlen konnten. Ich trug also noch ein Bündel dorthin. Als ich wieder an der Grube war und das Papier ins Feuer warf, kamen zwei Häftlinge mit einer metallenen Tragbahre, auf der ein Mensch lag. Begleitet wurden sie von einem bewaffneten Ukrainer. Die Häftlinge stellten ihre Bahre auf den Boden und legten die bewusstlose Gestalt auf den Boden. Der Wachmann zielte mit dem Gewehr und schoss. Die Kugel drang in den Kopf. Der Liegende zuckte und erschlaffte dann. Die Häftlinge nahmen den Körper an den Beinen und Schultern, schwenkten ihn und warfen ihn auf den Haufen brennender Körper. Dann gingen sie mit der Trage zurück zur Baracke. Ich verstand die Tragödie nicht, an der ich gerade teilgenommen hatte. Vielleicht war der bewusstlose Mensch einer derjenigen gewesen, die mit dem Transport hierher gekommen waren und hatte zu fliehen versucht? Meine Kollegen klärten mich über meinen Irrtum auf. Es handelte sich um einen kranken Gefangenen, dem man eine Betäubungsspritze verabreicht hatte, damit er sich vor dem Tod nicht quälte. Er wurde im Schlaf erschossen und ein weiteres menschliches Drama endete in Treblinka.

An einem sonnigen Herbsttag stand ich bei dem riesigen Haufen Kleidungsstücke, die hierhin geworfen worden waren und sortierte wieder Lumpen. Ich prüfte, ob vielleicht Gold eingenäht war. Ich trennte die Namen und Monogramme heraus. Der Vorarbeiter schaute sich wild brüllend auf dem Platz um und warnte uns mit seinen Rufen vor herannahenden SS-Männern. Die Tage vergingen beim Sortieren. Fortwährend fand ich neue Fotos, neue Gesichter, die es bereits nicht mehr gab. Ich holte eingenähte Geldscheine, goldene Rubel und Dollar aus den Kleidungsstücken, gewöhnliches Papier, Brillanten und unterschiedliche Schätze, die Familien durch Generationen aufbewahrt hatten. Jetzt befand sich dies alles auf diesem ausgemergelten Stück Erde, irgendwo in der Nähe von Warschau, in Treblinka.

Ein so genannter *Goldjude* kam auf mich zu. Das war ein Häftling mit einer gelben Armbinde, auf der *Goldjude* stand. Die Aufgabe dieser Häftlinge war es,

Gold, Schmuck und Geld zu sammeln und zu sortieren. Sie zählten zur Häftlingselite und hatten eine verhältnismäßig ruhige Arbeit; sitzend, in einer geschlossenen, warmen Baracke. Ihr Chef war der Sudetendeutsche Suchomel[9]. Er sprach gut Tschechisch. Er beschäftigte fast nur tschechische Juden bei sich, die aus Theresienstadt hierher gekommen waren. Ihre Aufgabe bestand darin, den frisch Angekommenen auf dem Transportplatz ihre Wertsachen abzunehmen. Andere liefen auf dem Sortierplatz umher und nahmen uns die Wertgegenstände ab, die wir in der Kleidung gefunden hatten. Kein Häftling durfte die Baracke betreten, in der die Goldjuden den Schmuck, das Geld und die Wertgegenstände sortierten. Die Goldjuden waren besser gekleidet als die übrigen Häftlinge. Sie trugen elegante Mäntel und farbige Schals. Sie sahen eher aus wie Bankiers denn Gefangene; Mit den lederbehandschuhten Händen trugen sie Köfferchen, in die sie die Wertgegenstände stopften.

Täglich gingen etliche Kilogramm Gold und Brillanten durch ihre Hände, tausende goldene Uhren, millionen Geldstücke aller Nationen der Welt – sogar chinesische Wertpapiere, Aktien der verschiedensten Firmen aus der ganzen Welt wanderten zusammen mit Familienfotos ins Feuer.

Und so sortierte ich Tag für Tag bis ich erkannte, dass ich das Sortieren der Kleidung der ermordeten Juden nicht länger aushielt. Ich bemühte mich um ein Treffen mit Galewski. Er versprach mir, eine anderen Arbeit im Lager zu besorgen. Und tatsächlich, kurze Zeit später bestand meine Arbeit darin, die fertigen Kleiderbündel, bereits sortiert, gepackt und kontrolliert, weg zu transportieren. Ich schleppte diese Bündel zu einer Stelle zwischen dem Transportplatz und dem Sandwall, der die Grenze unseres Lagers bildete. Dort stapelte ich sie zu einem immer höher anwachsenden Berg auf.

Einer der größten Vorteile meiner neuen Arbeit war meine Unabhängigkeit. Ich hatte keinen Vorarbeiter über mir. Ohne Hast legte ich Tausende Mäntel übereinander. Ich konnte zwar mit niemandem mehr reden, dafür war ich nicht der ständigen Gefahr von Schlägen und Schüssen der SS-Männer auf dem Sortierplatz ausgesetzt. Ich war zufrieden mit meiner neuen Arbeit, obwohl ich nicht genug zu essen bekam; Bei meiner vorherigen Arbeit fand ich in beinahe jedem Paket etwas zu essen. Jetzt gingen nur noch Mäntel durch meine Hände.

Die Gefangenen spezialisierten sich; Kudlik aus Częstochowa bewahrte immer die besten Füllfederhalter auf und wusste, wann er sie wem geben musste: Normalerweise bekamen sie die SS-Männer oder die Vorarbeiter. Manchmal sah ich aber auch, wie er für einen Federhalter mit goldener Feder (vielleicht war er innen auch mit Brillanten ausgelegt) ein Brot bekam, welches er für später aufbewahrte, weil Brot das einzige war, was die Häftlinge bei sich tragen durften.

Es war paradox, dass der Ukrainer, der mich bewachte und manchmal schlug, nicht das Recht hatte, mit mir zu reden und annehmen durfte er erst recht nichts von mir. Die SS-Männer hielten die Ukrainer an der kurzen Leine. Sie durften sich nicht alleine auf dem Platz aufhalten oder frei bewegen. Der Kontakt mit den Häftlingen war ihnen verboten. Da hatten wir es besser. Durch unsere Hände gingen Millionenwerte und die Ukrainer bettelten uns an, wir sollten ihnen doch ein paar Dollar oder ein bisschen Gold geben. Sie tauschten diese Schätze ein und verjubelten sie nach dem Dienst bei den Bauern in der Umgebung. Ihre freien Stunden verbrachten sie mit Trinkgelagen und bei Prostituierten. Diese brachte man eigens aus Warschau hierher. Manchmal überließen die örtlichen Bauern den Ukrainern für eine Handvoll Gold ihre eigenen Töchter.

Unsere Wachmänner kamen aus der Ukraine. Es handelte sich um ehemalige Soldaten der Roten Armee. Zöglinge, treue Schüler des kommunistischen Systems. Nach über dreißig Jahren dieser Schule waren sie genau solche Chacholy [in Russland abwertende Bezeichnung für Ukrainer] wie unter dem Zaren. Sie hassten alle, die sie umgaben: Polen, Weißrussen, Russen, Kosaken. Ihr größter Hass aber richtete sich gegen die Juden. Die Ermordung der Juden erfüllte sie mit größter Genugtuung. Blasse, ausdruckslose Augen, spärlich blonder Flaum auf hervorstehenden Wangenknochen, flache Stirn: aus jedem Zug des brutalen Gesichts sprach Hass. Ihre Physiognomie lebte nur in wildem Gebrüll auf. Situationen, die für uns tragisch waren, versetzten sie so in Hochstimmung, dass sie sich auf die Knie schlugen. Die Aufgabe dieser Bestien bestand aus Bewachung und Morden. Darin waren sie Spezialisten und das war ihre Stärke. Ungerührt konnten sie mit stoischer Ruhe im Lazarett unzählige Menschen töten. Einer von ihnen saß, wenn keine Transporte kamen, ruhig an seinem Tisch und schaute, sein Gewehr auf den Beinen, hinab in die Verbrennungsgrube.

Unter seinen Füßen brannte ein riesiger Leichenhaufen. Das war seine Tagesernte. Sein Chef, ein SS-Mann, stand bei ihm. Er war ein Scharführer mit einem langen, braunen Gesicht, aus dem die großen Zähne herausstachen, unrasiert und mit einem dunklen Schnurrbart. Er sah aus, als lächelte er die ganze Zeit. Seine Uniform hing an ihm wie an einem Stock und seine Beine waren nach hinten gekrümmt und formten einen Bogen. Wir nannten ihn *Frankenstein*[10]. Seine Spezialität bestand darin, Juden mit einem Genickschuss zu ermorden. Er war verantwortlich für das Lazarett. Wenn *Frankenstein* nicht in der Nähe war, bettelte der Ukrainer die Juden, die das Papier zum Verbrennen ins Lazarett brachten, um Gold oder Dollars an. Im Tausch warf er ihnen Zigaretten zu und drängte in gebrochenem, ordinären Polnisch: »Du, wirf Geld rüber, dann gebe ich dir was zu essen.«

Eines Tages, als ich mit Kurland[11] zusammenstand und mich mit ihm unterhielt, wurde ein Wachmann auf uns aufmerksam und wollte wissen, worüber wir redeten. Den Inhalt des Gespräches wollten wir nicht preisgeben, also antwortete ich, dass wir uns darüber stritten, bei welchen Huren man leichter Syphilis bekommen könnte, bei braunhaarigen oder blonden. Er guckte uns an und beugte sich verschwörerisch zu uns herüber, so als ob er mit uns ein Geheimnis teilen wollte, das nur ihm allein bekannt war. Und als wäre er Spezialist für Geschlechtskrankheiten, teilte er uns tatsächlich ernsthaft mit leiser Stimme mit: »Bei Braunhaarigen.« Ich lachte Kurland an und sagte: »Du hattest also doch Recht.«

Als der Wachmann sah, wie wir zurück zum Ausgang des *Lazaretts* gingen, bettelte er uns an. Er bat uns um ein paar Złoty und wollte uns dafür einen halben Liter Wodka und Brot geben. Ich sah mich aufmerksam um, ob kein SS-Mann in der Nähe sei. Dann warf ich ihm hundert Dollar zu. Er nahm sie, steckte sie schnell in seine Tasche und wies mit seinem Fuß auf einen Sandhügel auf dem Wall hinter dem *Lazarett*. Als sich der Ukrainer entfernte, ließ ich wie versehentlich mein Laken fallen, in dem ich die Papiere zur Verbrennung getragen hatte. Rasch bückte ich mich, als ob ich es wieder aufheben wollte und ergriff gleichzeitig das Päckchen, das im Sand steckte. Das herunterhängende Laken verdeckte meine Bewegung. Das Laken schwenkend ging ich auf den Platz und zurück zu meinem Arbeitsplatz. Den wertvollen Inhalt versteckte ich zwischen den Lumpen.

Nach der Arbeit, als unsere Leidensgenossen schon schliefen, öffneten Alfred und ich das Päckchen. Wir fanden darin Wodka, Wurst und Brot. Nachdem wir den Wodka getrunken und uns satt gegessen hatten, ließen wir uns auf unserem Lager nieder. Müde und vom Alkohol benebelt schliefen wir sofort ein.

Das Pfeifen der Lokomotive kündigte die Ankunft eines neuen Transports an. Er kam aus Warschau. Die SS suchte einige Neue aus den Ankömmlingen heraus, um unsere gelichteten Reihen aufzufüllen. Darunter befand sich ein kleiner Junge, der wahrscheinlich einem der *Roten*[12] gefiel und der sich dafür eingesetzt hatte, den Knaben vor dem Gastod zu bewahren. Es gelang ihm, den Jungen in der Gruppe erwachsener Männer unterzubringen, die auf dem Transportplatz stand. Kurz danach führte der Lagerälteste, Ingenieur Galewski, die Gruppe auf den Sortierplatz. Hier wurden die Einzelnen den Vorarbeitern zur Arbeit zugewiesen. Der gerettete kleine Junge stand mit erschrecktem Gesicht neben mir und machte sich gewissenhaft an das Sortieren der Lumpen. Er war ungefähr 13 Jahre alt und trotz seiner hellen Haare ein typisches Kind des Warschauer Ghettos. Er erzählte uns, dass er mit seiner Mutter hierher gebracht worden sei. Seinen Vater vermutete er in einem Offizierslager in Deutschland. Als polnischer Offizier war er 1939 in Kriegsgefangenschaft geraten. Ich erinnere mich, dass der Junge Jerzyk hieß. Er erzählte uns von seinen Eltern, hinter seinem Rücken ragten Berge von bunten Lumpen in die Höhe. Vor ihm lagen Koffer, randvoll gefüllt mit wertvollen Dingen. Über das ausgemergelte Gesicht des frühzeitig erwachsen gewordenen Kindes liefen Tränen. Sie fielen auf die herumliegenden Gegenstände und in die offenen Koffer. Der Vorarbeiter, ein Jude aus

Theresienstadt, schwenkte drohend seine Peitsche in der Luft und schrie: *Schnell, schnell! Arbeiten!*

Dabei sah er sich aufmerksam um, ob nicht zufällig ein SS-Mann nahte, um uns, wenn nötig, rechtzeitig vor der Gefahr zu warnen. Er kam zu uns und schaute voller Mitleid auf das weinende Kind und zwinkerte mir verständnisvoll zu. Er wollte mir zu verstehen geben, ich solle mit dem Kleinen näheren Kontakt aufnehmen. Vielleicht fand er, dass mein jugendliches Alter mir diese Aufgabe erleichtern würde. Ich nahm den Jungen also am Kinn: »Beruhige dich, Jerzyk, hier im Lager weint man nicht. Hier hasst man nur.« Sein trauriges, ausgemergeltes Gesicht und sein Schmollmund begannen sich zu lockern. Er versuchte mir zu zeigen, dass er mich verstand und dass auch er erwachsen war.

Sofort verkleidete man ihn auf dieselbe Art wie uns. Aus dem Kleiderhaufen wurden die einzelnen Kleidungsstücke herausgezogen. Feste, ihm viel zu große Schuhe und eine lächerliche Mütze gaben ihm das gleiche groteske Aussehen wie uns. An seinem Körper hing ein Brotbeutel, in den wir einen Pyjama und ein Handtuch stopften, damit er in der Baracke etwas für die Nacht hatte. Plötzlich verwandelte sich das Kind in einen erwachsenen Mann. Gemeinsam mit uns wurde er zum Zeugen der Vernichtung des jüdischen Volks. Eines Morgens kam der Häftling Jankiel auf mich zu. Er schlief neben Jerzyk. Er nahm mich auf die Seite und erzählte mir mit sorgenvoller Stimme, er hätte in der Nacht verdächtige Geräusche gehört. Er war sich sicher, dass Jerzyk onanierte. Er bat mich, mit dem Jungen zu reden und ihn zu warnen, denn schließlich sei das sehr ungesund. Ich entschied, das Thema dem Kleinen gegenüber nicht anzusprechen und erklärte Jankiel, warum. Wenn es dem Jungen Freude bereitete, dann sollte er es doch tun. Es war eine der wenigen Freuden, die ihm hier blieben. Der Kleine hatte in seinem Leben noch nicht mit einer Frau geschlafen und würde es wohl auch nie tun. Sollte er also doch diese kleine Ersatzfreude haben. Jankiel stimmte mir zu und wir gingen zusammen zum Appell.

Die Mütze – Kacap

Am ersten Tag in Treblinka gab mir Alfred eine Mütze. Er setzte sie mir auf den Kopf und sagte ernst zu mir: »Weißt du, die Mütze ist eines der unersetzbaren Dinge im Lager. Sie hat die verschiedensten Funktionen. Du musst sie abnehmen, wenn du an einem SS-Mann vorbeikommst. Beim Appell trägst du sie auf dem Kopf und nimmst sie ab, wenn der Blockälteste dem deutschen Blockführer seinen Bericht übergibt. Den Ruf *Mützen ab* wirst du beim Appell bis zur Ermüdung hören. Jedes Mal, wenn ein SS-Mann vorbeigeht, stehst du stramm, ziehst die Mütze vom Kopf und sagst: *Ich melde gehorsam.*

Mir fiel auf, dass kein Gefangener, angefangen beim Lagerältesten bis hin zum einfachen Häftling, sich je von seiner Mütze trennte. Manchmal spielten sich tragische, oft auch groteske Szenen mit den Mützen ab. Auf Befehl der Deutschen mussten wir uns mit der Mütze auf den Oberschenkel schlagen. Das ergab einen bestimmten Ton. Hin und wieder gefiel den Deutschen unser Schlag nicht. Dann ließen sie uns stundenlang Appell stehen, bis wir den richtigen Schlag der Mützen auf die Oberschenkel konnten. Nur der Lagerälteste Galewski hatte das Privileg, nicht mit der Mütze auf den Oberschenkel schlagen zu müssen. Er brauchte sie nur in der linken Hand vor der Brust zu halten. In der rechten hielt er gleichzeitig die Peitsche, die ihm die Deutschen gegeben hatten, die er jedoch nie benutzte. Auf dem Ärmel trug er einen roten Aufnäher mit der Aufschrift *Lagerältester.*

Die Mütze, die ich von Alfred bekam, war mir um einige Nummern zu groß. Sie rutschte mir oft in die Stirn und verdeckte mir die Sicht. Die Häftlinge sahen sehr unterschiedlich aus. Jeder suchte sich aus der sortierten Kleidung das Passende aus. So sah einfach jeder anders aus. Die meisten trugen Stiefel, weil sie am besten vor der Kälte schützten.

Unter den unterschiedlichsten Mützen schauten Haarbüschel hervor. Es wurde uns nicht befohlen, die Haare abzuschneiden. Abends schnitten uns Mitgefangene, im zivilen Leben Friseure, nach unseren Wünschen die Haare. Sogar hier, unter den extremen Bedingungen, wollten wir so gepflegt wie möglich aussehen. Der Herbst neigte sich dem Ende. Die Kälte setzte uns schon ordentlich zu. Einmal stapelte ich bereits gebündelte und sortierte Mäntel auf riesige Haufen. Die aufeinander gelegten Mäntel erreichten bereits eine Höhe von vier Metern. Wenn ich oben auf diesem Kleiderberg stand, ließ mich der Wind bis auf die Knochen frieren. Als ich das nächste Bündel holte, entdeckte ich neben einem der Sortierer eine schirmlose Pelzmütze. Meine Kollegen hatten zwar Mützen in den unterschiedlichsten Formen und Farben, aber alle hatten einen Schirm. Die, die ich gefunden hatte, war eine russische Persianermütze. Sie war wahrscheinlich mit einem Transport aus dem Osten hierher gebracht worden. Ich setzte sie mir auf den Kopf. Die Seitenklappen hingen herunter, so wie sie früher einmal die Kosaken getragen hatten. Als ich mit einem neuen Bündel wieder nach oben kletterte, hörte ich von unten ein Rufen: »Kacap, Kacap« [im Polnischen negative Bezeichnung von Russen]. Unten sah ich die mächtige Gestalt des Kapos Rakowski[13], die dicken Beine weit gespreizt, mit einer Peitsche in der Hand. Er brüllte: »Kacap, du Hurensohn, stapele das nur richtig, sonst stürzt dir der ganze beschissene Haufen noch ein!«

Erst begriff ich nicht, warum er mich so nannte, aber er erklärte es mir sofort. »Was, siehst du dich denn nicht? Du siehst aus wie ein Russe.« Von diesem Tag an war ich im Lager nicht mehr Samuel Willenberg. Sogar meine nächsten Freunde nannten mich nur noch Kacap.

Aus der Kleidung wählten wir, Alfred genauso wie ich, immer die wärmsten und saubersten Stücke. Denn wir fürchteten uns vor Krankheiten. Selbst eine normale Erkältung konnte bei diesen Bedingungen schon gefährlich werden. Außerdem wollten wir mit unserem Aussehen so wenig wie möglich auffallen. Und es war wichtig, dass wir uns in der Kleidung wohl fühlten. Umso mehr, als unsere Gedanken sich schon seit längerem nur noch um Flucht drehten. Dieser Gedanke, auch wenn er noch so unwahrscheinlich war, hielt uns am Leben. Von hier fliehen. Fliehen, koste es, was es wolle.

Der Priester

Es wurde Abend. Die Häftlinge in der Baracke löschten die Kerzen. Einige unterhielten sich noch flüsternd. Von weiter entfernt rief jemand: »Haltet das Maul, lasst uns schlafen.« Ich legte mich neben Alfred auf die bunten Bettlaken. Einschlafen konnte ich nicht. Die Erlebnisse des letzten Tages stiegen in mir hoch. Auch wenn ich schon einige Zeit hier war, konnte ich mich nicht an das gewöhnen, was hier passierte, ja ich konnte es kaum glauben. Mein Nachbar, der einen bunten Schlafanzug trug, berührte mich leicht mit der Hand und wandte sich flüsternd an mich: »Und woher kommen Sie?« »Aus Opatów Kielecki. Von dort wurde ich ausgesiedelt. Ich bin in Częstochowa geboren. Sie haben wahrscheinlich unsere Unterhaltung eben gehört?« »Ja, ja, ich habe sie gehört, aber ich spreche nicht so gut Polnisch. Ich bin von Herkunft Deutscher. Sie sind mit dem Zug gefahren? Hatten Sie ›arische‹ Papiere?« »Ich war in Częstochowa, Warschau und Kielce. Ich bin durch ganz Polen gefahren. Unterwegs, in den Zügen, habe ich mich am sichersten gefühlt. Es spielte keine Rolle, in welche Richtung ich fuhr. Meine Mutter befand sich in dieser Zeit mit meinen Schwestern in Częstochowa. Leider wurden meine Schwestern nach kurzer Zeit auf der ›arischen‹ Seite von Polen denunziert und der Polizei ausgeliefert. Sie wurden festgenommen und zur Polizeiwache gebracht, die sich direkt unter Jasna Święta Góra [Heiliger Berg] in Częstochowa befindet. Dort wo sich das Bild der Heiligen Mutter Gottes von Częstochowa befindet. Nach der Verhaftung meiner Schwestern bin ich nach Opatów zurückgekehrt und obwohl ich ›arische‹ Papiere hatte, dachte ich, es lohne sich nicht weiterzukämpfen. Ich legte mich also ins Bett und wartete auf die Deportation.« »Auch ich wurde nach Treblinka deportiert«, unterbrach mich mein Nachbar, »niemand ist freiwillig hierher gekommen. Allerdings kam ich mit einer Gruppe von Kindern hierher. Mit Kindern jüdischer Abstammung. Mit Kindern, die eigentlich Protestanten waren.«

Ich schaute mir den Menschen an, der mir da etwas über Protestanten erzählte und begriff nicht.

»Worüber reden Sie? Welche Kinder und welche Herkunft? Hier sind doch alle Juden. Hier kommen nur Juden hin.« »Ja, ja, aber ich bin in einer jüdisch-protestantischen Sekte.«

»Was sind Sie? Sind Sie Priester?« Ich schaute ihn ungläubig an. »Ich bin evangelischer Pastor jüdischer Abstammung.« »Aber Sie wurden genau wie alle hierher gebracht und sitzen jetzt wie wir in diesem beschissenen Sumpf, in dem man nicht weiß, wie viele Tage man noch am Leben bleibt. So wie ich das sehe, scheinen die Horoskope für die Zukunft nicht besonders rosig zu sein.«

»Ich rechne auch überhaupt nicht damit, dass wir hier noch mal herauskommen. Ich bin hier mit einer Gruppe von rund vierzig Kindern angekommen. Ein Teil von ihnen war protestantisch, aber alle waren jüdischer Abstammung. Sie wurden mir von den Eltern in der Hoffnung anvertraut, dass sie bei uns und aufgrund unserer christlichen Religion zusammen mit uns überleben könnten. Jetzt sehe ich, wie naiv wir waren. Es hat ihnen nicht geholfen. Ohne eine Ausnahme zu machen, brachten sie uns hierher. Meine Frau und meine beiden Töchter haben sie ebenfalls hier ermordet. Zusammen vierzig Personen.«

»Woher kommen Sie?« »Ich wurde 1941 von Deutschland nach Polen ausgewiesen und ging nach Starachowice. Ich habe dort gewohnt und ein Kinderheim für obdachlose jüdische Waisenkinder mit einer kleinen Kapelle nebenan gegründet.«

»Das alles hat ihnen nicht geholfen. Trotzdem brachte man sie hierher.« »Ja bitte, so ist das.« »Und was machen Sie jetzt hier? Wo arbeiten Sie?« »Ich arbeite beim Sortieren, genauso wie Sie. Ich stehe auf der anderen Seite des riesigen Stapels. Und bei der Arbeit sehe ich mit Erschrecken, was der Satan hier macht.« »Wen meinen Sie, welcher Satan?« »Na, Hitler.«

»Warum dann dieser Zusatz, Hitler reicht. Auch wenn es Wahnsinn ist, was hier abläuft, es reagiert ja doch niemand darauf. Ein ganzes Volk wird systematisch und effizient vernichtet. Und in diesem Irrsinn hilft Ihnen nicht, dass Sie Protestant sind. Ich als nichtgläubiger Jude und Sie als gläubiger Protestant, wir sind hier alle gleich. Wir gehen gemeinsam in dieselbe Richtung: in den Tod. Das ist nicht so wie zu Zeiten der Inquisition, als Juden ihr Leben durch das Konvertieren zum Katholizismus retten konnten. Hier vernichten uns die deutschen Gewalttäter ohne Ausnahme. Es ist unwichtig, ob Sie aus Deutschland, Frankreich oder einem anderen Land Europas kommen. Oder ob Sie Jude sind oder Jude katholischen Glaubens.«

Er unterbrach mich: »Nein, ich bin Protestant jüdischer Abstammung.« Ich unterbrach ihn: »Es spielt überhaupt keine Rolle, Priester, ob Sie Protestant sind. Hier kann niemand behaupten, dies alles hätte etwas mit dem Kommunismus, Sozialismus oder Zionismus zu tun. Hier liquidiert man nur aus dem einen Grund – weil wir Juden sind.«

»Aber eine Sache verstehe ich nicht. Wie kann es angehen, dass die Völker der Welt schweigen und die Vernichtung eines ganzen Volkes zulassen. Es gibt keinen Widerstand dagegen und niemand hilft. Niemand denkt daran, eine Bombe auf diese Todesfabrik zu werfen. Die wissen doch sicher genau darüber Bescheid, was hier passiert. Ich auf jeden Fall bete täglich.« »Sie beten? Zu wem beten Sie?« »Sie müssen das verstehen, ich bin gläubiger Protestant.«

»Ah, das bedeutet also, dass Sie zu diesem Juden beten. Denn wenn Jesus jetzt leben würde, dann würde er hier gemeinsam mit uns sitzen und wir würden ihn hier treffen. Denken Sie nicht auch? Aber denen macht das doch nichts aus. Vielleicht leiden wir hier alle wegen Christus. Sie können uns eben nicht verzeihen, dass wir ihnen Jesus gegeben haben. Sie sind Protestant. Sehen Sie, bei den Katholiken stößt man auf die unterschiedlichsten Formen von Jesus – leidend, in den Himmel fahrend, gnädig und barmherzig. Niemals jedoch geben sie zu, dass Jesus ein Jude war. Jedes Volk sieht Jesus mit anderen Augen, sie empfinden ihn als jemanden der ihren. Sich selbst gleichend, vor dem Hintergrund der Umgebung, in der sie leben. Niemand will wissen oder sich auch nur daran erinnern, dass er ein Jude gewesen ist. Scheinbar können sie nur schwer ertragen, dass ihr so innig geliebter Gott ein gewöhnlicher beschnittener Jude gewesen ist. Es gibt keinen Priester, der von der Kanzel herab in seiner Predigt darüber spricht.

Zufällig wurde ich in Częstochowa geboren. Wie Sie wahrscheinlich wissen, zählt dieser Ort bei den polnischen Katholiken zu den allerheiligsten Stätten. Hier befindet sich das berühmte Bild der Mutter Gottes von Częstochowa. Hat irgendwann schon einmal jemand erwähnt, dass auch sie Jüdin war? Darüber schweigt die Geschichte. Die Gegend von Częstochowa hat ihre Mutter Gottes. Die Wilnaer Region hat ebenfalls ihre eigene Mutter Gottes. In anderen Regionen Polens wiederum existieren andere Mütter Gottes. Nirgendwo findet sich jedoch eine jüdische Mutter Gottes. So etwas existiert nicht. Das können sie weder ertragen noch uns verzeihen. Deswegen sind wir das verfluchte Volk: Wir haben ihnen die Mutter Gottes, Christus, die Peters und Pauls und die ganzen Aposteln gegeben. Also hören Sie mir auf mit Ihrer Herkunft und Ihrer Religion. Mich interessiert nicht, ob Sie Jude protestantischer Herkunft oder Protestant jüdischer Herkunft sind. Beenden wir dieses Gespräch, lassen Sie uns schlafen.«

Ich drehte mich auf die andere Seite und schlief nach dem schweren Arbeitstag schnell ein. Am nächsten Tag beim Appell, als man genauestens kontrollierte, ob nicht jemand fehlte, kam der Priester auf mich zu und schaute mich mit ruhigen, blassblauen Augen an, die vor Gutmütigkeit strahlten, und streckte mir seine zarte Hand entgegen. Die Geste erinnerte mich an einen Priester, der von der Kanzel herab zu seinen Gläubigen predigt. Er sagte: »Ich entschuldige mich sehr bei Ihnen. Ich wollte Sie nicht beleidigen. Sie haben sich gestern über mich aufgeregt. Wahrscheinlich hatten Sie damit Recht. Aber wissen Sie, ich bin hier völlig alleine. Ich habe niemanden.« »Hier ist jeder alleine«, sagte ich.

»Ich öffne hier niemandem gegenüber meinen Mund. Nach der Arbeit kehre ich in die Baracke zu meiner Lagerstatt und zu meinen schwarzen Gedanken zurück. Sie sind sehr eloquent. Es tut mir gut, mit Ihnen zu reden und Ihnen zuzuhören. Ich würde sehr gerne in gutem Kontakt mit Ihnen bleiben. Schließlich sind wir Nachbarn in der Baracke. Wir schlafen nebeneinander. Wir könnten uns anfreunden in den wenigen Tagen, die uns im Leben noch bleiben.«

Er schaute mich mit den unterwürfigen Augen eines getretenen Hundes an. Ein Mann über vierzig, einsam zwischen Einsamen und hungrig nach Freundschaft. Von Wachmännern umzingelt, begaben wir uns zusammen mit Alfred in Richtung Küche.

Siedlce

Es war warm, ein herbstlicher Morgen. Ich arbeitete bei dem Sortierhaufen und stapelte Packen von Mänteln übereinander. Dabei beobachtete ich meine Umgebung, ob sich nicht zufällig ein SS-Mann näherte und mich beim Nichtstun erwischte. Eingegraben in den Mantelhaufen, der mich vor der Kälte schützte, schaute ich auf den Transportplatz, der um diese Zeit völlig leer war. An der Seite meines Haufens neben dem Zaun, in den Kiefernzweige geflochten waren und der den Transportplatz von dem Platz abgrenzte, auf dem die Kleidung sortiert wurde, ragte ein riesiger Haufen Schuhe hervor. Er war mehrere Meter hoch. Die Schuhe wurden von Häftlingen sortiert, die man Schuster nannte. Sie legten die Schuhe zu Paaren zusammen. Neben ihnen stand der SS-Mann Sepp[14] mit einer riesigen, rund anderthalb Meter langen Peitsche. Brüllend trieb er sie zu schnellerer Arbeit an. Das Schreien ließ auf seinem roten Hals die Adern hervortreten. Mit heiserer Stimme rief er: *Schnell, schnell, arbeiten, faule Bande!* Der Sortierplatz hallte von den Schreien der Vorarbeiter und der SS-Männer wider. Die Arbeit auf dem Platz ging in normalem Tempo vor sich. Plötzlich hörten wir das lang gezogene Pfeifen einer Lokomotive: Die Ankunft eines neuen Transportes. SS-Männer kamen auf den Sortierplatz gelaufen und trieben die Gefangenen unter Peitschenhieben auf den Bahnsteig. Den SS-Männern folgten Ukrainer mit Karabinern in den Händen. Sie stellten sich in einer Reihe auf und bildeten ein Spalier vom Bahnsteig bis zum *Lazarett*.

Unter den Schlägen der SS-Männer liefen wir auf den Bahnsteig. Dumpf ratternd und die Puffer aufeinander schlagend näherten sich die Wagons, die von der Lokomotive geschoben wurden. Die *Roten* zogen wie Pferde einen zweirädrigen Wagen heran. Er war mit Decken beladen, die an uns ausgegeben wurden. Jeweils zwei von uns erhielten eine Decke. Noch bevor der Zug anhielt rannten wir auf den Bahnsteig. Dort standen wie gewöhnlich die *Blauen*[15]. Der Zug hielt an. Normalerweise hörte man schon aus der Ferne das Gewirr menschlicher Stimmen und aus den kleinen, mit Stacheldraht vergitterten Fenstern schauten neugierige und ängstliche Gesichter auf uns. Dieses Mal aber herrschte Grabesstille. Es war kein einziger Laut zu hören. Niemand zeigte sich. Wir schwiegen. Auch die SS-Männer sagten nichts. Als erste meldeten sich die

Vorarbeiter. Sie befahlen uns, die fertig sortierten Bündel aufzuladen. Genau wie wir nahmen sie an, dass ein leerer Zug gekommen war, um die Kleidungsstücke abzutransportieren. Miete[16] befahl brüllend, die Wagons zu öffnen. Durch den Spalt einer Tür schob sich eine Kinderhand. Plötzlich erkannten wir, dass sämtliche Wagons mit Leichen gefüllt waren. Ineinander verkeilte Körper, Erwachsene und Kinder. Zerlumpt und völlig nackt. Ein Viertel dieser Masse menschlicher Körper wies Spuren von Schlägen und Löcher von Kugeln auf. Die hinter uns stehenden Ukrainer und SS-Männer begannen, mit Kolben und Peitschen auf uns einzuschlagen und brüllten: *Schnell, schnell!* Erst jetzt begriffen wir, wozu die Decken dienen sollten, die man an uns ausgeteilt hatte. Brüllend befahl man uns, die Leichen aus den Wagons zu ziehen und zum *Lazarett* zu tragen.

Wir begannen, einzelne Leichname aus dem ineinander verhakten Knäuel menschlicher Körper, nackt und zerschunden, herauszuziehen. Wir legten sie auf die Decken und zogen sie über die Erde. Wir rannten zum *Lazarett* und wurden auf dem Weg mit Kolben geschlagen. Dabei konnten wir unsere Gesichter nicht vor den niederprasselnden Schlägen schützen, denn die Hände benötigten wir, um die Decke mit der Leiche festzuhalten.

Im *Lazarett* warfen wir die Leichen so weit wie möglich von uns weg und kehrten laufend zurück, um die nächsten zu holen. Wieder wurde willkürlich mit Kolben und Peitschen auf unsere ungeschützten Gesichter geschlagen. Der SS-Mann Sepp, der mit den vom Schreien angeschwollenen Adern am Hals, rief mit heiserer Stimme. Sein Gesicht war rot vom Alkohol. Er wedelte mit seiner speziell für ihn von den *Hofjuden*[17] hergestellten Peitsche und schlug uns mit diesem Ochsenziemer, weil er meinte, wir würden die Leichen, statt sie auf einen Haufen zu werfen, an den Seiten der Grube ablegen. Auf diese Weise bildeten sich statt eines einzigen Stapels Freiräume. Auf Befehl der Ukrainer und SS-Männer legten wir die Leichen also auf einen Stapel, unter dem das Feuer brannte. Immer wieder liefen wir über Leichen, und das Feuer brach zwischen uns durch. Ich blickte gen Himmel. Ich sah den wundervollen von der Sonne erleuchteten Herbstmorgen und den immer höher ragenden Leichenstapel. Wir versanken immer tiefer in den Leichen. Neben mir liefen der Priester, Alfred und meine anderen Bekannten. Alle schleppten wir Leichen. Es gab auch einige, die versuchten, nur Kinderleichen herauszuziehen, um weniger Gewicht schleppen zu müssen und so zusätzliche Schläge zu vermeiden.

Ich dachte mir – oh, du Ironie des Schicksals. Wie weit sind wir gekommen, dass wir Kinderleichen heraussuchen, damit es leichter wird; uns leichter wird, den Häftlingen des Lagers Treblinka?

Zwanzig Wagons waren geleert. Die nächsten zwanzig fuhren an den Bahnsteig. Wieder voller Leichen. Wieder wurden wir von den SS-Männern geschlagen. Dieselbe Hölle begann erneut. Wir laufen blau an von den auf uns niederprasselnden Schlägen. Zähne fallen aus, ausgeschlagen von den Kolben der Wachmänner. Willkürlich schlagen sie uns in die Gesichter. Ich fühle einen salzigen Geschmack im Mund. Alfred, der neben mir läuft, ruft: »Kacap, dir läuft Blut aus dem Mund.« Wieder ziehen wir Leichen heraus, immer nur Leichen.

Im Laufe mehrerer Stunden zogen wir sechs- bis siebentausend Leichen von den Wagons ins *Lazarett*. Später stellte sich heraus, dass es ein Transport aus Siedlce gewesen war, einer Ortschaft, die 60 Kilometer von Treblinka entfernt liegt. Wahrscheinlich wussten die Menschen, wohin sie gebracht werden sollten und leisteten Widerstand. SS-Männer erschossen und beraubten sie. Es waren nicht die SS-Männer unseres Lagers gewesen. Nach dem Morden nahmen sie die Kleidung und die anderen persönlichen Dinge der Menschen, verkauften sie, um etwas zu trinken zu bekommen. Statt der Kleidung und des Gepäcks, das sie stahlen, beluden sie zwei Wagons mit Lumpen, die in gebügelten Säcken steckten. Entscheidend war nur, dass das Gesamtgewicht stimmte. Die SS-Männer empörten sich darüber, dass man ihnen die Beute entrissen hatte, dass SS-Männer sich gegenseitig betrogen. Sie begannen zu schreien, das sei Diebstahl, Banditentum. Mit welchem Recht habe man auf dem Weg die Leichen beraubt, die doch ihnen gehörten und die in Treblinka ausgeraubt werden sollten und nicht in der Umgebung von Siedlce.

Miete war erbost. Er schlug alle, die um ihn herum standen und sagte zum Lagerältesten Galewski, dies sei eine dreckige Arbeit. Sie hätten sie nicht auf dem Weg ermorden dürfen. Sie hätten sie lebend hierher bringen müssen. Wir hier wären dafür da, sie umzubringen. Ebenfalls sei ihnen nicht erlaubt gewesen zu stehlen. SS-Männer in Treblinka würden nicht stehlen, sie würden nur rechtmäßig verdienen.

Merkwürdig war die Mentalität der Menschen dieser Welt. Der Feuerschein über dem *Lazarett* erleuchtete die Umgebung. Tausende Körper von Juden aus Siedlce brannten.

Die Flucht

Vor Sonnenaufgang in der noch lauen Dämmerung begannen wir, uns bei schwachem Kerzenlicht anzuziehen. Ein Wachmann, der die Baracke von außen bewachte, öffnete die Tür. Er erlaubte den Häftlingen zur Latrine zu gehen, die sich hinter der Baracke befand, in der wir hausten. Ein paar Minuten später hörten wir die Wachmänner brüllen und Schüsse in die Luft abgeben. Man befahl uns zurück in die Baracke zu gehen. Wie sich später herausstellte, waren zwei Häftlinge auf den Platz mit den Latrinen gegangen und hatten, nachdem sie gemerkt hatten, dass die Bewacher sie in dem Halbdunkeln nicht sehen konnten, den Draht des Zauns zwischen Latrine und Sortierplatz durchschnitten. Auf der gegenüberliegenden Seite des Platzes durchtrennten sie ebenfalls den Draht und erreichten auf diese Weise die offene Fläche hinter dem Lager. Es reichten ihnen ein paar Minuten, um im nahen Wald zu verschwinden. Später zeigte sich, dass sich zur gleichen Zeit noch zwei weitere Häftlinge in der Latrine befanden, die sich spontan anschlossen und mit ihnen gemeinsam flüchteten.

Nachdem ein paar Minuten vergangen waren, öffnete der SS-Mann Miete die Tür der Baracke und befahl uns, auf den Transportplatz herauszukommen. Wir stellten uns in Fünferreihen vor der Baracke auf. Der Baumeister zählte uns ab. Er versuchte dabei, das Fehlen der vier Häftlinge zu vertuschen. Wir bemerkten es deshalb erst, als wir uns wieder in der Baracke befanden und sahen, dass zwei Brüder aus Częstochowa nicht in ihre Betten zurückgekehrt waren. Wahrscheinlich hatten sie ihre Flucht schon früher geplant. Die anderen beiden leeren Strohlager lagen weit auseinander und es sah aus, als ob es sich eher um eine zufällige Flucht gehandelt hatte. Die SS-Männer machten sich sofort auf die Jagd nach den Flüchtenden. Uns hielten sie länger als gewöhnlich vor der Baracke fest, umzingelt von Wachmännern, die ihre Waffen auf uns richteten. Auch wenn wir uns vor den Konsequenzen der Flucht fürchteten, hegten wir keinen Groll auf die Flüchtenden. Wir wussten, jeder von uns hätte dasselbe getan, wenn sich nur die Gelegenheit ergeben hätte. Auf Befehl der Deutschen setzten wir uns, die Füße über den Kies schlurfend, in Richtung Küche zum Frühstücken in Bewegung. Nachdem wir den Kaffeeersatz getrunken hatten, stellten wir uns vor dem Tor auf, das vom Wohn- und Wirtschaftsbereich zum allgemeinen Teil des

Lagers führte. Hier befanden sich auch die deutschen Baracken. Zwischen den beiden Bereichen war doppelter Stacheldraht gezogen, der die Häftlingsbaracken, die Küche und die Krankenstube abtrennte. Die Baracken formten ein U. Im Gegensatz zu den anderen Stacheldrahtzäunen im Lager war dieser kahl. Man hatte nicht – wie in die anderen – Kiefernzweige hineingeflochten. Unsere Bewacher konnten uns deshalb genauestens überwachen.

Miete holte aus der deutschen Baracke, die sich auf der gegenüberliegenden Seite des Tors befand, ein leichtes Maschinengewehr. Damit ging er in Richtung Bahnsteig. Kurz danach kehrte er zur Baracke zurück. Wieder holte er ein deutsches Automatikgewehr heraus. Diesen Vorgang wiederholte er mehrere Male. Gleichzeitig gingen mit Gewehren bewaffnete Ukrainer auf den Bahnsteig.

Wir standen in der vordersten Reihe, in der ersten Fünfergruppe: der Priester, Działoczyński, Alfred, der Lehrer Mering und ich. Der Priester flüsterte: »Sie bereiten unser Abschlachten vor.«

Nach halbstündigem Warten näherte sich Miete mit seinen Katzenschritten dem geschlossenen Tor. Er befahl den Ukrainern, es zu öffnen. Er zeigte mit dem Finger auf uns und befahl: *In die erste Baracke gehen!* Wir umarmten uns zum Abschied, denn wir hegten keinen Zweifel darüber, dass, sobald wir den Platz erreichten, eine Serie von Schüssen uns den Boden unter den Füßen wegreißen würde. Wir setzten uns in Bewegung; die erste Fünfergruppe mit dem Baumeister an der Spitze. Wir erreichten den Bahnsteig. Hier standen viele SS-Männer. Die Ukrainer standen verteilt hinter dem Zaun und richteten ihre Waffen auf uns. Der Stabsscharführer, fett, klein und mit dem Gesicht einer Bulldogge, er wurde von uns Fesele[18] genannt, befahl uns stehen zu bleiben. Der Baumeister schrie wie üblich: *Mützen ab!* Vor uns standen die SS-Männer. Hinter uns, waren die Gleise. Dahinter ein Damm aus Erde, in den Kiefern gesteckt worden waren, der verhindern sollte, dass der Bahnsteig Treblinkas von außen einsehbar war. Wir standen stramm, die Mützen an den Oberschenkeln. SS-Mann Fesele mit seinem fetten geschwollenen Gesicht begann zu sprechen. In diesem Moment wussten wir, dass wir leben würden. Wenn ein Hund bellt, beißt er nicht. Wenn ein SS-Mann redet, schießt er nicht. Warum sollte er zu uns sprechen, wenn er uns erschießen wollte?

Mit dem vor Wut verzerrten Gesicht einer Bulldogge begann er, eine Rede zu halten. Er informierte uns, dass Fluchtversuche verboten seien und wir dafür hart bestraft würden. Während seines Gebrülls dachte ich an die Geflüchteten. Im Geist wünschte ich ihnen Glück. Unbewusst war ich neidisch auf sie, weil ihnen die Flucht gelungen war. Ich sah den SS-Mann, der versuchte uns davon zu überzeugen, dass es keinen Ausweg gebe und der deutsche Arm die Flüchtenden überall erreiche, egal wo sie sich befänden. Und dass für jeden Flüchtigen unsere Gruppe stark dezimiert werde, um uns für immer zu lehren, uns der Macht des

Reiches nicht entgegenzustellen. Nach Beendigung seiner Rede gab er ein Zeichen, dass die folgenden beiden Baracken auf den Bahnsteig kommen sollten. Wir stellten uns wieder auf unserem Stammplatz vor der Baracke auf. Wie gewöhnlich zum Morgenappell. Die Blockältesten meldeten, wie jeden Tag, den SS-Männern, wie viele wir waren und überreichten ihnen die Zettel, auf denen die Anzahl der Häftlinge der einzelnen Baracken notiert war. Wir bemerkten, dass dieses Mal beim Rapport das Kommando der *Roten* fehlte. Das war merkwürdig. Plötzlich öffnete sich das Tor, das vom Wirtschaftsbereich auf den Bahnsteig führte. Die *Roten* erschienen und trugen auf Bahren die kranken Häftlinge, die von unseren Ärzten mit Spritzen betäubt worden waren, ins *Lazarett*. Es waren zweihundert Kranke. Kurz darauf hörten wir Schüsse aus der Richtung des *Lazaretts*. So rächten sich die Deutschen an unschuldigen Kranken für die Flucht von vier Häftlingen. Als ich nach der Arbeit mit Alfred in die Baracke zum Abendbrot ging, sprachen wir über unsere Erlebnisse des vergangenen Tages und über die Erschießung der zweihundert Kranken. Wir dachten lautstark über die Rolle der jüdischen Ärzte nach. Wir setzten uns vor die Küchenbaracke und aßen eine dicke Suppe, die von unseren Köchen gekocht worden war. Alfred sagte: »Kuck mal, wie schlimm wir es hier erwischt haben. Wir sind noch so jung und befinden uns in der größten Mordmaschinerie der Welt. In einer Todesfabrik. Und letztendlich sind wir hier nur aus Zufall.«

Ich unterbrach ihn: »Aus Zufall? Zufällig vielleicht für uns. Die Deutschen aber wussten genau, was sie taten. Sie waren sich bewusst, wohin sie wollten. Sie haben hier eine Art Industrie geschaffen und die zahlt sich sehr gut für sie aus.«

Wir standen auf und gingen von der Küchenbaracke zur Klempnerwerkstatt. Diese Baracke befand sich zwischen zwei Wohnbaracken. Wir setzten uns zu den Brüdern Strawczyński, die hier als Klempner arbeiteten. Wenn ich mich recht erinnere, war dies auch ihr Vorkriegsberuf. Sie kochten leckeren Kaffee, den sie allen immer gerne anboten. In ihrer kleinen Werkstatt wuchs eine große alte Kiefer, deren Wipfel das Dach durchbrach. Die Deutschen ließen sie in der Aufbauzeit absichtlich stehen, da sie natürlichen Schutz bot und die Baracke teilweise verdeckte. Auf dem Weg trafen wir unsere Lagerärztin. Sie hatte braune Haare, war dünn und wirkte zerbrechlich. Ihr schneller Schritt zeugte von Selbstsicherheit und eventuell auch von Nervosität. Sie hatte einen weißen Kittel an, so war schon von weitem zu erkennen, dass sie Ärztin war. Jeder im Lager bemühte sich, seine Funktion so sichtbar wie möglich zu machen. Der Kunstmaler brauchte einen großen Hut. Um den Hals trug er ein Tuch und alle konnten sehen, wer er war. Es war uns wichtig, dass man schon aus der Ferne erkennen konnte, dass wir von Nutzen waren. Dass wir nicht anonym waren und in der Masse der Häftlinge untergingen. Als die Ärztin an uns vorbeiging, sagte ich zu Alfred: »Sieh doch, verdammt noch mal, unsere Ärzte. Eigentlich sind sie Verbrecher. Mit ihren Giftspritzen helfen sie den Deutschen uns zu ermorden. Heute hatten sie zusätzliche Arbeit, sie haben zweihundert Kranke umgebracht.«

Die Ärztin hörte meine Worte. Sie sah mich erschreckt an und ging ohne ein Wort der Verteidigung weiter. Und auch wir setzten unseren Weg fort, gingen zu Zygmunt Strawczyński und tranken Kaffee mit ihm. Abends gingen wir zu unserer neuen Baracke. In ihr gab es zweistöckige Pritschen. Zusammen mit Alfred und den anderen unserer Fünfergruppe belegten wir die obere Pritsche. Sie war fünf Meter lang und zwei Meter breit. Wir lagen zu zweit nebeneinander. Die anderen zwei stießen mit ihren Köpfen an unsere. Unter uns sah es genauso aus. Lehrer Mering kam auf mich zu und meinte, Doktor Rybak aus der Revierstube würde mich suchen. Er bat darum, ich solle zu ihm kommen. Ich fragte Mering, ob er wisse, worum es ginge. Er verneinte. Alfred dagegen, der schon auf der oberen Pritsche lag, rief: »Kacap, das hat sicher mit unserem Gespräch heute zu tun. Du hast wie immer laut gesprochen; die Ärztin hat bestimmt gehört, was du den jüdischen Ärzten vorgeworfen hast.«

Die Tür zur Revierstube befand sich gegenüber unserer Baracke. Das Revier bestand aus dem schmalen Teil einer Baracke und war vom Rest durch zwei Wände abgetrennt worden. Auf der rechten Seite stand an der Wand eine dreistöckige Pritsche. Beim Eingang, auf der linken Seite, befand sich eine Nische, die so etwas wie ein kleines Zimmer bildete. Dort stand unter einem vergitterten Fenster ein Tisch mit einem Zahnarztstuhl. Wahrscheinlich war dieser von einem Zahnarzt aus Deutschland mitgebracht worden, der gehofft hatte, sich hier im Osten durch seinen Beruf sein Überleben sichern zu können. So hatte man es ihm in Deutschland mitgeteilt. Jetzt stand der Zahnarztstuhl neben einem aus Brettern zusammengebauten Tisch, auf dem sich Stapel der unterschiedlichsten Arzneimittel türmten. Menschen aus ganz Europa hatten sie mitgebracht. Es gab Medikamente gegen sämtliche auf der Welt existierenden Krankheiten. Angefangen bei Kopfschmerztabletten bis zu den teuersten Arzneimitteln gegen seltene Krankheiten. Häftlinge, die beim Sortieren arbeiteten, hatten den Ärzten diese Medikamente zukommen lassen. In dieser vielfältigen Masse von Arzneimitteln befanden sich auch Ampullen mit Zyankali. Diejenigen, die sie vom Sortierplatz hierher gebracht hatten, waren sich in der Regel nicht bewusst gewesen, dass sie Gift in den Händen hielten. Alfred und ich aber wussten, dass man bei den Ärzten solche Ampullen bekommen konnte. Wir hatten uns bei ihnen schon vor längerer Zeit einige besorgt. Die Tatsache, in jedem Moment selbst über unser weiteres Schicksal bestimmen zu können, gab uns ein gewisses Gefühl von Sicherheit, uns werden die Deutschen nicht ermorden, wir werden, wenn wir erkennen, dass keine Chance auf Überleben mehr besteht, Selbstmord begehen.

Ich betrat die Revierstube. Sie war völlig leer, was logisch war nach der

Erschießung aller Kranken an diesem Tag. Wir wussten schon lange, dass man im Lager nicht krank werden durfte und versuchten, unsere Beschwerden so lange wie möglich versteckt zu halten. Wenn der Zustand eines Kranken so ernst wurde, dass er nicht mehr zur Arbeit gehen konnte, durfte er nicht in der Baracke bleiben, sondern musste sich in der Revierstube melden. Und hier begann die Tragödie, oder vielmehr das Lotteriespiel. Wenn man den Tag dort überlebt hatte, kam der SS-Mann Miete und forderte die Krankenliste. Dann erteilte er den Ärzten nur noch den Befehl, welche Kranken getötet werden sollten. Die Ärzte wiederum wussten sich nicht anders zu helfen, als gehorsam das auszuführen, was von ihnen verlangt wurde. Danach brachten die *Roten* die eingeschläferten Häftlinge auf Tragen ins *Lazarett*. Dort erschoss sie der Wachmann.

In der leeren Revierstube traf ich Doktor Rybak, Rajzlika, Doktor Chorążycki[19] sowie eine Ärztin, an deren Namen ich mich nicht mehr erinnern kann. Doktor Chorążycki und die Ärztin waren für die Deutschen und die Ukrainer zuständig. Doktor Chorążycki hatte ein äußerst interessantes Gesicht. Er war um die fünfzig Jahre alt, sah gut aus und war ein sportlicher Typ. Unter dichten Augenbrauen schauten weise, hellblaue Augen hervor. Er trug hohe, sportliche Stiefel mit Schnürsenkeln und einer Schnalle unter den Knien. Die Ärzte schauten mich an und ich fühlte mich sehr unwohl. Es war so, als ob ich vor Gericht stünde und auf das Urteil wartete. Um die Spannung zu lockern, meinte ich ironisch: »Ich habe die Ehre, meine verehrten Damen und Herren. Könnten Sie mir mitteilen, in welcher Sache ich eigentlich hier vorgeladen wurde?«

Um meinen Worten mehr Wirkung zu verleihen, nahm ich hochachtungsvoll die Mütze ab und fegte mit ihr fast über den Boden. Doktor Rybak unterbrach meine Vorführung: »Kacap, mache bitte keinen Affen aus dir. Wir haben dich hierher bestellt, weil wir gehört haben, wie du uns im Gespräch mit Alfred vorgeworfen hast, wir wären allesamt Mörder. Eigentlich denke ich, dass ich mich vor niemandem rechtfertigen muss, dennoch tue ich das. Wir alle hier, du und deine Freunde, sind eigentlich schon tot. Man hat uns lediglich ein wenig das Leben verlängert. Du weißt das ebenso gut wie wir. Wir gehen nur zufällig ein bisschen länger auf dem Todesweg, und den kennst du sehr wohl. Ich weiß von Rakowski, dass du ihn täglich fegst. Es gibt nur einen einzigen Unterschied, der uns von denen, die ins Gas gehen, unterscheidet: Sie werden vergast und wir erschossen. Das weißt du genauso gut wie wir alle hier. Und jetzt möchte ich, dass du dich bemühst zu verstehen, was ich dir sagen werde. Was sollen wir tun, wenn die Deutschen uns befehlen, alle Kranken aus dem *Lazarett* rauszuwerfen? Ist es nicht besser, sie einzuschläfern, als sie schreiend und jammernd vor den Augen von uns allen Hunderte Meter durch das Lager zu treiben. Meinst du nicht, dass es entschieden humanitärer ist, sie mit einer Spritze einzuschläfern? Glaube mir, es war gar nicht so leicht, das zu erreichen. Wir mussten es erst bei Miete und Kiwe durchsetzen. Wir baten sie darum, diejenigen, die sie sowieso liquidieren wollten, vorher einschläfern zu dürfen. Es fällt uns gewiss nicht leicht, unseren Patienten tödliche, einschläfernde Spritzen zu verabreichen. Kannst du dir nicht vorstellen, wir schwer es uns auf dem Gewissen liegt, dass wir, anstatt unsere Aufgabe als Ärzte zu erfüllen, zu Mördern geworden sind? Und trotzdem denken wir, unter diesen Bedingungen das Menschlichste getan zu haben, was wir als Ärzte hier noch tun können.«

Doktor Chorążycki kam näher: »Wenn du willst, brauchst du, genau wie wir, nicht ins *Lazarett* gehen. Ich will aber, dass du weißt, wir haben diese Ampullen von Menschen, die zu ihrer Zeit genauso selbstsicher und beredt waren wie du jetzt, Kacap. Die Tatsache, dass du eine solche Ampulle Zyankali in der Tasche hast und sie jederzeit einnehmen kannst, gibt dir eine gewisse Selbstsicherheit. Das Bewusstsein, so über dein Leben bestimmen zu können, erleichtert dir das Leben im Lager. Sei dir aber bewusst, die Menschen, die diese Kapseln bei sich trugen, konnten bis zum letzten Moment nicht an das glauben, was sie erwartete. Der beste Beweis dafür ist, sie ließen die Ampullen auf dem Platz zurück und rannten nackt - von den Deutschen über den Todesweg gejagt - ins Gas. Sie fanden nicht die Kraft, das Gift einzunehmen. Ich bin mir auch nicht sicher, ob wir die Kraft aufbringen werden, es im geeigneten Moment zu schlucken. Wenn ich an mich selbst denke, dann habe ich Angst, ich könnte zusammenbrechen und den Schritt nicht gehen. Das Gift aus freiem Willen zu schlucken, erfordert außerordentlich viel Mut. Du hoffst, trotz allem, diese Hölle zu überleben. Kacap, wenn du an meiner Revierstube vorbeikommst - du weißt, dort, wo ich meine Deutschen behandele - komm herein. Ich lade dich immer bereitwillig zu einem guten Tropfen ein. Ich weiß, du trinkst gerne.«

Ich sehe das hübsche Gesicht von Doktor Chorążycki. Seine weisen blauen Augen. Das Gesicht voller Menschlichkeit, an der es hier so sehr fehlt, in diesem Lager. Seine jungendliche Gestalt vor dem Hintergrund der Wände einer Holzbaracke. Er schaute mich so an, als ob er eine endgültige Diagnose treffen wollte. So, als ob er wissen wollte, wie es um meinen Gesundheitszustand stünde, und, was noch wichtiger war, um meinen Gemütszustand.

Das Mädchen aus Warschau

Die Rampe leerte sich langsam. Zurück blieb nur ein kleines Mädchen. Es stand vor der Baracke neben dem Bahnsteig. Schwierig zu sagen, wie alt die Kleine war. Ein zerrissener Fetzen bedeckte ihren schmächtigen Körper nur teilweise. Wahrscheinlich war das einmal ein Kleid gewesen. Auf dem Kopf trug sie ein buntes Tuch, das sie mit ihren blitzenden weißen Zähnen festhielt, als ob sie eine Sicherheitsnadel wären. Ihre großen dunklen Rehaugen warfen abwesende Blicke auf das, was um sie herum geschah. Die ausgemergelten Beine, rot vom Frost, steckten in roten Schühchen mit sehr hohen Absätzen. Sie schufen einen Kontrast zum Rest ihrer armseligen Kleidung. Wahrscheinlich hatte sie sie von jemandem im Ghetto bekommen, der Mitleid mit ihr hatte. Oder sie hatte sie in einer leeren Wohnung gefunden, deren Bewohner bereits deportiert worden waren. So war sie also hierher gekommen, in den Händen hielt sie ein angebissenes Brot. Krampfhaft drückte sie es an ihre ausgemergelte Brust. So als ob sie befürchtete, jemand könnte es ihr wegnehmen. Dieses Brot, das sie auf unbekannte Weise im hungernden Ghetto ergattert hatte, dieses angebissene Stück Brot, war ihr einziger Besitz. Sie ließ ihren angsterfüllten Blick über den Platz schweifen. Interessiert sah sie den abfahrenden Güterwagons nach. Aus dem grünen Tor mit seinen in Stacheldraht geflochtenen Kiefernzweigen, das den Sortierplatz von der Rampe trennte, beugte sich der krummbeinige SS-Mann Miete. Er wurde von uns Malakh HaMavet – Todesengel genannt. Mit katzenartigen Bewegungen näherte er sich dem Mädchen. Er schlich sich an sein neues Opfer heran und belauerte es mit einem zufriedenen Lächeln auf seinem bleichen Gesicht mit dem hellen Schnurrbart. Nachdem er das Mädchen erreicht hatte, stieß er es leicht an, beinahe ohne Berührung. So als ob er sich seine sauberen mörderischen Pfoten nicht schmutzig machen wollte. Er schubste die Kleine auf eine Art, wie ein Kind mit einem großen Ball oder mit einem Reifen spielt, und gab damit nur die Richtung an, die Bewegungen führte sie selbst aus. Der Todesengel führte sie auf diese Weise zu dem zweiten, hinteren Tor, das sich zwischen den beiden Baracken längs der Rampe befand. Und dann weiter auf den Sortierplatz, an dessen Ende sich die unschuldig aussehende Hecke befand, hinter der sich das *Lazarett* versteckte. Der Sortierplatz, über den er das Kind auf dem Weg zum *Lazarett* antrieb, war voll mit riesigen, bunten Kleiderhaufen. Alles, was man von zu Hause mitnehmen konnte, lag hier versammelt. Diese ungeordnet hingeworfenen Sachen hatten fünfzig Unglückliche aus den verschiedenen Transporten von dem Platz, wo sich die Leute ausgezogen hatten, hierher getragen. Das Mädchen überquerte, gedrängt von Miete, das Gelände. Mit seinen roten Schuhen, deren Absätze über den Boden schlurften, sah es auf dem bunten Platz wie eine überirdische Erscheinung aus. Die Kleine ging auf die Häftlinge zu, die die Sachen sortierten, ging von einem zum anderen und sah sich den Inhalt der Koffer an. So als ob sie auf einem Markt wäre oder auf einer Straße, wo Ramsch verkauft wurde. Ein Lächeln umspielte ihren Mund, während sie mit irrem Blick zwischen uns hindurchging. Aus einem Koffer nahm das Mädchen bunte Tücher, warf sie in die Höhe und tanzte dabei. Wir hörten auf zu arbeiten und sahen auf diese merkwürdige Erscheinung bunter Warschauer Armut. Und das Mädchen ging von einem Häftling zum nächsten, von einem Bündel zum nächsten, von einem Koffer zum anderen. In jedem fand es etwas, warf es in die Luft und wieder ging es weiter. Plötzlich hielt das Mädchen bei einem Koffer an, streckte die Hand aus und zog eine Brille heraus. In dem Koffer waren Brillen von alten Menschen, blaue Brillen von Blinden, winzige Kinderbrillen. Von Menschen, die bereits vergast worden waren. Plötzlich verzerrte sich das abgezehrte Gesicht vor Angst. Die überwältigende Angst vertrieb den Wahnsinn. Plötzlich wurde das Mädchen wieder zu einem normalen Menschen. Es hielt eine kleine Kinderbrille in der Hand. Mit Abscheu betrachtete es sie und warf sie in den Sand. Weiter lauerte die Angst in ihren Augen. Die Kleine sah uns an, uns Häftlinge, die Vorarbeiter mit den Peitschen in den Händen, die SS-Männer, die auf dem bunten Platz umhergingen, mit einem normalen Blick, mit einem Blick, den wir alle hatten. Die Angst jedoch blieb. Die Angst eines Menschen, der sein nahendes Ende voraussah. Plötzlich begann das Mädchen sich zurückzuziehen. Weg von dem riesigen bunten Berg. Immer größere Angst schaute aus seinen Augen. Miete ging auf das Kind zu und schubste es weiter zum Eingang in der Hecke. Dort, wo die Flagge mit einem roten Kreuz vor weißem Grund hing. Wir schwiegen alle. Niemand brüllte. Die Vorarbeiter ließen ihre Köpfe und die Peitschen hängen. Die Häftlinge hörten auf zu arbeiten. Alle sahen wir auf die Erscheinung vor unseren Augen. Das Warschauer Mädchen, das vom SS-Mann Miete, dem »Todesengel«, ins *Lazarett* gedrängt wurde. Es verschwand hinter der Hecke. Ein paar Minuten später erschallte der Schuss.

Auf dem Platz herrschte weiterhin Stille. Da erschien Miete in der Öffnung der Hecke. Seinen Revolver schob er wieder ins schwarze Halfter. Er rieb sich unsichtbaren Staub von den Händen. In diesem Moment, wie auf ein Kommando, begannen alle Vorarbeiter und Kapos zu brüllen und die Häftlinge zur Arbeit anzutreiben. Wie auf Befehl ertönten von allen Seiten ihre Rufe: *Scheiße, Scheiße, ihr Hurensöhne, Scheiße, Arbeit, Arbeit, schneller, schneller!* Die Peitschen knallten über den Köpfen der Häftlinge. Wir wussten jedoch alle, dass diese Worte nicht an uns gerichtet waren, sondern Protest waren gegen das soeben Erlebte. Das war unsere Art, dieses kleine, arme Warschauer Mädchen zu ehren.

Das Todeslager

Es war ein sonniger Morgen. Der Platz schallte von dem Gebrüll, mit dem uns die Vorarbeiter zur Arbeit antrieben. Ein Tag wie jeder andere. Der unangenehm süßliche Geruch der Verwesung hing über dem Lager. Er drang in die Nasenlöcher und legte sich auf die Lippen. Von der Rampe erklang das Rattern der Wagons, die von der Lokomotive langsam ins Lager geschoben wurden. Dies war heute der erste Deportationszug. Wie jeden Tag arbeiteten wir beim Sortieren. Um uns herum lagen ausgebreitete Laken und offene Koffer. In die Koffer legten wir unterschiedliche Dinge, die wir aus den vor uns liegenden Haufen herauszogen. Auf die auf dem Boden ausgebreiteten Laken kamen die Lebensmittel. Meistens waren das Säcke mit Zucker, Mehl, Grütze, Farfel, manchmal auch große Brote, geschmolzene Butter und Gänseschmalz.

Über den Sandwall, der unser Lager von dem zweiten Lager, von uns Toytlager [Todeslager] genannt, trennte, stiegen Häftlinge und kamen auf uns zu. Jeweils zu zweit schleppten sie aus groben Ästen gezimmerte hölzerne Tragen. Die Eskorte der Wachmänner hielt ihre Waffen auf sie gerichtet. Schwarz vor Schmutz und in zerfetzter Kleidung ging der Geruch verwesender Leichen von ihnen aus. Noch stärker als der, der einen sowieso schon auf Schritt und Tritt im Lager verfolgte. Einer der Häftlinge rief auf Jiddisch: »Juden, gebt uns Essen! In unserem Lager herrscht Hunger. Wir sind nur noch Leichen.«

Während wir Lebensmittel auf ihre stinkenden Tragen luden, erzählte einer von ihnen, was sich im Lager hinter dem Sandwall abspielte. Dann bat er uns, den Wachmännern Geld zu geben. Diese würden ihnen dann erlauben, etwas länger bei uns auf dem Platz zu bleiben. Ich nahm aus einem auf dem Boden liegenden Koffer eine Handvoll Banknoten, packte sie in einen Lumpen und warf sie zusammen mit den Lebensmitteln auf die Trage. Der zerlumpte Häftling fuhr mit seinen Erzählungen fort: »Dreizehn Gaskammern arbeiten ohne Unterbrechung. Über dem Eingang zum Flur, der in die Gaskammern führt, hängt ein Davidstern. Ein Wachmann, der Ukrainer Iwan, sticht mit einem langen Kavalleriesäbel auf die Menschen ein, die Widerstand leisten und nicht in die Gaskammern gehen wollen. Er schneidet ihnen die Hände ab und sticht in ihre nackten Körper. Er reißt kleine Kinder aus den Armen ihrer Mütter und schneidet sie vor deren Augen entzwei. Manchmal packt er sie auch an den Füßen und zerschmettert ihre Schädel an der Wand. In die Gaskammern quetschen sie jeweils rund 400 Personen. Ein Motor, der aus einem russischen Panzer stammt, produziert Abgase, die durch Rohre in die Gaskammern geleitet werden. Nach vierzig Minuten öffnen wir auf der anderen Seite eine Klappe und ziehen die Leichen heraus, die ineinander verkeilt zu einer Masse geworden und noch warm sind. Wir werfen sie auf die Erde. Dann kommen Gefangene, die von uns Zahnärzte genannt werden. Ihre Aufgabe besteht darin, Goldzähne herauszureißen und die Prothesen herauszunehmen. Die werfen sie dann in Schalen mit Wasser. Nachdem die Leichen von den Zahnärzten durchsucht worden sind, schleppen wir sie unter mörderischen Schlägen der Deutschen und Ukrainer auf Tragen zu riesigen Gruben. Jüdische Häftlinge stapeln die Leichen dort auf den Boden der Gruben. Jede Lage wird mit Chlor bestreut und dann kommt Erde darauf. Wenn eine Grube voll ist, schließen wir sie mit Erde. Die Leichen zersetzen sich in diesen Gräbern und explodieren nach einer Weile wie ein Vulkan. Einer der Späße der SS-Männer ist es, lebende Häftlinge in diese Gräber zu stoßen. Lebendig gehen sie in der Masse der verwesenden menschlichen Körper unter wie in einem Sumpf. Wir sind hier etwa zweihundert Arbeiter. Mit Häftlingen, die neu ins Lager gebracht werden, wird unsere Zahl ständig wieder ergänzt. Viele von uns brechen psychisch oder physisch zusammen und begehen Selbstmord. Wir werden nicht nur ständig geschlagen, sondern leiden auch an schrecklichem Hunger.«

Ein Wachmann kam näher und unterbrach unsere Unterhaltung. Die Häftlinge nahmen die mit Lebensmitteln gefüllten, stinkenden Tragen und schleppten sie zum Tor des Todeslagers.

Grodno

Eines Nachts wurden die Türen brutal geöffnet. Der Schein einer Taschenlampe streifte über unsere auf dem Boden ausgebreiteten Matratzen. An der Stimme, die nach dem Lagerältesten Galewski fragte, erkannten wir, dass Kiwe in die Baracke gekommen war. Er stand am Eingang und brüllte aus vollem Hals. Leben kam in die Baracke. Einige Häftlinge zündeten Kerzen an. Galewski kam im Pyjama aus seinem Verschlag. Alfred half ihm, sich anzuziehen. Er zog ihm seine festen Schuhe über die Füße. Kiwe hielt eine Maschinenpistole in der Hand. Er lief auf den Transportplatz und befahl Galewski, ihm zu folgen.

Wir fragten uns nach dem Grund dieses nächtlichen Vorfalls. Wir befürchteten, dass sie Galewski vielleicht erschießen wollten. Mering war entschieden anderer Meinung; um Galewski zu liquidieren, meinte er, hätte sich Kiwe niemals in der Nacht hierher bemüht. Dafür hätte er tagsüber genügend Zeit gehabt. In dieser Nacht geschah sehr viel. Erst hörten wir das uns vertraute Pfeifen eines herannahenden Zuges. Von der Rampe schallte das dumpfe Aufeinanderschlagen der Puffer zu uns herüber. Nach ein paar Minuten Ruhe hörten wir dann das bekannte Brüllen der SS-Männer und Ukrainer: *Schnell, schnell!* Ein neuer Transport war angekommen; komisch nur, dass dies mitten in der Nacht passierte, bisher waren sie nur tagsüber eingetroffen. Kurze Zeit später hörten wir durch die Wände unserer Baracke Stimmen. Wir erkannten Kiwe, der befahl, sich auszuziehen. Durch die deutschen Rufe hindurch drangen jiddische: »Schlag zu, hau rein!« und ein Schrei: *Hilfe!* Ein Schuss knallte, danach ein zweiter, ein dritter. In dem Radau draußen hörte man Gerenne. Ein Maschinengewehr ratterte. Jemand begann, die Baracke aufzubrechen. Unter dem Druck von ein paar starken Menschen gab die Tür der Baracke nach. Krachend öffnete sie sich. In der Baracke war es so dunkel, dass ich nicht sah, wer hineinfiel. Ich fühlte jedoch, wie sich jemand zwischen mich und den Priester zwängte. Ich fragte nichts. Das heftige Gewehrfeuer draußen hörte nicht auf. Vereinzelte Schüsse, das Rattern des Maschinengewehrs, das Heulen der Verwundeten, die Schreie der Verfolgten, das Brüllen der SS-Männer und der Ukrainer, es klang grausig. Ein paar Wachmänner und Kapo Kuba mit der Peitsche in der Hand kamen in die Baracke gerannt. Wir mussten uns vor den Bettlagern aufstellen. Während wir in unseren bunten Pyjamas standen, suchte der Kapo Kuba im Bettzeug nach Neuankömmlingen, die sich dort versteckt hielten. Bei dieser Gelegenheit peitschte er ein paar Häftlinge, unter anderem auch mich. Am Morgen erfuhren wir, dass in der Nacht ein Transport mit Juden aus Grodno angekommen war. Als sie aus den geschlossenen Güterwagons ausgestiegen waren, begriffen sie, was mit ihnen geschehen sollte, und als ihnen dann befohlen wurde, sich auszuziehen, stürzten sie sich mit Messern auf die SS-Männer. Ein heißer Kampf entbrannte. Wer kein Messer hatte, schlug mit Flaschen zu. Der Transport bestand aus 2.000 Personen, darunter viele Frauen und Kinder.

Es war klar, dass dieser Aufstand mit der Niederlage der Unglücklichen enden musste. Die Toten blieben auf dem Platz zurück. Auf Seiten der Deutschen wurden drei SS-Männer verletzt. Man brachte sie in das nahe gelegene Krankenhaus. Als wir am Morgen aus der Baracke kamen, sahen wir die Leichen zwischen den Lumpen und dem Gepäck liegen. In der Nacht hatte Schnee sie in einen sauberen, blendend weißen Mantel gehüllt.

Die Geschichte von Częstochowa und die Verhaftung meiner Schwestern

Alfred und ich stellten auf unserer Pritsche kleine Klappstühle auf. Sie waren von deutschen Juden mitgebracht worden, die gedacht hatten, man würde sie nach Polen umsiedeln. Wir zündeten Kerzen an und befestigten sie auf einem kleinen Stuhl, der uns als Tisch diente. Der Tisch mit Kerze wirkte sofort wie ein Magnet auf unsere besten Freunde, allen voran Mering. Am Tag war ich mit dem *Kommando Tarnung* im Wald gewesen. Versteckt in den Kieferzweigen, die wir von den Bäumen gerissen hatten, um sie später in den Stacheldraht zu flechten, hatte ich ein Paket mitgebracht: einen halben Liter Wodka, zwei Kilo Schinken und einen Laib Brot. Wir schnitten den Schinken und das Brot heimlich in kleine Teile, niemand sollte uns beim Essen beobachten. Mering begann langsam, die Hand vor dem Mund, kleine Stückchen zu essen. In der letzten Zeit sah Mering immer schlechter aus. Sein Gesicht war länger geworden und der gebeugte Rücken ließ ihn älter aussehen; ich fing an, mir Sorgen um ihn zu machen – er sah schlecht aus. Der Priester, Alfred und ich saßen auf unserem noch zusammengelegten Bettzeug. Unsere Tischgesellschaft aß sehr langsam, den Geschmack des Schinkens und des frischen Bauernbrots genießend. In der Baracke war es kalt und Wasser tropfte von den Holzbrettern der Decke auf uns. Gerszonowicz, der zwischen Mering und Alfred saß, fragte mich, ob ich mich vor der Aussiedlung eine Zeitlang in Częstochowa aufgehalten hatte.

»Ja«, antwortete ich, »ich bin im Oktober zusammen mit meinen Schwestern und meiner Mutter nach Częstochowa gezogen. Dort wohnte eine Freundin meiner Mutter, mit der sie in Baku, in Russland, aufgewachsen war und gemeinsam vor dem Ersten Weltkrieg nach Polen emigrierte. Elżbieta Stolc war Polin protestantischen Glaubens; sie hasste Russen und, wenn ich mich recht erinnere, ebenso die Deutschen und nannte alle, die sie nicht mochte Bolschewisten. Sie war eine gut aussehende Frau, blauäugig, hatte braune Haare und mein Vater sagte über sie, sie sei voller Temperament. Als Kind wusste ich nicht, was das bedeutet, Temperament. Mit der Zeit aber begriff ich aus den Gesprächen meiner Eltern, dass Ela bereits zwei Ehemänner gehabt hatte, allerdings

– Vater fügte das immer mit einem Lachen hinzu – waren diese Juden gewesen. Ihr Mann, den ich kannte, stammte aus einer jüdischen Familie, die einmal sehr reich gewesen war. Von diesem Reichtum war aber nur der Palast geblieben und auf diesem lasteten mehr Schulden, als er wert war. Nur der Name war noch derselbe, alle in Częstochowa nannten ihn den Grosman-Palast. Grosman selbst konvertierte zwar zum katholischen Glauben, seine Füße betraten aber nie die Schwelle einer Kirche, genauso wenig wie vorher die einer Synagoge.

Nach Częstochowa waren wir aus dem Ghetto in Opatów gekommen. Dort hatten wir nach unserer Flucht aus der Nähe von Warschau in der Anfangszeit des Krieges gewohnt. Die Grosmans wohnten damals bereits nicht mehr in ihrem Palast. Trotz seiner Taufe blieb Grosman für die Deutschen ein Jude und musste sich wie viele andere verstecken. Ela wohnte in der Kościuszka-Allee in einem Zimmer zur Miete. Durch sie erfuhren wir vom Schicksal Grosmans. Sie gab uns die Adresse einer Wohnung, die man gegen eine kleine Summe für einen Monat mieten konnte. Die Wohnung befand sich in einem Haus, das an das Kloster Jasna Góra grenzte, dem heiligsten Platz der katholischen Kirche Polens. Man erreichte sie über eine Steintreppe, die in einem dunklen Flur endete, in dem es nach gekochtem Kohl miefte. Es stellte sich heraus, dass es sich nicht um eine Wohnung handelte, sondern nur um einzelne Zimmer, die von einer alten, religiösen Fanatikerin vermietet wurden. Sie vermietete die Zimmer an Pilger, die nach Częstochowa kamen, um vor dem Bild der Heiligen Mutter Gottes zu beten. In der Kriegszeit kamen die Pilger nicht so zahlreich wie vor dem Krieg und deswegen bekamen wir für einen Monat gegen eine kleine Summe im Voraus ein kleines Zimmer mit drei Betten, das voller Heiligenbilder hing.

Den Mittelpunkt der vermieteten Zimmer bildete eine Küche, in die drei Türen führten. Nachdem unsere Vermieterin uns alleine gelassen hatte, setzten wir uns auf die Betten und merkten, wie angespannt wir die ganze Zeit gewesen waren. Mama hielt ihre Augen geschlossen, sie sagte nichts, nur ihr Gesicht spiegelte unsere tragische Lage wider. Ita, meine ältere Schwester, war seit gestern Hala. Dieser Vorname stand auf ihrer neuen, gefälschten Geburtsurkunde. Die fünfjährige Tamara hatte den Namen Zosia bekommen und aus mir, Samek, war Eugeniusz geworden. Unsere falschen Geburtsurkunden verdankten wir einem Bekannten in Opatów – einem Polen, dem Straßeningenieur Herrn Karbowniczek, der sie für uns besorgt hatte. Außer den Geburtsurkunden für Ita, Tamara und mich brachte er auch eine für unseren Vater auf den ausgesuchten Namen Karol Baltazar Pękosławski mit. Mama brauchte keine falsche Geburtsurkunde, sie hatte noch ihre original russische von Zuhause auf ihren Mädchennamen Maniefa Popow, mit dem Vermerk *russisch-orthodox*. Auf die Rückseite ihres Dokuments klebte mein Vater zu Beginn des Krieges ein Stück Stoff. Er wollte es damit zum einen konservieren und zum anderen die Aufschriften und Stempel verdecken, die bezeugten, dass Maniefa Potow im Jahre 1919 in der Stadt Bielsko zum Judentum übergetreten war.

Meine Schwester Ita unterbrach die Stille. Sie meinte, wir sollten unser weniges Gepäck aus den zwei kleinen Koffern packen. Nachdem Ita und ich es in den Schrank gelegt hatten, gingen wir in die Küche und schauten uns neugierig um. Da öffnete sich die Tür eines weiteren vermieteten Zimmers und eine junge, schöne Frau in einem flatternden Kleid erschien. Ein Lächeln erhellte ihr hübsches rundes Gesicht, nur für den Bruchteil einer Sekunde leuchtete in ihren Augen ein misstrauischer Blick auf, so als ob sie unser Inneres durchleuchten wollte. Mit leichtem Schritt ging sie auf meine Schwester zu und mit demselben Lächeln im Gesicht sagte sie, sie freue sich, wenn neue, nette Pilger auftauchten, denn sonst gebe es nach der Messe auf dem Jasna Góra niemanden, mit dem man ein paar Worte wechseln könnte, außer ... – mit einem vielsagenden Blick wies sie auf die Hausfrau, die gerade in einem schrecklich schmutzigen Schlafrock bei dem großen Ofen beschäftigt war. Sie gab meiner Schwester die Hand und sagte, während sie sich dann mit ausgestreckter Hand zu mir umdrehte, mit leiser Stimme: »Ich bin Irena Górska.« Ihre kleine Hand in meiner haltend sagte ich zum ersten Mal in meinem Leben: »Eugeniusz.« Nach dem Abendessen gingen Ita und Tamara mit Fräulein Irena in den Park, während ich mit Mama im Zimmer zurückblieb um zu überlegen, was wir weiter unternehmen sollten und wie wir uns ernähren könnten. Unser Geld schmolz schnell dahin. Wir entschieden, zusammen zurück nach Opatów zu fahren, um aus unserer Wohnung die Wertsachen zu holen. Ohne besondere Vorkommnisse fuhren wir am nächsten Morgen los und kehrten einen Tag später nach Częstochowa zurück. Auf dem Weg kauften wir in einem Lebensmittelgeschäft noch ein bisschen Proviant und für die kleine Tamara Schokolade. Mit Gepäck behangen gingen wir dann in Richtung Jasna Góra, also zu unserer neuen Unterkunft. Voller Ungeduld klopften wir an die Tür. Sie öffnete sich kurze Zeit später, die Eigentümerin der Wohnung stellte sich so in ihr auf, dass wir nicht an ihr vorbei konnten und sagte, die Mädchen seien nicht da. Mama fragte, ob sie auf einen Spaziergang hinausgegangen seien.

»Nein«, antwortete sie, »die Polizei hat sie verhaftet. Sie waren nämlich Jüdinnen und die andere aus dem Zimmer daneben haben sie auch gleich mitgenommen.«, und knallte uns die Tür vor der Nase zu.

Wir standen vor der Tür in dem feuchten und übel riechenden Flur und wussten nicht, was wir mit uns anfangen sollten. Langsam begriff ich, dass ich meine Schwestern verloren hatte und meine Mutter ihre zwei Töchter. In sprachloser Verzweiflung sahen wir uns hilflos an und wussten nicht, wohin wir gehen sollten oder an wen wir uns wenden könnten. Wir verließen das Haus und irrten ziellos umher. Schließlich kamen wir zu dem Park, der Jasna Góra von der Stadt trennte. Im Park suchten wir eine einsame Allee und setzten uns auf eine Bank. Dort lehnten wir uns aneinander und saßen regungslos versunken in unserem Schmerz. Auf meinen Wangen spürte ich die Tränen, die aus den Augen meiner Mutter liefen. Wir waren so versunken in unser Leid, dass wir die Gruppe von Halbstarken nicht bemerkten, die sich uns näherte. Plötzlich befand sie sich direkt neben uns und es blieb keine Zeit, die Tränen wegzuwischen. Schnell umarmte ich meine Mama und hielt ihren Kopf so in den Händen, dass man ihr verweintes Gesicht nicht sehen konnte und es schien, als ob wir uns küssten. Einer aus der Gruppe der Jungen machte eine ironische Bemerkung, aber sie gingen weiter ihres Weges. Wir blieben sitzen bis Mama die Stille unterbrach: »Samek, ich muss zu Ela gehen; vielleicht kann sie uns helfen. Sie kennt in Częstochowa viele einflussreiche Leute, die vielleicht ihre Freilassung aus dem Gefängnis erreichen können. Und du, flieh aus dieser verfluchten Stadt, verlass sie sofort. Du hast ein gutes, ›arisches‹ Aussehen und kannst dich frei in Polen bewegen. Sicher kannst du dir eine Unterkunft besorgen. Aber vergiss nicht, vorsichtig zu sein. Ich werde, wenn ich es nicht schaffe, Ita und Tamara aus dem Gefängnis zu holen, zu ihnen gehen, um mit ihnen zusammen zu sein und dorthin mitzugehen, wo sie hingebracht werden.«

Ich wischte die Tränen aus dem Gesicht meiner Mama, drückte sie fest an mich und flüsterte: »Mama, Mama, du hast noch jemanden, für den es sich lohnt zu leben«, und nahm ihr das Versprechen ab, so etwas niemals zu tun. »Versuche, sie zu befreien, aber vergiss nicht, dass du auch noch einen Sohn hast.«

Zum Abschied küssten wir uns. Ich verließ den Park und gelangte auf Seitenstraßen zum Bahnhof. Dort lehnte ich mich an einen Pfeiler und beobachtete das Treiben um mich herum. Neben dem Bahnbeamten, der am Aufgang zum Bahnsteig die Fahrkarten kontrollierte, stand ein Gendarm in einer schwarzen Uniform, der jeden genau prüfte, der den Bahnsteig betrat. Das Risiko für mich war zu hoch und ich ging wieder aus dem Bahnhof auf die Piłsudski-Allee.

Die rechte Seite der Allee war abgesperrt. Bei den mit Stacheldraht umspannten spanischen Reitern standen Gendarmen und Polizisten. Dahinter breitete sich eine leere Fläche aus, auf der kein Leben, keine Bewegung zu sehen war. Es sah aus wie auf einem Foto, auf dem alles erstarrt ist. Wie auf einem Friedhof bedeckten rotgoldene Blätter die Fahrbahn und den Bürgersteig mit einer dicken Schicht.

Die Juden waren nach Treblinka gebracht worden. Vor dem Magistratsgebäude stand eine Menschenmenge. Ich ging auf sie zu und eine schreiende und aufgebrachte Meute von Frauen und Männern, deren Gesichter vor Aufregung gerötet waren, umgab mich. Eine Frau mit einem Kopftuch, an dem sie ständig herumzupfte und es in die richtige Position brachte, fragte mich, ob es stimmte, dass keine Wohnung auf der Allee vergeben werde, sondern nur die in den

Seitenstraßen: »Da sehen Sie es wieder. Nur wer Beziehungen hat, kann eine Wohnung an der Allee bekommen. Dort«, sie senkte ihre Stimme, »gibt es noch gute Möbel, auch wenn die Deutschen die besten schon weggeholt haben. Man kann dort noch richtige Schätze finden, wissen Sie. Und in welcher Straße wohnen Sie?«, fragte sie.

Ich zog mich ein wenig von ihr zurück und als ich weiter weg war, verließ ich die Menge so schnell wie möglich und ging zurück zum Bahnhof. Dort stellte ich mich in die Reihe vor dem Fahrkartenschalter. Vor mir stand ein Bauer mit leerem Korb und hinter mir ein Mann mit Melone und Stock. Mit dem Stock klopfte er ungeduldig auf den Boden. Die Schlange wurde länger. Bei den Pfeilern hielt sich eine Gruppe deutscher Soldaten auf. Ihrem Aussehen und Verhalten nach waren sie Rekruten. Sie lachten und flirteten mit den Frauen, die an ihnen vorbeigingen. Sie posierten als Frontsoldaten, was ihnen aber nicht im Geringsten gelang.

Am Ende der Schlange stand eine gut aussehende junge Frau mit schönen Mandelaugen. Ihr ovales Gesicht, aus dem ein heller Teint herüberschimmerte, war von schweren schwarzen Locken umrahmt, die auf ihre schlanken Schultern fielen. Aus der Gruppe der Soldaten fielen Witze in Richtung dieser hübschen Frau. Sie tat so als ob sie es nicht hörte und schaute gleichgültig in die Tiefe des Wartesaals. Der Gendarm, der dort stand, ging langsam auf die Soldaten zu und stimmte in ihr Lachen ein. Plötzlich erschien auf dem Gesicht des Gendarmen ein zynisches Lächeln und er ging mit schnellem Schritt auf die junge Person zu. Er stellte sich vor ihr auf und aus den Bewegungen seiner Hände schloss ich, dass er die Papiere sehen wollte. Ihr weißes Gesicht errötete, als sie ihren Kopf senkte und nach etwas in ihrer Tasche suchte. Kurz darauf nahm sie ein weißes Papier heraus und übergab es dem Gendarmen. Dieser schaute sich das Papier erst von allen Seiten an, dann ergriff er plötzlich ihre Hand und zog sie aus der Reihe. Ihren Ellenbogen hochhaltend ging er mit ihr an den Soldaten vorbei und lächelte: »Seht, das ist nur eine Jüdin.« Die Soldaten begannen zu lachen und im Wartesaal wurden Stimmen laut: »Dass diese Jüdinnen noch die Unverschämtheit besitzen, sich in die Schlange zu stellen und Fahrkarten zu kaufen!«

Mit Erschrecken nahm ich dies alles wahr. Bis zur Abfahrt des Zuges blieben mir noch zwei Stunden. Ich verließ den Bahnhof und überlegte, was ich mit der verbleibenden Zeit anfangen könnte. Auf der gegenüberliegenden Straßenseite gab es Restaurants, die zwar nicht gerade den besten Ruf hatten, aber immer noch besser waren als das Warten in der Bahnstation. Ich betrat also eines dieser Restaurants. Die Glocke an der Tür weckte den vor sich hin dösenden Wirt in der um diese Zeit noch leeren Kneipe. Auf die Frage, was ich zu essen bekommen könnte, antwortete er mir, es gebe heute Kohl, Brot und na, Wodka. Ich bestellte

Brot und Kohl. Etwas später stellte der Wirt Brot und heißen, gekochten Kohl auf den Tisch und holte mit einer geschickten Handbewegung, wer weiß woher, eine Viertelliterflasche Wodka hervor, die er vor mich stellte. Ich begann zu essen, derweil ich überlegte, was ich mit einer solch großen Menge Wodka machen sollte. Wenn ich ihn nicht austränke, würde ich mich verdächtig machen, denn welcher Pole würde eine Flasche Wodka verschmähen, wenn er sie angeboten bekäme. Ich schenkte mir also ein volles Glas Wodka ein, sah wie der Wirt mich interessiert beobachtete und schüttete mir den gesamten Inhalt mit einem Schwung in den Mund. Es brannte wie Feuer im Hals und ich verschluckte mich. Der Kneipier sah missbilligend auf mein ungeschicktes Trinken. Ich bezahlte und ging. Unsicheren Schrittes betrat ich den Bahnhof, ich stank nach Alkohol und merkte im ersten Moment gar nicht, wie ich mir damit geholfen hatte und wie mir das sämtliche Türen öffnete. Jetzt war ich kein Verdächtiger mehr, sondern ein normaler Pole, ein betrunkener, torkelnder Jugendlicher. Ich stellte mich am Ende der Schlange an und eine Frau, die meine torkelnden Bewegungen gesehen hatte, wandte sich um: »Sie können sich auch direkt eine Karte kaufen.« Zustimmend ließen mich die Leute in der Schlange vorbeigehen und ich kaufte eine Karte nach Opatów. Dann durchquerte ich seelenruhig den Wartesaal und passierte den Ausgang in Richtung Bahnsteig. Ich gab die Karte dem Bahnbeamten, neben dem derselbe Gendarm stand, der noch vor einer Stunde die junge Jüdin verhaftet hatte. Torkelnd und nach Alkohol stinkend ging ich an ihm unbehelligt vorbei, als ob mir auf der Stirn eine Visitenkarte kleben würde, auf der *reiner Arier* stand. Ich stieg in den Wagon und schlief sofort ein. Ohne Probleme kam ich nach Opatów. Und wie es danach weiterging, das wisst ihr ja schon.«

Die Kerzen flackerten auf dem wackeligen Tisch, wir legten uns auf unsere Bettlager, um eine weitere Nacht hinter uns zu bringen.

Die Mäntelchen der Schwestern

Die ganze Nacht über fiel Regen, bis der Morgen die Wolken vertrieb und erste warme Sonnenstrahlen den Sortierplatz erwärmten, auf dem die riesigen Haufen Kleidung und Bündel lagen. Alles war wie in Feuer und weißen Rauch gehüllt. Die Häftlinge hielten einen Moment inne, um dieses Schauspiel zu betrachten – der Dampf, der aus den Lumpen emporstieg, färbte sich in dem Licht der aufgehenden Sonne und es machte den Anschein, als ob alles brannte. Wieder hörten wir das Aufeinanderschlagen der Puffer der Güterwagons, die auf die Rampe geschoben wurden. Ein paar Minuten später sahen wir die nackten Menschen laufen, die einen mit einem Koffer in der Hand, die anderen ihre Sachen mit zitternden Händen an die Brust gedrückt. Schläge prasselten auf sie nieder auf ihrem letzten Weg und vereinzelt blieben Socken, Schuhe und Leibchen auf der Erde zurück. Der SS-Mann Kiwe rief einen Vorarbeiter und befahl ihm, die Sachen sofort zu sortieren, damit sie, wie er meinte, nicht im Regen verdarben. Ich sortierte an diesem Tag Mäntel, sammelte sie und legte sie auf einen neuen Haufen. Ich rannte kreuz und quer, vom Todesweg bis zum *Lazarett*, an der Baracke zwischen der Rampe und dem Platz entlang, über das ganze Gelände, auf dem Tausende geöffnete Koffer von unterschiedlicher Größe lagen. Manche waren aus mattem Leder, versehen mit den unterschiedlichsten Aufklebern von Hotels oder internationalen Kurorten gaben sie Auskunft über den Reichtum ihrer früheren Eigentümer. Die meisten Koffer jedoch waren aus gewöhnlicher Faser oder aus Karton hergestellt und an den Ecken abgewetzt. Die Namen ihrer Eigentümer waren frisch mit leuchtender Farbe aufgemalt und kündeten von der Armut der jüdischen Bevölkerung Europas. All diese Koffer, ob klein oder groß, hatten jedoch ein gemeinsames Merkmal: ihre Schlösser waren aufgebrochen und ihre Besitzer waren im Gas erstickt. Jetzt lagen sie ausgebreitet auf dem Sand und es sah aus wie auf dem Markt in einer Kleinstadt. Häftlinge standen zwischen den offenen Koffern und sortierten alle Dinge, die von hunderttausenden Juden aus dem besetzten Europa auf diesen Streifen unfruchtbarer Erde mitgebracht worden waren. Die Koffer waren gefüllt, elegant oder armselig, mit Messern, Löffeln, Brillen, Scheren, Rasierpinseln, Füllern und anderen kleinen Dingen. Über den Platz hallte das Gebrüll der

Vorarbeiter: *Scheiße, Scheiße, ihr Hurensöhne, Arbeit, Arbeit, schnell, schnell!* Jeder Einzelne wollte den Deutschen zeigen, dass die Arbeit gut voranging und bei ihm alle gut arbeiteten und knallte deswegen mit der Peitsche über den Köpfen der Häftlinge. Im Grunde genommen jedoch passte er vor allem auf, dass nicht ein SS-Mann näher kam und die Häftlinge dabei überraschte, wie sie eine Jacke oder einen anderen Lumpen eine halbe Stunde in den Händen hielten. Hier beeilte sich niemand. Wir ließen uns Zeit, denn wir wussten genau, dass die Deutschen uns brauchten, um all die Lumpen zu sortieren, und jeder Tag Arbeit unser Leben verlängerte. Ich überquerte also am Tag Hunderte Male diesen Platz. Andere Häftlinge rannten mit Kinderwagen herum, in denen allerdings keine Kinder mehr lagen, denn diese waren aus den Wagen herausgeholt und in die nackten Arme ihrer Mütter gedrückt worden, denen man befahl, ihnen die Unterhosen und Hemdchen auszuziehen. Sogar die Windeln wurden auf den Sandboden in der Baracke geworfen. Die nackten Frauen trieb man mit ihren Kindern erst zu den Frisören, die in Reihen stehend auf sie warteten, und dann weiter, über den Todesweg, in die Gaskammern. Die Kinderwagen dienten in Treblinka dazu, Flaschen, Thermoskannen, Einmachgläser und Aluminiumgeschirr zu sammeln. Diejenigen Häftlinge, die mit ihnen arbeiteten, waren berechtigt, über den Transportplatz zu gehen, um zum Magazin zu gelangen, das sich hinter der Frauenbaracke befand und in dem sich Haufen von aufeinander gelegten Flaschen verschiedenster Formen stapelten. Es war das *Kommando Flaschensortieren.* Als ich an den verstreut herumliegenden Sachen des heutigen Transports vorbeilief, rief mir der Vorarbeiter Nojmark, der aus Częstochowa kam, zu: »Nimm das Bündel Mäntel.« Das Bündel war schon sortiert und mit zwei Gürteln zusammengebunden. Als ich mich hinunterbeugte, um es aufzuheben, blinkte mir eine bekannte Farbe entgegen. Ich bückte mich und zog das kleine braune Mäntelchen meiner Schwester Tamara heraus. Daran hing der Rock meiner älteren Schwester Ita, so als ob sie in schwesterlicher Umarmung miteinander verflochten wären. In meinen Händen hielt ich den Rock und das Mäntelchen mit den verlängerten Ärmelstücken aus grünem Stoff, die meine Mutter im Ghetto angenäht hatte. Als Tamara heranwuchs, war ihr irgendwann der Mantel, der noch vor dem Krieg gekauft worden war, zu klein geworden. Die Bemühungen Mamas, sie aus dem Gefängnis in Częstochowa zu befreien, hatten also nichts bewirkt. Ich schaute mich auf dem bunten Sortierplatz um, sah die gebückten Häftlinge, die nackten Männer, in ihren Händen die Kleidung der Familien, die in diesem Moment vergast wurden. Von der Rampe schallte das Rattern der Wagons herüber, das die Ankunft neuer Opfer ankündigte. Ich spürte, wie ich zu schreien begann. Ich schrie um Rache – nur an wem. Ich rannte zu dem

Mantelhaufen, der den mit nackten Menschen überfüllten Transportplatz überragte. Ich kletterte hinauf, deckte mich mit einem Bündel Mäntel zu und hockte mich hin, so dass mich niemand sehen konnte. Die Hände vors Gesicht gelegt, saß ich eine ganze Weile regungslos. Als ich die Hände vom Gesicht nahm, waren sie vollkommen trocken. Ich berührte meine Wangen und die waren ebenfalls trocken.

Abends in der Baracke stellte sich ein neuer Häftling vor, der morgens aus dem Transport geholt worden war: »Ich heiße Sudowicz, ich bin Agronom und habe am Institut für Landwirtschaft in der Grochowska-Straße in Warschau gelehrt.«

Er redete so über sich wie alle neuen Häftlinge am ersten Tag in Treblinka. Nach einem Tag würde er sowieso verstummen, so wie wir alle. Wir schwiegen aus Höflichkeit. Oder vielleicht auch nicht aus Höflichkeit, sondern nur, weil er sich mit seinem Bettzeug neben uns niedergelassen hatte und ich und Alfred es nicht über uns brachten, dem Neuen ins Gesicht zu sagen, dass er sein Maul halten und seine beschissene Geschichte, die hier niemanden interessierte, für sich behalten solle. Er erzählte weiter: »Ich bin zwar aus Warschau, aber ich war in Częstochowa mit ›arischen‹ Papieren und dort hat die polnische Polizei mich, meine Frau und mein Kind verhaftet. Wir saßen im Gefängnis in Zawódź, als sie uns von dort, rund 200 Juden, Frauen und Kinder, Männer, alle, die sie auf der ›arischen‹ Seite in Częstochowa erwischt hatten, zum Bahnhof brachten und uns in zwei Güterwagons verluden und nach Radomsk brachten. Dort koppelten sie unsere Wagons an einen Zug mit ausgesiedelten Juden aus Radomsk und so kamen wir hier frühmorgens an.«

Ich löschte meine Kerze und legte mich auf mein Lager, das Alfred ausgebreitet hatte. Alfred frage mich leise: »Kamen sie heute?« »Ja«, antwortete ich.

In der Baracke war es leise. Im Dunkeln leidet es sich leichter. Ich sah meine beiden Schwestern in der Ortschaft bei Warschau, in die immer die Erholungsgäste kamen und in der wir vor Kriegsausbruch gewohnt hatten. Nicht wegen der besseren Luft, sondern weil wir das Geld für eine Wohnung in Warschau nicht hatten.

Das Beladen der Wagons

Die Nachtstunden waren ein Segen für uns. Im Schlaf konnten wir das harte Lagerleben vergessen, spürten unser Leiden nicht und versetzten uns manchmal in die trügerische Welt der Träume. Oft genug jedoch quälten uns schreckliche Halluzinationen, in denen sich die Szenen des vergangenen Tages wiederholten. Der kränkliche Zustand unserer Organismen, erschöpft durch Hunger und die übermäßige Arbeit, rief merkwürdige und unrealistische Gedanken hervor, die sich in Visionen verwandelten und das Unterbewusstsein mit Albdrücken und Erscheinungen im Schlaf umschlangen. Von Zeit zu Zeit unterbrach ein Stöhnen oder ein Schreckensschrei die nächtliche Ruhe, manchmal auch das trockene Husten eines Tuberkulosekranken oder lautes Schnarchen. Der eine oder andere wachte auf, fluchte ordinär, weckte mit einem Schlag den störenden Nachbarn auf und fiel dann wieder in den Schlaf. Es gab auch schlaflose Nächte, Nächte voller Arbeit, voller Schläge und ununterbrochenem Laufen. Ich erinnere mich, wie uns einmal Pfeifen und Prügel aus dem Schlaf rissen. Wir beeilten uns, als ob das Lager gebrannt hätte. Erschreckt dachten wir, unsere letzte Stunde hätte geschlagen. Dabei hatten unsere Häscher etwas völlig anderes im Sinn. Am späten Abend hatte man zwanzig leere Wagons auf das Nebengleis geschoben, in die nun alle von uns sortierten Bündel geladen werden sollten. Dazu muss ich erklären, dass die Kleidung und Unterwäsche in drei Kategorien sortiert wurde: geeignet zum Gebrauch, zur Weiterverarbeitung in Fabriken und zu Lumpen. Aus der Kleidung, die sich zum Gebrauch eignete, hatten wir alles herausgetrennt, was daran erinnerte, dass sie von Juden stammte. Die Lumpen waren in Laken eingewickelt. Im Laufe der Zeit war alles zu hohen Bergen herangewachsen und davon gab es Tausende. Durch die einzelnen Haufen führten enge Gänge. Auf der anderen Seite türmten sich die Koffer mit den weißen Aufschriften ihrer ehemaligen Besitzer. Jetzt hetzten uns die Wachmänner zu diesen Haufen. Eine Arbeit begann, die ich niemals vergessen werde: Wir griffen jeder ein rund 60 Kilo schweres Bündel und liefen mit ihm zum Wagon. Danach kehrter wir in noch schnellerem Tempo zurück und begannen von neuem. Zwischen dem Zug und den Haufen hatten die SS-Männer und die Ukrainer einen Kordon gebildet.

Wenn Häftlinge den Inhalt der Koffer auf dem Boden verschütteten, und sich mühten, alles schnellstmöglich wieder zusammenzuraffen, liefen die SS-Männer auf sie zu und peitschten sie, als ob sie schuldig seien für die ausgeschütteten Koffer. Der Chef der Ukrainer, Unteroffizier Rogozin, stellte sich in den Weg und schlug mit einem Balken, den er gefunden hatte, auf die vorbeilaufenden Häftlinge. Wenn man ein Bündel auf den Schultern trug, konnte man sich vor den Schlägen schützen, wenn man allerdings zwei schwere Koffer schleppte, blieben Brust und Kopf ungeschützt. Dann zielte Rogozin auf das Gesicht und man konnte dem Schlag nicht ausweichen.

Bei einem solchen Lauf trug ich zwei Koffer. Rogozin holte aus und schlug mir den Balken mit Wucht ins Gesicht. Ich fühlte, wie er mir die Zähne ausschlug und mir das Blut übers Gesicht lief. Ich schluckte es, befürchtete aber, so auch meine Zähne zu schlucken. Also spuckte ich sie zusammen mit dem Blut aus (später stellte sich heraus, dass ich sechs Zähne verloren hatte). Sofort danach rannte ich weiter, auf die Wagons zu. Als mir die Kräfte sprichwörtlich ausgingen, erinnerte ich mich daran, dass sich in einem Koffer dicke Kerzen befanden. Ich öffnete den Koffer und trotz des Gebrülls der SS-Männer und der Ukrainer gab ich den Häftlingen, die von den Wagons zurückkamen, jeweils eine und befahl ihnen, den Weg damit zu beleuchten. Ich wählte dafür ältere Häftlinge aus, die vor Anstrengung schon taumelten, wie den Lehrer Mering und Gerszonowicz. Auf wackeligen Beinen hielten sie, sich an die Kleiderhaufen lehnend, die brennenden Kerzen. Rakowski brüllte: »Kacap, weiter austeilen!« Und so erhielten die Häftlinge die Möglichkeit einer kleinen Ruhepause. Die SS-Männer hatten nichts dagegen. Sie waren der Meinung, dass wir auf diese Art die Arbeit besser organisierten und schneller bewältigten. Innerhalb von ein paar Stunden schafften wir es, die 60 Wagons zu beladen. Das Beladen der Güterwagons eröffnete auch die Möglichkeit zur Flucht. Ich war wie besessen von dem Gedanken, mich unbemerkt in einen der Wagons zu schleichen, mich zwischen den Bündeln zu verstecken und nach ein paar Kilometern durch ein Fenster in die Freiheit zu fliehen. Ich wollte es so anstellen, dass ich mit einem Bündel in einen Wagon stieg und nicht mehr herauskam. Aber das Schicksal war nicht mit mir. Die Wachmänner hatten ein Auge auf mich. Immer wenn ich in einen Wagon stieg, verfolgten mich ihre Blicke. Endlich dämmerte es und die Dunkelheit löste sich auf. An eine Flucht war nun nicht mehr zu denken. Als wir in die Baracke zurückkamen, fehlten zehn Leute. Der Blockälteste, ein jüdischer Ingenieur aus Łódź, der im Lager die Funktion des Baumeisters hatte, bemerkte das natürlich sofort. Beim Erstatten des Rapports, als die Häftlinge gezählt wurden, verhielten wir uns auf seinen Befehl hin so geschickt, dass die SS-Männer davon nichts mitbekamen. Aus einem neuen Deportationszug an diesem Tag holten die *Roten* fünfzehn Neue heraus und glichen somit nicht nur die fehlende Anzahl aus, sondern erreichten noch einen Überschuss. Ob die Flüchtenden Glück hatten, unbemerkt aus den Wagons zu entkommen und in die ersehnte Freiheit zu gelangen, weiß ich nicht. Ins Lager kehrte niemand von ihnen zurück.

Rut Dorfman

Nach einer kurzen Unterbrechung Mitte Januar kamen neue Transporte aus dem Warschauer Ghetto. Tag für Tag, vom frühen Morgen an, schob die Lokomotive Wagons auf das Gleis von Treblinka. Man trieb die Menschen von der Rampe durch das sperrangelweit geöffnete Tor auf den Transportplatz. Nachdem sie die Schwelle zum Lager übertreten hatten, befahlen die SS-Männer den Männern, sich auszuziehen, während die Frauen zur Baracke geleitet wurden.

Plötzlich rannte Kiwe auf den Platz, auf dem Häftlinge die Sachen sortierten, und befahl einigen von ihnen zur Baracke zu kommen, in der sich die Frauen auszogen. Wir rannten durch das Tor zum Todesweg. Auf der rechten Seite des Weges befand sich die Kopfseite der Baracke, in die die Frauen vom Transportplatz aus getrieben wurden. In dieser Baracke, in der die Frauen sich bereits auszogen, standen Häftlinge in weißen Frisörkitteln. Neben ihnen befand sich ein kleiner Tisch. Ich nahm von einem Nagel, der in die Holzwand geschlagen worden war, einen weißen Kittel, und zog ihn an. Zwischen der Wand und dem Balken der Baracke steckte eine Schere. Ich nahm sie und stellte mich genau wie die anderen Häftlings-Frisöre neben einem freien Tisch auf. Durch die Öffnung in der Wand sah ich, wie die Frauen sich auf Befehl der Deutschen auszogen – eine half der anderen und nackte Kinder drängten sich an die Beine ihrer Mütter. Trotz der vielen Frauen in der Baracke herrschte Grabesstille, die nur von den Befehlen unterbrochen wurde, mit denen die Deutschen brüllend zur Eile mahnten. Die Baracke füllte sich mit nackten Frauen, die noch bewegungslos dastanden, Angst in den Augen. Dann stieg ein leichter Dunst von der Erde auf und umgab die nackten Körper der Frauen mit einer geheimnisvollen Aura. Er kam von der Kleidung, die noch warm und gerade heruntergerissen, in der kalten Baracke dampfte. Die Frauen begannen, sich in unsere Richtung zu bewegen. Sie setzten sich auf die Tischchen, zum Teil mit ihren Kindern, die ebenfalls voller Schrecken auf uns schauten, und wir, die Häftlinge, fingen an, ihre rabenschwarzen, roten, blonden oder ergrauten Haare abzuschneiden. In dem Moment, als die Scheren ihre Haare berührten, erschienen Hoffnungsschimmer in den Augen der Frauen. Wir wussten, dass sie vermutlich glaubten, wenn wir ihre Haare abschnitten, bedeutete dies, es würde eine Desinfektion folgen. Und wenn sie desinfiziert würden, würden sie auch am Leben bleiben, denn warum sollte man ihnen die Haare abschneiden, wenn die Deutschen sie ermorden wollten. Welche Ironie, sie wussten nicht, dass ihre Haare zur Produktion von Matratzen für Unterseeboote gebraucht wurden. An diesem Tag gingen an die hundert Frauen an mir vorbei. Einmal kam eine junge, gut aussehende Frau zu mir. Sie war nicht älter als zwanzig Jahre alt. Unsere Bekanntschaft dauerte nicht länger als ein paar kurze Minuten, aber diese Zeit reichte für lange Jahre.

Ich erfuhr von ihr, dass sie Rut Dorfman hieß und schon ihr Abitur gemacht hatte. Sie war sich bewusst, was sie erwartete und versteckte dies nicht vor mir. In ihren schönen Augen konnte ich keine Angst und keine Traurigkeit erkennen. Nur unglaubliche Wehmut sprach aus ihnen. Mit matter Stimme fragte sie mich, wie lange sie leiden würde. Ich antwortete, nur ein paar Minuten. Eine Schwere fiel ihr vom Herzen und Tränen traten uns in die Augen. Und das war schon alles. Ein SS-Mann ging an uns vorbei und ich war gezwungen, weiter ihre langen, seidigen Haare abzuschneiden. Schließlich stand sie auf, warf mir einen letzten merkwürdig verlangenden Blick zu, so als ob sie sich von mir und dem Rest der mitleidlosen Welt verabschieden wollte und entfernte sich langsam auf ihrem letzten Weg. Später hörte ich das Brummen des Motors, der die Abgase produzierte, und vor meinem geistigen Auge sah ich Rut in der Masse der nackten Körper, schon nicht mehr lebend.

Kronenberg

Der Tag näherte sich seinem Ende. Die Arbeiter säuberten auf den deutschen Befehl *Sauber machen!* den Platz, an dem sie gearbeitet hatten, von Papier und Lumpen. Sie schlossen die Koffer mit den sortierten Sachen. Ich arbeitete damals in der Baracke, die an die Rampe anschloss, parallel zur ersten Baracke. Zwischen den Baracken gab es einen Zwischenraum, durch den man von der Rampe zum Sortierplatz gehen konnte.

Es begann zu dämmern. Miete ging langsamen Schrittes über die zu diesem Zeitpunkt verlassene Rampe zur zweiten Baracke. Sein Gang erinnerte wieder an eine Katze oder an einen Luchs, der sich an seine Beute heranschleicht. Er trug hohe glänzende Stiefel und schicke Reithosen. Seine Gestalt war unproportional – ein verhältnismäßig kurzer Rumpf und sehr lange Beine. Er machte den Eindruck eines Gutsbesitzers, der zufrieden ist mit seinem Besitz. Jetzt ging er zu der Baracke, die als Pferdestall oder Stall bekannt war. Es waren zwei ohne Trennwände verbundene Baracken, die als Lagerraum dienten. Dort konnte man Massen von Material unterbringen. Es gab hier auch Verschläge, die einmal als Pferdeboxen gedient hatten. Die angeknabberten Balken waren noch zu sehen. Die Boxen dienten jetzt zur Aufbewahrung der wertvollsten Gegenstände, die von den vergasten Menschen zurückblieben. Alles, was brandneu und von bester Qualität war, befand sich hier. Unterwäsche, Kleidung, Federhalter, Uhren. Die Wertsachen befanden sich in den verschiedenen Koffern. In der Mitte der riesigen Baracke stapelte sich ein Haufen unterschiedlichster Pelze, die von den Juden aus Österreich und Deutschland mitgebracht worden waren, dicke pelzgefütterte Mäntel der Juden aus dem Osten, aus den Gebieten, die 1939 von den Russen besetzt worden waren. Von der Herkunft der Pelze erfuhren wir durch die eingenähten Firmenschilder. Die Juden im Generalgouvernement verfügten schon seit langem nicht mehr über das Recht, einen Pelz zu besitzen. Die deutsche Verwaltung hatte bestimmt, dass sie diese abzugeben hatten. Wer dem nicht Folge leistete, dem drohte die Todesstrafe.

In dieser Zeit herrschte Typhus im Lager. Wenn jemand krank aussah, führte ihn Miete sofort ins *Lazarett*, wo er ihn selbst erschoss oder einem Ukrainer befahl, dies zu tun. Auf diese Art starben etwa dreihundert Häftlinge. Es verging kein Tag an dem nicht die *Roten* auf Befehl Mietes Kranke, eingeschläfert von den

Ärzten, ins *Lazarett* trugen. Oft holte Miete selbst Kranke aus den Reihen der Gefangenen und brachte sie zum Erschießen ins *Lazarett*.

Der Lagerälteste Galewski wollte die kranken Häftlinge retten und hatte eines Tages eine Idee. Er befahl, man solle die Kranken, die sich noch auf eigenen Beinen halten konnten, an warme Orte bringen. Der geeignetste Platz dafür war der Pelzhaufen. Hier, geschützt vor den SS-Männern, lagen sie nun und schliefen den ganzen Tag, bedeckt von den warmen Pelzen. Ihre Kollegen brachten ihnen unter Lebensgefahr im Laufe des Tages heißen Tee, der heimlich in verschiedenen Ecken des Lagers gekocht wurde. Einige Kranke überlebten auf diese Art die Krankheit und wurden gesund. Der Platz war umso sicherer, weil die Deutschen sich ihm aus Angst vor Läusen nicht näherten. Es war bekannt, dass es an warmen Orten von Läusen nur so wimmelte. Galewski erinnerte die Deutschen bei jeder Gelegenheit daran.

Unter den Kranken im Pelzhaufen befand sich Kronenberg, ein Journalist der Lemberger Zeitung *Chwila* [poln.: Moment]. Das war eine zionistische Zeitung in polnischer Sprache. Kronenberg war klein und hatte schwarze, dichte Augenbrauen, schwarze Haare und einen Schnurrbart. Seinen Gesichtsausdruck prägte ein intelligenter Blick. Er beeindruckte uns alle mit seiner Gewandtheit, Schlagfertigkeit und Ruhe. Er war einer der ersten Organisatoren des Widerstands im Lager. Galewski vertraute ihm vollkommen. Einige von uns teilten dieses Vertrauen nicht. Menschen in das Geheimnis des Untergrunds einzuweihen war gleichzeitig eine Einladung zum Verrat. So wusste Kronenberg ganz allgemein von der geplanten Rebellion. Die Pläne änderten sich täglich, abhängig von der Situation.

Miete näherte sich der Baracke mit seinen katzenartigen Schritten in dem Moment, als Kronenberg aus dem großen Berg Pelze heraus kroch. Er sah den Deutschen nicht und taumelte auf den Vorarbeiter zu. Dem verschlug es vor Schreck die Sprache. Es war zu spät, um Kronenberg zu warnen, damit er in sein Versteck zurückkehren konnte; der Deutsche war schon zu nah. Stille fiel über die riesige Baracke. Niemand schaute auf. Alle taten so, als ob sie in ihre Arbeit vertieft waren. Ein Vorarbeiter rannte zu Miete, zog seine Mütze ab, stellte sich vor ihm auf und meldete, alles sei in bester Ordnung. Miete schob ihn verächtlich zur Seite und ging mit einem ironischen Ausdruck im Gesicht auf Kronenberg zu. Mit mitfühlender Stimme fragte er ihn, ob er nicht zufällig krank sei. Dann lachte er über seinen gelungenen Witz. Zufrieden mit sich selbst stieß er auf seine spezifische Art Kronenberg zum Ausgang der Baracke und dann über den Platz in Richtung *Lazarett*. Er schlug ihn nicht, schubste ihn nur von Zeit zu Zeit und gab ihm die Richtung an.

Auf dem Gesicht Kronenbergs zeichneten sich Erschrecken, Kraftlosigkeit und Todesangst ab. Er duckte sich. Jeder Erdklumpen wurde zum Hindernis für seine von der Krankheit geschwächten Beine. Stolpernd lief er zum *Lazarett*. Sein Gesicht war schweißnass. Er ging seinen letzten Weg und wusste, wohin der führte. Er war sich dessen bewusst, trotz Krankheit und Schwäche.

In diesem Moment lief der Lagerälteste Galewski in die Baracke. Er sah, was geschah und brüllte: »Kacap, geh hinterher.« Ich griff mir ein Laken mit Müll, stopfte noch Papier dazu, warf es mir auf den Rücken und rannte zum *Lazarett*. Ich betrat es von unten und nicht von der Seite des eigentlichen Eingangs, durch den die Opfer von der Rampe hergeführt wurden. Unten konnte man über den Sand bis zum Feuer und zum Stapel der Leichen gehen. Ich ging auf den Stapel zu und warf das Papier darauf, damit er besser brannte. Währenddessen war Miete mit seinem Opfer schon im *Lazarett* verschwunden und Kurland hatte Kronenberg bereits ausgezogen. Nackt wurde er auf die Plattform über der Grube gestoßen. Aus dem Anbau kam der Wachmann. Auf der Rampe stand der nackte Kronenberg, bei ihm Kurland und Miete. Hinter ihnen der Wachmann. Sie stießen Kronenberg an den Rand der Rampe. Der Ukrainer nahm das Gewehr von der Schulter und wollte wie gewöhnlich schießen. Ein weiteres Opfer heute. Plötzlich warf sich Kronenberg Miete vor die Füße und begann auf Deutsch zu schreien: »Ich will leben, ich helfe euch, ich erzähle euch alles. Es gibt eine Widerstandsgruppe hier. Hundert Personen gehören ihr an.«

Miete stockte. Er hielt eine Pistole in der Hand, schoss aber nicht. Er schaute auf Kronenberg, der krampfhaft seine Beine umfasste. Als ich das sah, erkannte ich die Gefährlichkeit der Situation. Mir kam ein Gedanke. Unten stehend, am Fuß der brennenden Leichen, begann ich wie irrsinnig zu lachen. Kurland stimmte mit ein und zeigte auf seine Stirn, bedeutete, Kronenberg sei verrückt geworden und man könne ihn nicht ernst nehmen. Der ukrainische Wachmann verstand kein Deutsch und wollte verhindern, dass Miete vom kranken Kronenberg angefasst wurde. Er schoss ihm in den Kopf. Kronenbergs Körper fiel in die Grube, das Blut spritzte aus seinem Kopf auf den Sand und die Asche der verbrannten Menschen. Am Fuß des riesigen Haufens brennender Leichen kam er zur Ruhe.

Aus der Umzäunung, die das *Lazarett* umgab, kam ein Häftling. Das war der Helfer des Kapos Kurland. Er war unrasiert, dreckig, voller Ruß und stank nach verbrannten menschlichen Körpern. Er ging zur Rampe und brüllte: »Kacap, warte.« Als er den Fuß des Leichenbergs erreichte, rief er: »Kacap, nimm ihn an den Beinen.« Ich fasste Kronenberg an den nackten Beinen und der Häftling mit dem Spitznamen Kot hielt ihn an den Händen. Die Stimme Mietes, der auf der Rampe stand, klang herunter. Er brüllte fachmännische Befehle herunter. Wir sollten den Körper oben auf den brennenden Stapel legen. Schweigend nahmen wir den noch warmen Leichnam und legten ihn auf die Spitze der Pyramide, die aus menschlichen Körpern bestand. Die Flammen sprangen sofort auf ihn über. Sie krochen unter seinen Beinen hervor. Ich sprang von dem Leichenhaufen und fiel dabei in die Masse der ineinander verschlungenen Körper. Endlich erreichte ich die Erde. Ich nahm das Laken, in dem das Papier gewesen war und steuerte auf die Erhöhung zu, zum Ausgang des *Lazaretts*. Der Häftling Kot lief hinter mir her und rief: »Kacap, warte doch, komm mit ins Häuschen.« Er nahm einen kleinen verrußten Topf, gefüllt mit frisch gekochter dicker Suppe. Er wollte mich einladen. Auch wenn sich mir der Magen vor Hunger umdrehte (in dieser Zeit herrschte schrecklicher Hunger im Lager), bekam ich nichts herunter. Ich wollte ihn nicht beleidigen, bedankte mich höflich und sagte ihm, dass ich sein Angebot ein anderes Mal gerne annehmen würde. Dann kehrte ich zurück zur Baracke und machte mich wieder ans Sortieren. Kurz darauf erschien der Lagerälteste Galewski und warf mir einen traurigen Blick zu. Wir redeten nicht miteinander. Ich verstand, dass Kurland ihm schon vom Geschehenen berichtet hatte.

Goldsuche

Nachdem wir eines Tages in eine andere Baracke umziehen mussten, befahlen die Deutschen einer Gruppe *Roter* den Boden der Baracke umzugraben, in der wir zuvor gewohnt hatten. Sie verdächtigten uns, Wertgegenstände in der Erde versteckt zu haben. Die SS-Männer standen neben den Arbeitenden und überwachten jede ihrer Bewegungen. Plötzlich waren unter einer Schaufel goldene Gegenstände und kostbare Edelsteine zu sehen. Zusammengenommen holte man ungefähr vierzig Kilogramm Gold aus der Erde. Schwer vorstellbar, welche Panik sich in unserer Gruppe ausbreitete. Die Konsequenzen ließen nicht lange auf sich warten. Beim Appell teilte man uns mit, es werde eine Leibesvisitation durchgeführt. Wer Unannehmlichkeiten vermeiden wolle, der solle sofort Geld, Gegenstände aus Gold, Uhren, Ringe und aufbewahrte Papiere abliefern. Nur Vorarbeiter und Kapos hatten das Recht, eine Uhr zu besitzen. Ich gehörte zu den wenigen Gefangenen, die keinerlei Wertgegenstände bei sich trugen. Der SS-Mann Fesele kündigte an, wir würden durchsucht, während er an uns vorüber flanierte, um unsere Reaktionen zu beobachten. Bei den Füßen eines Häftlings bemerkte er einige Goldmünzen. Er warf sich auf ihn und drängte ihn an den Stacheldraht. Danach befahl er ihm, sich bei der Baracke aufzustellen. Fesele ging durch unsere Reihen und wies uns an, Fünferreihen zu bilden. Von Zeit zu Zeit zog er willkürlich einzelne Häftlinge aus den Reihen, um sie zu durchsuchen. Da erinnerte ich mich, dass ich meine Geburtsurkunde von der »arischen« Seite noch bei mir hatte. Ich hatte sie für den Fall, ich würde aus Treblinka wegkommen, aufbewahrt. Jetzt könnte dieses Dokument mein Schicksal werden. Hier in dieser Reihe konnte ich mich dessen nicht entledigen. Ohne lange zu überlegen, zerknüllte ich es unauffällig in meiner Tasche und steckte es vorsichtig in den Mund. Ich kaute ohne den Mund zu bewegen und schluckte. Der Priester stand vor mir und dachte, ich würde etwas essen. Ohne den Mund zu bewegen bat er mich, ihm etwas abzugeben. Lachend gab ich ihm ein Stück Papier. Er sah mich böse an und dachte wohl, ich wolle den Leckerbissen nicht mit ihm teilen und nähme ihn auf den Arm. Er hörte auf, mit mir zu reden. Erst am Abend erklärte ich ihm, was ich gegessen hatte. Fesele durchsuchte weiter. Er fand nichts bei uns. Nur auf der Erde sah man erneut einige verstreute Münzen. Niemand von uns wollte dafür die Verantwortung übernehmen. Fesele holte noch zwei Leute aus der Reihe, die neben dem gefundenen Gold standen und erschoss sie vor den Augen aller, zusammen mit dem Ersten, bei dem er Gold gefunden hatte. Am selben Tag wurde auch ein Gefangener aus der Kartoffelgruppe ermordet. Diese Gruppe hatte die Aufgabe, die Kartoffel- und Rübenmieten zu überwachen. Man traf ihn an, als er gerade ein paar Kartoffeln kochte. Der Ärmste wurde auf furchtbare Weise geschlagen und musste sich den ganzen Tag mit erhobenen Händen aufstellen. Danach erschoss man ihn.

Tarnungskommando

Der Lagerälteste Galewski teilte mich einer neuen Arbeit zu. Statt der bisherigen Beschäftigung beim Sortieren der Lumpen empfahl er mich für das *Kommando Tarnung*. Die Arbeit beim Tarnen des Lagers war nicht besonders schwer und ermöglichte Arbeiten außerhalb des Lagers im Wald. Für mich war das sehr verlockend, denn schon damals dachte ich an eine Flucht aus dem Lager. Ich war Galewski dankbar für seine Fürsprache beim SS-Mann Sydow[20]. Unsere Gruppe bestand aus fünfzehn Personen. Ihre Aufgabe war, das Lager so zu tarnen, dass man von außen nicht erkennen konnte, was hinter seinen Zäunen geschah. Wir setzten Pfähle in die Erde und zogen dann Stacheldraht, in den wir Kiefernzweige flochten. Diese Zweige holten wir aus dem nahe gelegenen Wald. Wir brachen sie von den Bäumen und brachten sie in Bündeln ins Lager. Wie alle anderen Kommandos stellten wir uns um sechs Uhr morgens nach dem Appell vor der Baracke auf. Der SS-Mann Sydow kam zu uns. Beim ersten Mal, als er mich beim Appell erblickte, sah er mich von oben bis unten an und taxierte mich wie ein Bauer ein Pferd. Danach teilte er mit, ich würde mich für die Arbeit eignen. Der Vorarbeiter unserer Gruppe war der Häftling Kleinbaum, ein Jude aus Danzig. Der SS-Mann Sydow war ein Meter fünfzig groß. Er trug immer hohe Schuhe, die ihn noch kleiner wirken ließen. Auf dem Kopf trug er eine verwegen schief aufgesetzte Pelzmütze mit dem Totenkopf. Sein Gesicht war rund. In seiner Mitte thronte eine rote Kartoffelnase. Man konnte sehen, dass er Alkoholiker war. Ein dunkles Hitlerschnurrbärtchen saß unter der Nase. Die vollen Lippen waren blutig, die Nase faltig. Mit allen Mitteln versuchte er grausam auszusehen. Er fuchtelte mit der Peitsche wie ein Dirigent und schlug sich damit aufs Bein. Er trug nicht nur Schuhe mit hohen Absätzen, sondern versuchte auch auf Zehenspitzen zu gehen, um ein wenig an Größe zu gewinnen.

Wir standen schon vor der Baracke, als der Vorarbeiter Kleinbaum die Anzahl der Arbeiter an Sydow meldete und noch ein paar Komplimente über dessen Aussehen hinzufügte. Sydow war sehr begierig nach Komplimenten, und Kleinbaum hielt sich damit nicht zurück. Kurz darauf stießen sechs Ukrainer in schwarzen Uniformen zu uns. Sie rieben sich die Hände. Dann nahmen sie die Gewehre von den Schultern. Auf einem Bein stehend – sie stützten das hochgezogene Knie auf den Gewehrkolben – luden sie eine Kugel nach der anderen und beobachteten uns dabei. Danach umzingelten sie uns und richteten die Gewehre auf uns. Mit seiner Peitsche fuchtelnd, befahl uns Sydow loszugehen, zum Lagertor, in den Wald. Wir gingen an den Gebäuden vorbei. Auf der linken Seite standen die zwei sauberen Baracken der SS-Männer von Blumenbeeten umgeben. Rechts lag die Revierstube, in deren Eingang Doktor Chorążycki stand und uns anlachte. Am Tor hielt uns ein SS-Mann an. Er zählte uns und befahl dann dem Ukrainer, mit dem er Wache stand, uns das Tor zu öffnen. Wir verließen das Lagergelände durch das Tor im Zakopaner Stil, das von Wiernik[21] aus dem Todeslager gebaut worden war. Direkt am Eingang, an einem Pfahl, der in die Erde gerammt war, hing ein Schild mit der deutschen Aufschrift: *SS-Sonderkommando Treblinka Distrikt Warschau.*

Kaum dass wir hinausgelangt waren, befanden wir uns schon im Wald. Die ganze Zeit umzingelt von den Ukrainern. Man durfte sich nicht von der Gruppe entfernen. Wir blieben die ganze Zeit zusammen. Auf Befehl Sydows und der Ukrainer sangen wir laut. Als wir uns etwa einen Kilometer vom Lager entfernt hatten, entschied Sydow, wir seien nun an einem geeigneten Platz angekommen, um Äste von den Bäumen zu brechen. Er war darum bemüht, einen abgeschiedenen Platz auszuwählen in einem Wald, der nicht zu dicht war. Dabei ging es darum, uns einfacher bewachen zu können. Wir kletterten auf Bäume, die nah beieinander standen. Manchmal zu zweit auf einen. Die Ukrainer richteten ihre Gewehre auf uns und verfolgten unsere Bewegungen. Die abgerissenen Kiefernzweige warfen wir auf die Erde. Wenn es ausreichend viele waren, sprangen wir herunter und banden sie mit Gürteln zu Bündeln zusammen. Sydow achtete darauf, dass die Bündel schwer genug waren. Wir bemühten uns, dass sie möglichst leicht waren. Wir hatten nicht die Kraft, viel zu heben und wollten so schnell wie möglich wieder die Gelegenheit bekommen, aus dem Lager zu gehen. Manchmal zwang uns Sydow, wenn er meinte, die Bündel seien zu leicht, noch ein paar Zweige dazuzupacken. Nachdem er ihr Gewicht geprüft hatte, befahl er allen, sich zu setzen. Von diesem Moment an durften wir nicht mehr aufstehen. Bewegen konnten wir uns nur noch auf Knien um unsere Bündel herum. Das betraf auch unseren Vorarbeiter Kleinbaum. Dann öffnete Sydow seine Hosen und holte, ohne sich auch nur im Geringsten vor uns zu schämen, seinen Schwanz heraus und teilte uns mit aufgeheiterter Miene mit, dass er pinkeln ginge. Er drehte sich um, entfernte sich ein paar Schritte und versuchte, seinen zwergenhaften Körper zum Bogen gespannt, so weit wie möglich zu pissen. Dabei umzingelten uns die Ukrainer die ganze Zeit mit ihren auf uns gerichteten Gewehren. Einer ging auf uns zu. Er warf seine Mütze mit dem Totenkopf in die Mitte und befahl: »Nu rebjata, dawajcie djengi!« Alle warfen hinein, was sie hatten: Dollars, Goldmünzen, goldene Rubel mit dem Bild des Zaren. Kleinbaum fragte den

Wachmann nach dem Paket für uns. Wenn das Paket klein war, sein Inhalt zum sofortigen Aufessen an Ort und Stelle, dann gab er ihm dreihundert bis vierhundert Dollar. Der Wachmann nahm die Dollars, die ihm Kleinbaum aus seiner Mütze gab und ging Richtung Bahngleise. Dorthin kamen die Kinder der polnischen Schacherer, wir sahen sie in der Ferne. Kurze Zeit später kam er zurück und warf uns ein Paket zu. Darin befand sich ein Laib schwarzen Bauernbrots, vielleicht vier Kilo, ein Liter Wodka, drei Kilo Schinken, eine Dose Sardinen und Schokolade. In diesen Zeiten waren ein paar hundert Dollar eine unglaubliche Summe. Wir teilten unsere Beute unter uns gleichmäßig auf, es war unwichtig, ob und wie viel jemand gegeben hatte. Nicht alle verfügten über ausländisches Geld. Das, was wir bekommen hatten, aßen wir an Ort und Stelle zusammen mit Kleinbaum und tranken den Wodka. Die nächsten Transaktionen waren individuell. Wir gaben dem Wachmann hundert Dollar oder zwanzig goldene Dollars. Dafür bekamen wir Pakete zum Mitnehmen ins Lager. Normalerweise enthielten sie einen halben Liter Wodka, ein Kilogramm Schinken und ein Brot. Die Beute versteckten wir zwischen den zusammengebundenen Zweigen. Wir steckten sie auch unter das Hemd vor den Bauch. Bei mir ging das außergewöhnlich gut. Ich war sehr dünn und hatte einen so eingefallenen Bauch, dass ich ein mehrere Kilo schweres Brot ohne Schwierigkeiten unterbringen konnte. Als wir unsere Beute versteckt und bereit zur Rückkehr waren, kam unser Chef, der SS-Mann Sydow, wieder zurück, in einer Hand eine Halbliterflasche Wodka, die ihm die Wachmänner gegeben hatten. In der anderen Hand hielt er ein Stück Schinken. Er ging auf einige von uns zu und hielt ihnen die Flasche unter die Nase. Wir schütteten uns den Inhalt in den Mund, ohne die Flasche mit den Lippen zu berühren. Die Flasche wurde weitergereicht. Wir saßen, ruhten aus, soffen. Dann rief mich Sydow: *Kacap, komm her!* Er befahl mir auf allen Vieren zu ihm zu kriechen. Ich folgte seinem Befehl. Als ich bei ihm ankam, setzte er sich auf meinen Rücken, fuchtelte über mir wie ein zurückgebliebenes Kind mit der Peitsche und brüllte: *Schneller, schneller!* Wahrscheinlich dachte er in diesem Moment, er sei ein berühmter, guter Reiter auf einem wilden Ross. Das wilde Pferd war in diesem Fall leider ich. Ich umrundete unsere Gruppe mit ihm auf dem Rücken. Die Ukrainer und der Vorarbeiter klatschten dazu. Dann konnte ich mich nicht mehr halten. Mein geschickter Reiter machte einen Purzelbaum durch die Luft und flog, die Hände und kurzen Beine von sich gestreckt, auf den Boden. Ich sah diese komische Situation und brach in Lachen aus, in das Sydow mit einstimmte. Wir ruhten uns auf grünem, feuchtem Moos aus. Über uns rauschten die Kiefern. Einen Moment lang vergaßen wir, in welcher Situation wir uns befanden. Plötzlich ertönte der Ruf: *Aufstehen! Wir gehen ins Lager zurück!* Wir packten die Bündel aus Ästen, warfen sie auf den Rücken und kehrten von den Wachmännern eskortiert ins Lager zurück. Der SS-Mann schwankte betrunken und erteilte unsinnige Befehle. Die Ukrainer, die trotz des genossenen Alkohols nüchtern wirkten, führten uns, die Gewehre auf uns gerichtet, in Richtung des Lagers. Sie waren gut gelaunt, denn sie hatten durch unsere Transaktionen viel Gold und Dollars verdient. Das Lagertor war geschlossen. Der Wache stehende Ukrainer öffnete es. Wir überquerten die Schwelle zum Lager. Im Gang bei der Wachstube stand der SS-Mann Lalka. Er ging die Stufen mit leichtem, langsamem Schritt herunter und näherte sich Sydow. Wie gewöhnlich hatte er eine Schirmmütze auf, denn er wusste, dass sie ihm gut zu Gesicht stand. À la Napoleon hielt er sie nun vor die Brust und schaute mit einem ironischen Lächeln in unsere Richtung. Wir sahen von weitem, dass Sydow vor ihm salutierte und etwas auf betrunkene Art lallte. Als Antwort schlug dieser ihm mit seiner behandschuhten Hand hart ins Gesicht. Uns brüllte er an: *Raus zur Arbeit!* Die Zweige noch auf dem Rücken bewegten wir uns auf seinen Befehl hin in die Tiefe des Lagers. Wir wurden nicht durchsucht. Die Ukrainer, die uns eskortiert hatten, gingen zu ihren Baracken. Wir gelangten zu dem Zaun, den wir gerade bauten, und flochten die Kiefernzweige hinein. Während der Arbeit kamen unsere Lagerfreunde zu uns und nahmen das von uns erbeutete Essen an sich. Mir näherte sich Alfred mit seinem nicht wegzudenkenden Kinderwagen. Er benutzte ihn, um Müll aufzusammeln. Der Wagen erlaubte ihm, sich frei auf dem ganzen Lagergelände zu bewegen. Er fragte, ob ich etwas für sie mitgebracht hätte. Ich holte das Päckchen, einen Laib Brot, Schinken und Wodka, unter den Zweigen hervor und warf es in den Kinderwagen voller Lumpen.

Normalerweise verließen wir ein paar Mal im Monat das Lager. Immer dann, wenn Holz oder Zweige für neue Zäune gebraucht wurden. Auch wenn wir jedes Mal mit gekauften Lebensmitteln zurückkamen, wurden wir kein einziges Mal durchsucht. Sogar Miete, der Sydow vertrat, als dieser auf Urlaub in Deutschland war, tolerierte den Handel. Es war sogar so, dass in dieser kurzen Zeit mit ihm am meisten geschmuggelt wurde.

Andere Gruppen, die nur ein Mal in den Wald hinausgingen, wurden penibel durchsucht. Wenn jemand mit Lebensmitteln oder Wodka geschnappt wurde, erschoss man ihn im *Lazarett.* Wir überlegten, was der Grund der Toleranz gegenüber den Häftlingen des *Kommandos Tarnung* war. Wir kamen zu dem Schluss, dass die Deutschen bei uns ein Auge zudrückten, weil sie wussten, aufgrund des Handels würde niemand versuchen zu fliehen und wir kämen vollzählig ins Lager zurück.

Während der Arbeit hatten wir die Möglichkeit unsere Bewacher milde zu stimmen. Oft hatten wir Äxte dabei, die man uns zum Fällen der Bäume gegeben hatte. Trotzdem machte niemand von uns einen drastischen Schritt. Dagegen sprachen schwerwiegende Gründe. Eines Tages nach der Arbeit, bei Einbruch der Dunkelheit, nahm mich Kleinbaum auf einen Spaziergang zwischen den

Stacheldrahtzäunen mit. Er begann mit der Unterhaltung: »Kacap, mache dir nicht vor, du könntest im Wald fliehen. Ich habe gesehen, wie du auf die Bäume und die Bahnlinie um uns herum schaust, als wolltest du mit deinen Augen die Umgebung abfotografieren. Du musst wissen, es wird nicht funktionieren. Du wirst hier nicht alleine weglaufen. Ich selbst werde dafür sorgen, denn ich will nicht, dass sie uns anschließend abschlachten. Wenn ein Gefangener flieht, wird das gesamte Kommando oder jeder Zehnte im Lager ermordet.«

»Ich habe nicht an eine alleinige Flucht gedacht«, antwortete ich ihm. Mein Plan sah vor, dass wir uns im Wald alle zusammen auf die Wachmänner und den SS-Mann warfen und bewaffnet in den Wald flohen. Kleinbaum erinnerte mich daran, von den übrigen im Lager würde jeder Zehnte erschossen werden. Er sagte: »Abgesehen davon, dass ihr andere gefährden würdet, sieh doch mal, welches Schicksal die Flüchtenden erwartet. Schau sie dir doch an, die, mit denen du arbeitest, sieh ihre semitischen Gesichtszüge. Alle sehen sie aus wie typische Juden. Zum Teil sprechen sie nur gebrochen Polnisch. Ich selbst bin aus Danzig, mein eigenes Polnisch lässt zu wünschen übrig. Wohin sollte ich von hier aus gehen und zu wem? Jeder Pole, dem ich begegne, wird erkennen, dass ich Jude bin. Die meisten Dorfbewohner werden uns erst berauben und dann entweder umbringen oder in deutsche Hände ausliefern. Du, Kacap, hast größere Chancen als wir, nach dem Ausbruch zu überleben. Du hast jemanden, zu dem du gehen kannst. Hast du nicht erzählt, dass deine Eltern sich in Warschau mit ›arischen‹ Papieren verstecken? Aber du musst verstehen, dass du hier nicht rauskommen wirst, denn ich werde dich noch aufmerksamer beobachten als die Ukrainer und Sydow.«

Ein paar Tage später arbeiteten wir wieder im Wald. Als wir an den Bahngleisen, die Małkinia mit Siedlce verbanden, entlangmarschierten, fuhr ein Personenzug an uns vorbei. An den Fenstern waren eine Menge Gesichter zu erkennen. Sie beobachteten uns neugierig, schauten auf den Wald und die Rauchsäule, die von den verbrennenden Leichen aufstieg und zeigten mit den Fingern auf uns. Auf einigen Gesichtern zeichnete sich Angst ab, auf anderen Mitleid. Ein paar grinsten vor Zufriedenheit. Die Gleichgültigkeit und das ironische Lachen der Polen im Zug erinnerten uns noch einmal daran, dass wir nicht auf Hilfe von außen hoffen konnten. Das Bewusstsein darüber deprimierte uns und nahm uns den Willen zum Überleben.

Wir marschierten die Bahnlinie entlang, von Wachmännern umzingelt. Sydow fuchtelte wie üblich mit der Peitsche in der Luft. Vorarbeiter Kleinbaum kam auf mich zu, als ob er unsere Reihe ordnen wollte und fragte: »Na, Kacap, hast du gesehen? Zu wem willst du flüchten? Wer wird dir auf dem Weg helfen? Hast du ihre zufriedenen Blicke gesehen darüber, dass uns die Deutschen vernichten?«

Zurück in der Baracke stieß mich Galewski in seine Kammer hinter der

Trennwand. »Bist du verrückt geworden?«, warf er mir flüsternd vor, »mit wem lässt du dich ein? Weißt du, mit wem du da redest? Warum hast du ihm erzählt, welche Pläne du hast? Außerdem gibt es eine Sache, die du wissen solltest, du Hurensohn. Alleine wirst du hier nicht rauskommen, denn du verurteilst damit die anderen zum Tode. Geh zu Alfred, der wird es dir erklären.«

Auf der Pritsche erklärte mir Alfred mit gesenkter Stimme, dass niemand versuchen dürfe, alleine auszubrechen: »Wir werden diese Todesfabrik sowieso niederbrennen und wenn es keine andere Wahl gibt, auch mit uns zusammen. Es spielt keine Rolle, ob wir überleben oder nicht. Wir warten nur noch auf den geeigneten Moment.«

Widerstand war ein Wort, das im Lager nicht benutzt wurde. Es war überflüssig darüber zu sprechen, denn hier war jeder Häftling ein ›großer‹ Widerstandskämpfer. Schon der Besitz eines Stückchens Wurst war Widerstand. Wenn jemand damit erwischt wurde, erschoss ihn Miete oder der SS-Mann *Frankenstein*. Der Hunger des letzten halben Jahres und das Wissen, den morgigen Tag womöglich nicht zu erleben, bewirkten, dass die Häftlinge nur noch im Hier und Jetzt lebten. Sie riskierten eine Kugel in den Kopf, indem sie nachts von den Wachmännern Lebensmittelpakete kauften. Die Bezahlung waren Dollars und Gold. Der Handel spielte sich zwischen zwei Latrinenfenstern ab, zwischen zwei Sälen der ersten Baracke. Dahinter stand die Hoffnung, dass, wenn etwas schief gehen sollte, die Deutschen nicht die Häftlinge bestrafen würden, die sich in den Sälen befanden. Weil die Deutschen nicht annehmen würden, es seien diejenigen gewesen, die auf den Pritschen zu beiden Seiten der Fenster lagen. Um ein Paket zu kaufen, streckte der Häftling seine Hand aus dem Fenster der Latrine. Auf diese Weise gab er dem Wachmann, der draußen stand, Geld. Die SS-Männer wollten den nächtlichen Schmuggel aufdecken und stellten sich ebenfalls unter die Fenster. Sie murmelten, die Ukrainer nachahmend, *Paket, Paket.* Wenn eine Hand mit Geld am Fenster erschien, stach der SS-Mann mit dem Messer auf sie ein. Beim Morgenappell prüften die Deutschen dann, wer von uns an der Hand verwundet war, um den Schuldigen zu finden. Später ermordeten sie diesen im *Lazarett.* Es war paradox. Die uns bewachenden Ukrainer durften nicht auf uns schießen oder uns ohne Befehl schlagen. Das Ziel dieser Beschränkung war zu verhindern, dass die Ukrainer gewaltsam Geld von Häftlingen erpressten. Die Deutschen wussten, dass wir beim Kleidersortieren Geld und eingenähte Schätze fanden und wollten nicht, dass die Ukrainer diese in die Hände bekamen. Alles sollte nach Deutschland geschickt werden. Andererseits wusste der Ukrainer, der uns bewachte, solange wir da waren, würde genug für ihn abfallen, um sein Trinken und Vergnügen in den umliegenden Dörfern zu finanzieren. Wenn man die Ukrainer bei dem Handel erwischte, wurden sie nicht wie wir erschossen, aber hart bestraft. Normalerweise bestand die Strafe aus Strafexerzieren. Sie gingen dennoch ein

Risiko ein, schon alleine deshalb, weil sie für die Pakete unglaubliche Summen von uns erhielten. Nacht für Nacht brachten ukrainische Hände Lebensmittelpakete ins Lager. Als die Typhusepidemie grassierte, bestellten wir sogar Orangen und Zitronen für die Kranken. Für Geld konnten wir alles bekommen, was wir brauchten. Trotz zahlreicher Opfer gab es kontinuierlich diesen Handel.

Typhus im Lager

Eines Abends, wir saßen bei Kerzenlicht auf den Pritschen, erzählte Alfred, dass einige Häftlinge hohes Fieber bekommen hatten. Mit Erschrecken dachte ich, dies wäre womöglich ein Anzeichen für Typhus. Ich wollte diesen Gedanken aber nicht zulassen und noch viel weniger wollte ich meine Ängste mit meinen Mithäftlingen teilen. Es wäre schrecklich, wenn zusätzlich zu all den Plagen, die uns hier verfolgten, auch noch diese furchtbare Krankheit hinzukäme. Leider bestätigte sich aber am folgenden Tag meine Vermutung. Von Doktor Reznik erfuhr ich, dass unsere Ärzte schon seit der vergangenen Woche von der Epidemie wussten. Sie hatten sich jedoch dazu entschlossen, dies vor den SS-Männern zu verschweigen. Ihnen war die radikale Art der Deutschen bewusst, mit der diese auf Krankheitsfälle reagierten – mit dem Abschlachten der Kranken. Die Deutschen fürchteten, sich bei den Häftlingen anzustecken. Der Grund für das Ausbrechen der Epidemie war, dass die elementarsten sanitären Mittel wie Seife oder Wasser fehlten.

In dieser Phase kamen keine Deportationszüge an, und unsere Vorräte, sanitäre wie die an Kleidung, erschöpften sich. Wir hatten weder die Möglichkeit, unsere Kleidung zu waschen, noch sie zu wechseln. Die Folge waren Kleiderläuse und diese verbreiteten das Fleckfieber. Wir versuchten die Läuseplage zu bekämpfen, indem wir die Läuse in den Kerzen verbrannten. Aber mit solch primitiven Desinfektionsmaßnahmen hielten wir die Seuche nicht auf. Zu diesem Zeitpunkt befanden sich rund tausend Häftlinge im Lager. Die meisten hatten sich schon angesteckt. Das hohe Fieber brach den stärksten Organismus. Mit allen Mitteln versuchten wir, die kranken Menschen dazu zu bringen, auf den Appellplatz zu gehen. Wir wussten, das Zurückbleiben in der Baracke kam einem Todesurteil gleich. Gewaltsam hielten wir die Kranken in der Reihe zwischen uns. Wir stellten die Kranken als vierte in unsere Fünferreihen, damit die drei vor ihnen sie etwas verdeckten und der fünfte sie unterhaken konnte. Der letzte stand bereits am Stacheldrahtzaun. So konnten die Deutschen die Kranken nicht sehen. Beim Befehl *Mützen ab* nahm der Fünfte blitzschnell zwei Mützen gleichzeitig ab – die des Kranken und seine eigene. Auf diese Art schmuggelten wir die Kranken zumindest durch den Appell. Während der Arbeit versteckten wir sie dann unter den Lumpenhaufen, die wir sortierten. Obwohl die Deutschen oft unerwartete

Inspektionen abhielten, erwarteten sie nicht, unter den Klamotten und Stoffen versteckte Kranke zu finden. Beim Abendappell und dem Abzählen der Häftlinge wiederholten wir unseren Trick.

Ein Teil der Häftlinge überstand so das Fleckfieber und wurde gesund. Viele hielten jedoch trotz starker physischer Statur der Krankheit nicht stand und verloren das Bewusstsein. Sie waren nicht zu retten. Auf Bahren trugen die *Roten* sie Tag für Tag aus den Baracken und der Revierstube zum *Lazarett.* Die Lagerärzte hatten ihnen bereits Narkosemittel gespritzt. Beim Sortieren der Lumpen sahen wir den Zug der betäubten, auf Tragen liegenden Häftlinge an uns vorbeiziehen. Ins *Lazarett* wurden sie nicht durch den Haupteingang getragen, über dem die Flagge des Roten Kreuzes wehte. Auf diesem Weg brachte man nur die Kranken und gebrechlichen Alten aus den Deportationszügen hinein. Die betäubten Häftlinge wurden von den *Roten* an den Fuß des Scheiterhaufens gebracht. Der Wachmann, der auf einem Stühlchen auf der Plattform über dem Leichenhaufen saß, erhob sich träge und stieg über den Sandwall nach unten. Sich die Hände am glimmenden Leichenhaufen wärmend, legte er langsam die Kugel ins Gewehr. Er befahl, den Kranken auf die Erde zu legen. Das Gewehr bewegte sich langsam nach unten und der Lauf befand sich plötzlich einige Zentimeter vom Kopf des Opfers entfernt. Ein dumpfer Schuss ertönte. Meistens zuckten die Körper nicht einmal. Die *Roten* nahmen ihre leeren Tragen, wickelten das Laken zusammen, mit dem die Kranken zugedeckt worden waren und kletterten über den Sand zurück auf den Transportplatz. Der Helfer des Kapos Kurland, Kotek, ging zu dem Ermordeten, der schon in der Baracke ausgezogen worden war, und zog ihn auf den schwelenden Scheiterhaufen. Oft richtete er den Leichnam auf, lehnte ihn an den Leichenhaufen und warf ihn dann auf das Feuer. Die lodernden Flammen erfassten die Körper der ermordeten Häftlinge. Rauch stieg in die Höhe. Die Ermordeten mussten nackt sein, Kleidung durfte nicht verbrannt werden. Sie war Material, mit dem die Deutschen die Welt schmücken wollten. Kleidung war der billigste Rohstoff.

Täglich ermordeten sie so die an Typhus erkrankten Häftlinge. Eines Abends hob Alfred seinen Kopf und sah mich mit verstörten Augen an: »Kacap, ich glaube, ich habe hohes Fieber.« Ich bekam Angst, legte ihn auf die Pritsche und deckte ihn zu. Ich gab ihm zwei Aspirin aus unserer Privatapotheke, die wir vor längerer Zeit mit auf dem Transportplatz gefundenen Medikamenten angelegt hatten.

Ruhig schlief er die Nacht durch. Am Morgen zerrte ich ihn mit Mühe von der Pritsche. Nur unter Schwierigkeiten zog ich ihm Schuhe und seine Kleidung an. Unsicheren Schrittes und auf mich gestützt ging er auf den Appellplatz. Ich stand als Fünfter neben ihm und hielt ihn von Zeit zu Zeit hoch, damit er aufrecht stand. Nach dem Appell ging ich nicht sofort zur Arbeit, sondern kehrte mit Alfred in die Baracke zurück, um ihn so unter das Bettzeug zu legen, damit ihn niemand sehen konnte. Er lag unter mehreren Decken mit nur einer kleinen Öffnung zum Atmen. Dann nahm ich noch ein paar zusammengeklappte Stühle und legte sie übereinander auf die gefalteten Decken und Bettdecken. Jetzt konnte niemand erkennen, dass jemand darunter lag. Alfred blieb dort den ganzen Tag. Vor dem Abendappell lief ich schnell in die Baracke, zog ihn heraus und zusammen mit unserem Freund, dem Priester, brachte ich ihn auf den Appellplatz. Genau in diesem Moment kam der SS-Mann Miete um die Ecke gebogen. Wir befürchteten, er könnte womöglich das kranke Aussehen Alfreds bemerken. Also inszenierten wir schnell einen Kampf. Ich griff Alfred so wie bei einer Prügelei am Kopf und drückte ihn unter meinen Arm. Der Priester schlug ihm auf den Hintern, während er ihn hinten festhielt. Dabei lachten wir herzlich. Miete fiel beifällig in das Lachen ein. Spaßhaft versetzte er ihm ebenfalls einen leichten Hieb mit der Peitsche und ging weiter. Erleichtert atmeten wir auf. Beim Appell standen wir wieder in der Reihe und hielten Alfred hoch. Fünf Tage zitterten wir um sein Leben. Täglich wiederholten wir dieselbe Prozedur. In der vierten Nacht kam es zur Krise. Alfred war völlig durchnässt und zitterte vor Kälte. Ich wusch ihm sein verschwitztes Gesicht ab. Zuvor hatte ich bei einem Wachmann im Wald Orangen für ihn gekauft, für die ich mit Dollars bezahlt hatte. Die Bauern der Umgebung wussten bereits, dass im Lager Typhus herrschte. Der Handel lief wie üblich über einen Wachmann, der bei diesen Diensten unglaublich viel verdiente. Die mit Mühe erstandenen Früchte presste ich jetzt Alfred in den Mund. Ich wollte, dass er ein wenig Kraft daraus zog. Er konnte jedoch nicht schlucken. Ich flehte ihn an, tobte, wollte ihn zwingen zu essen. Alles ohne Erfolg. Ich erinnerte ihn daran, dass er nicht zu Hause war, sondern in Treblinka und neben ihm sein bester Freund Kacap stand. In Gedanken befand er sich jedoch zu Hause. Die ganze Zeit ohne Bewusstsein, hatte er seine Mutter und seine Schwester herbeigerufen. Als wir ihn morgens auf den Platz brachten, war er glücklicherweise wieder bei Kräften. An diesem Tag schafften wir es nicht, ihn nach dem Appell in der Baracke zu verstecken. Unser Blockältester fürchtete um sein eigenes Leben und ließ es nicht mehr zu, Alfred dort unterzubringen. Der Priester und ich wussten keinen anderen Ausweg, als ihn unter den Lumpen auf dem Sortierplatz zu verstecken, und zwar so gründlich, dass ihn die Deutschen nicht entdeckten. Es war der Arbeitsplatz des Priesters, denn ich ging mit dem Tarnungskommando in den Wald. Während der Arbeit kehrten wir zweimal über den Transportplatz zurück ins Lager. Jedes Mal ging ich am Priester vorbei, um zu hören, ob es Neues von Alfred gab. Schon an der Miene des Priesters sah ich, dass alles in Ordnung war. Auch am fünften Tag zogen wir ihn wieder, wie schon vorher, auf den Platz. Ich weiß nicht, wo er die Kraft hernahm, die Tage der Krankheit durchzustehen. Jetzt aber kam er langsam wieder zu Kräften. Ich rannte zur Küche, um ihm warmes Wasser zu bringen und in der Baracke kochten wir Tee. Freiwillig meldete ich mich zum

Kartoffelschälen. Für jeden Eimer Kartoffeln bekam ich ein Stück Brot. Ich hatte jetzt keinen Kontakt mehr zur Außenwelt und ging nicht mehr in den Wald. Wir arbeiteten ausschließlich im Lager und hatten nur noch Zugang zur Lagerverpflegung. Alfred wurde langsam wieder gesund. Aus der Revierstube brachte man weiterhin täglich die Häftlinge zum Erschießen ins *Lazarett.* Während des Winters schlachtete man so mehr als die Hälfte der Häftlinge ab. Nach der Typhusepidemie blieben nur noch knapp 800 am Leben – trotz der Transporte aus Grodno und Warschau, aus denen die fehlenden Arbeiter ersetzt wurden.

Dasselbe wie bei uns geschah auch im Todeslager. Eines Morgens erschienen auf dem Sandwall zum Todeslager nackte Gestalten. In einer Reihe marschierten sie auf direktem Weg ins *Lazarett.* Von ihren nackten Füßen, die sich unsicher bewegten, fiel Sand auf den Boden. Ohne sie vorher eingeschläfert zu haben, brachte man sie zum Erschießen auf die Plattform des *Lazaretts.* Merkwürdig, dass sie die Menschen aus dem Todeslager dorthin brachten. Ich trug gerade Papier, das bei den Kleidern der Vergasten gefunden worden war, als ich in der Gruppe der Kranken meinen Freund Wilhelm Kubek sah. Vor dem Krieg hatten wir in demselben Haus in Częstochowa gewohnt. Vom Typhusfieber benebelt sah er verstört vor sich hin. Er sah und erkannte niemanden. Von unten sah ich, wie der Wachmann einen meiner besten Freunde ermordete. Oben auf dem Wall stand ein SS-Mann. Er jagte die armen, nackten und torkelnden Menschen auf ihren letzten Weg.

Neben unserem Lager befand sich in einer Entfernung von einigen Kilometern ein Arbeitslager für Polen, welches offiziell Treblinka 1 hieß. Zu ihm führte dieselbe Bahnlinie wie zu uns. Leute wurden dorthin geschickt, wenn sie sich eines Verwaltungsvergehens schuldig gemacht hatten: Nichtablieferung des Solls an Ernteerträgen, Spekulation mit Lebensmitteln usw. Nach ein paar Monaten Haft wurden sie normalerweise wieder freigelassen. Hin und wieder holte man aus den jüdischen Deportationszügen Männer und schickte sie mit dem Zug oder zu Fuß, von Ukrainern eskortiert, nach Treblinka 1. Juden und Polen arbeiteten dort getrennt. Zweimal täglich fuhr ein Zug mit jüdischen Arbeitern an uns vorbei, morgens auf dem Weg zu einer Kiesgrube, die sich zehn bis zwanzig Kilometer hinter dem Bahnhof von Treblinka befand, und bei Einbruch der Dunkelheit wieder zurück. Die flachen Güterwagons waren bis zum Rand mit Arbeitern gefüllt. Sie saßen auf dem Boden, während Ukrainer auf extra erhöhten Plattformen sitzend ihre Gewehre auf sie richteten. Sie hatten nichts zu essen. Während der Arbeit wurden sie von den Ukrainern gequält. Sie waren mager und abgerissen und sahen wie lebende Skelette aus. Wenn sie sich am Ende ihrer Kräfte befanden und sich zu keiner Arbeit mehr eigneten, fuhr der Zug nicht wie sonst auf dem normalen Weg in ihr Arbeitslager, sondern auf das Bahngleis unseres Treblinkas. Er hielt an der Rampe und ein SS-Mann befahl den Häftlingen auszusteigen. Die Ukrainer stellten sich beim Tor neben den Gleisen auf, so wie üblich bei jedem Transport, der ins Lager kam. Die Ukrainer und SS-Männer, die nicht zu unserer Lagerbesatzung gehörten, durften das Lagergelände von Treblinka nicht betreten. Den Häftlingen wurde befohlen, sich in Fünferreihen aufzustellen und dann brachte man sie durch das offene Tor von der Rampe auf den Transportplatz. Auf dem Platz meldete ihr Kapo dem Scharführer Kiwe die Anzahl der neu Angekommenen. Nach der Meldung brüllte Kiwe: *Achtung! Alles herunter!* Die Häftlinge zogen sich aus, und wenn alle nackt waren, schickte man sie im Laufschritt zum Todesweg. Kurz darauf hörten wir das Rattern des Motors, der die Abgase produzierte. Danach hörten wir einen Pfiff, und eine Gruppe von Häftlingen vom Sortierplatz lief mit dem Vorarbeiter an der Spitze auf den Transportplatz. Auf den Befehl *Saubermachen!* hin säuberten sie den Platz in kürzester Zeit. Keine Spur blieb von dem, was hier einen Moment zuvor geschehen war.

Eines Tages brachten die Deutschen auf einem Wagon einen zusätzlichen Bagger. Der Wagon mit dem Bagger wurde bis zum äußersten Ende des Bahngleises geschoben. Von dort fuhr ihn ein SS-Mann auf den Sandwall. Damit der Bagger von unserem Lager ins Todeslager gebracht werden konnte, mussten wir unter Bewachung von SS und Ukrainern den Stacheldraht durchschneiden. Nachdem der Bagger dann hindurchgefahren war, reparierten wir den Zaun wieder und tarnten ihn mit Kiefernzweigen.

Während der Arbeit hörten wir aus der Richtung des zweiten Gleises außerhalb des Walls und der Umzäunung Schreie: »Juden, rettet uns! Wir haben Hunger.« Ich lief auf den Sortierplatz und ergriff ein paar Brote. In jedes steckte ich Goldmünzen. Dann kehrte ich auf die Rampe zurück und warf, nachdem ich mich überzeugt hatte, dass außer dem uns bewachenden Wachmann keine SS-Männer da waren, die Brote wie Diskusse über den hohen Zaun. Wir hofften, auf die Art wenigstens einige von ihnen retten zu können. Vielleicht gelang es einem zu flüchten. Vielleicht gaben ihnen die Goldmünzen Mut und halfen ihnen durchzuhalten.

Der Besuch

Nachdem wir an einem Morgen im März von der Arbeit zur halbstündigen Mittagspause ins Lager zurückgekehrt waren, verschlossen die SS-Männer das Tor, das zum Platz führte, auf dem sich unsere beiden Baracken befanden. Der Lagerälteste Galewski informierte uns über den Befehl der Deutschen, dass an diesem Nachmittag kein Kommando zur Arbeit gehen sollte. Wir mussten unsere Pritschen in Ordnung bringen und unser Bettzeug zusammenlegen. Das war kurz nach der Typhusepidemie im Lager. Wir wunderten uns über den neuen Befehl. Wir saßen auf den Pritschen und kommentierten diesen ungewöhnlichen Befehl, jeder auf seine Art. Nachdem wir mit dem Saubermachen fertig waren, wuschen und rasierten wir uns. Die *Frisöre* schnitten uns die Haare. Der Nachmittag war kalt und sonnig. Plötzlich riss uns das Pfeifen des Lagerältesten von den Pritschen. Wir rannten aus den Baracken in den zwischen ihnen liegenden Gang. Der Lagerälteste befahl uns auf den Platz neben der ersten Baracke, wo wir uns den Barackenräumen entsprechend aufzustellen hatten. In unseren beiden Baracken gab es drei Säle, die von Häftlingen bewohnt waren. Im vierten, der sich im hinteren Teil der zweiten Baracke befand, wohnten die Frauen. In der ersten Baracke, die an den Appellplatz grenzte, befanden sich zwei Säle, dazwischen lagen die Toilette und das Bad. Jeder Saal wurde von mehreren hundert Häftlingen bewohnt. In der ersten Baracke gab es auch eine Werkzeugkammer für alle Kommandos. Dort lagerten Schaufeln, Spitzhacken, Zangen zum Schneiden von Stacheldraht, Zement, Nägel, Rollen mit Stacheldraht und andere Dinge, die wir für unsere Arbeit benötigten. Im Eingangsbereich der zweiten Baracke war die Häftlingsküche untergebracht. Hinter ihr befand sich das Lebensmitteldepot. Im dritten Saal wohnten der Lagerälteste, der Kapo der *Roten*, die *Hofjuden*. In dem vierten, kleinen Saal gab es dreistöckige Pritschen. Das war die Revierstube. Hier brachten die Ärzte die kranken Häftlinge unter. In den nächsten drei kleinen Sälen arbeiteten die *Hofjuden*: die Sattler, Schneider, Schuhmacher, Klempner. Die Klempnerwerkstatt verband die beiden Baracken, wodurch eine U-Form zustande kam. Wir wohnten im dritten Monat in diesen Baracken. Nach der Flucht der drei Häftlinge aus unserer vorherigen Baracke wurden wir dorthin verlegt. Die

Baracke gehörte zum Transportplatz. Auch wenn sie von ein paar Ukrainern umstellt war, war sie schwierig zu bewachen. Vor allem auch, weil es noch völlig dunkel war, wenn wir aufstanden, und die Toiletten sich außerhalb befanden. Um unsere neuen Baracken war ein doppelter Stacheldraht gezogen. Zwischen diesen Stacheldrahtzäunen befand sich ein schmaler Weg, auf dem die Wachmänner mit Gewehren in den Händen auf und ab gingen. Die Häftlinge durften sich dem Stacheldraht nur auf zwei Meter nähern, eine Übertretung dieses Abstands wurde mit dem Tode bestraft. Zwischen der ersten Baracke und dem Zaun, auf einer Breite von ungefähr dreißig Metern, befand sich der Appellplatz. Hier stellten wir uns mit dem Rücken zum Zaun der Saalordnung entsprechend in Fünferreihen auf. Auf Befehl der Deutschen sangen wir das von uns bereits gehasste Lied: *Góralu, czy ci nie żal ... [Gorale, bereust du nicht ...].* Wir brüllten alle aus vollem Halse, denn man befahl uns ständig, so laut wie möglich zu singen. Möglich, dass das eine Art von Camouflage für die Umgebung war. Vielleicht wollten die Deutschen signalisieren, dies sei ein normales Arbeitslager mit Menschen, die Lust zu singen hätten. Heute, aus der Perspektive späterer Jahre, sehe ich keinen anderen Grund dafür. Es fällt mir schwer zu glauben, dass es den Deutschen gefiel, unser Singen und das bescheuerte polnische Lied anzuhören.

Auf unserem Platz stand eine einsame Kiefer. Sie war von dem Wald übrig geblieben, der sich hier einmal ausgebreitet hatte. Ihr Wipfel erhob sich über uns. Zufällig stand unsere Gruppe beim Appell immer unter dem Baum. Oft saß ein Vogel darin, der uns mit seinem fröhlichen Zwitschern begrüßte. Ich freundete mich mit diesem Symbol der Freiheit an und erwischte mich oft dabei, wie ich mir vorstellte, was mich dieses Mal erwarten würde. Ich war neidisch auf die Flügel des Vogels und seine Freiheit.

Auf einmal rief der Lagerälteste Galewski: *Achtung!* Wir stellten uns auf. Aus dem Schatten der Baracke kam eine Gruppe von SS-Männern mit Stangl[22] an der Spitze. Bei ihm waren noch drei weitere SS-Männer, die hohe Ränge bekleideten. Wir sahen sie zum ersten Mal. Unsere SS-Männer, die die Gäste umgaben, hielten einen gewissen Abstand zu ihnen. Als ob sie ihnen so Achtung erweisen wollten. Kiwe ging zur Mitte des Platzes, stellte sich stramm auf und befahl uns: *Achtung! Mützen ab, Augen links!* Dann ging er mit energischem Schritt auf einen der Gäste zu, die im Schatten der Baracke geblieben und nicht auf den Platz gegangen waren.

Wir nahmen die Mützen vom Kopf. Wir schlugen sie auf die Schenkel, was einen dumpfen Knall erzeugte, wie ein Schuss aus einem Gewehr. Kiwe stand vor einem der Drei stramm. Er meldete, indem er die Hand zum Hitlergruß ausstreckte, dass die gesamte Lagerstärke auf dem Appellplatz versammelt sei. Er sagte: *SS-Sonderkommando Treblinka* mit dem Zusatz *Ober-Majdan.* Der SS-

Mann antwortete ihm, ebenfalls die Hand zum Hitlergruß ausstreckend. Aus der Entfernung sah man auf den Mützen der SS-Männer die Totenköpfe blitzen. Der SS-Mann, dem Kiwe Meldung erstattet hatte, ging ein paar Schritte vor und fing an, eine Rede zu halten. Er sprach so zu uns, als ob er uns nicht sehen würde. In die Luft. Wir existierten nicht für ihn. Er hatte keinerlei Verhältnis zu uns. Wir waren für ihn nichts, oder vielleicht sah er in uns lebende Leichen. Ich stieß Alfred leicht an und flüsterte in der für uns üblichen Weise, nämlich ohne den Mund zu öffnen (damit die SS-Männer nicht sahen, dass in der Reihe geredet wurde): »Guck mal, wie sich diese Schweine zur Demonstration aufgestellt haben und wie sie sich an unserem Anblick erfreuen.«

Der SS-Mann begann mit seiner Rede. Er meinte, dass man uns zur Arbeit ausgewählt hätte, und dass alles für uns gut werden würde, dass die Deutschen, nachdem sie die jüdischen Lager vollständig errichtet hätten, einen neuen jüdischen Staat schaffen würden. Dass wir dann in die Freiheit entlassen würden und in unserer Lagerzeit nichts verlieren würden. Die ganzen Schätze, die den Juden abgenommen worden seien, würden in andere Lager geschickt und dort für jüdische Zwecke benutzt werden. Der SS-Mann forderte uns auf zu arbeiten und behauptete, dass, wenn wir unsere Aufgaben gut erfüllten, in das deutsche Heer aufgenommen werden würden. Dort würden wir einen Ordnungsdienst bilden. Der Priester stand vor mir und trat mir gegen das Bein und flüsterte: »Kacap, die füttern uns mit faulem Zauber.«

Jetzt machte der Lagerleiter Franz Stangl einen Schritt nach vorne und begann mit seiner Rede. Er sagte, von nun an gäbe es ein neues Reglement für die Häftlinge. Die neuen Vorschriften las er vom Blatt ab: Was uns erlaubt war und was verboten; Wofür wir fünfzig Schläge bekommen würden und wofür fünfundzwanzig. Beim Auffinden von Geld oder Gold bei Gefangenen – Todesstrafe durch Erschießen. Beim Auffinden von Essen, das von außerhalb ins Lager gebracht wurde – Erschießen. Für das Beschädigen von Gegenständen der Ermordeten – Erschießen. Für Nichtausführung eines Befehls des Lagerältesten Galewski oder eines Kapos – fünfzig Hiebe auf dem Tisch. Für ein Vergehen im Kontakt mit dem Vorarbeiter fünfzig Schläge, fünfundzwanzig Schläge für das Nichtausführen eines Befehls des Blockältesten. Von diesem Tag an sollte eine Häftlingsliste geführt werden. Jeder von uns sollte eine Karte bei sich führen, auf der all unsere Vergehen festgehalten würden. Anschließend fand der normale Abendappell statt. Nach dem Absingen der Lagerhymne *Fester Schritt* entfernten sich die SS-Männer. Wir gingen in unsere Baracken. Die Blockältesten wiesen uns an, uns auf die Pritschen zu setzen. Sie gingen auf jeden von uns zu und fragten nach unseren Vor- und Familiennamen. Von den Deutschen hatten sie den Befehl bekommen, die Liste mit den Häftlingsnamen vorzubereiten. Das war die erste Häftlingsliste in Treblinka. Wir überlegten alle, welche Angaben wir machen sollten. Niemand hatte seine

Papiere bei sich. Wir konnten angeben, was uns am besten gefiel. Aber wir wussten nicht, was besser war – einen falschen Namen angeben oder den richtigen. Ich beschloss, es sei das Beste, den echten Namen anzugeben, da vielleicht durch einen Zufall nur die Liste erhalten bleiben würde. Dann wäre zumindest bekannt, wer sich hier aufgehalten hatte. Wir gaben ihnen alle unsere Namen. Ein paar Tage später erhielten wir Winkel (acht Zentimeter lange Dreiecke, auf die farbiger Stoff genäht war) mit der Nummer des jeweiligen Häftlings. Wir waren nach dem Wohnplatz in drei Gruppen aufgeteilt. Die Bewohner der ersten Baracke bekamen blaue und grüne, die Bewohner der zweiten Baracke rote Winkel. Jetzt konnte uns Kiwe finden, unsere Nummer aufschreiben und auf den Platz zur Prügelstrafe rufen. Plötzlich wurde aus dem Chaos des Mordens ein Lager des organisierten Todes. Von diesem Tag an waren wir offizielle Häftlinge des Lagers mit dem Namen *Ober-Majdan* Treblinka.

Am selben Abend erging die Anweisung zum Abschneiden der Haare. Zum ersten Mal befahl man, uns zu scheren. Man sagte uns, wegen der Hygiene sollten wir das alle zwanzig Tage wiederholen. Wir glaubten nicht, dass dies der Hauptgrund für diese Anweisung wäre. Es war eher eine Methode, uns im Lager zu halten und die Flucht zu erschweren. Mit frisch geschorenen Köpfen saßen wir auf den Pritschen, auf dem Bettzeug. Unsere Gruppe bestand aus Mering, dem Priester, Alfred, Działoszyński und mir. Wir sahen uns an. Ohne Haare hatten wir uns alle sehr verändert. Wir diskutierten die Ereignisse des vergangenen Tages. Was war der Grund des unerwarteten Besuchs und das Ziel der neuen Anordnungen? Es gingen Gerüchte um unter den Häftlingen, wir seien mit einem Besuch Himmlers geehrt worden (nach dem Krieg stellte sich heraus, dass es Eichmann gewesen war).

Der Lehrer Mering sagte: »Denken die, wir wären solche Idioten, dass sie uns solchen Unsinn verkaufen können?« Ich antwortete ihm, dass ich nicht glaubte, irgendjemand würde dabei auch nur im Geringsten an uns denken. »Wir sind nur Statisten in der Vorstellung, die sie hier für sich und das Lager mit dem Namen *Ober-Majdan* organisieren. Außerdem wollen sie auf diese Art die größtmögliche Kontrolle über uns schaffen.«

Im Laufe unserer Unterhaltung kam ein Maler, ein Warschauer, zu uns an die Pritsche. Er war von mittlerem Wuchs, die Nase eines Geiers und ein schwarzer Schnurrbart stachen aus seinem Gesicht. Auf dem Kopf trug er einen Hut mit großer Krempe. Um den Hals hatte er eine dünne schwarze Schleife gebunden. Mit ihm verband mich eine besondere Freundschaft. Er war für mich ein Stückchen meiner Vergangenheit. In Gesprächen mit ihm kehrte ich zu meiner Kindheit zurück. Wenn ich in seine Arbeitsstube ging, die er bei den *Hofjuden* hatte, dachte ich an meinen Vater. Der Geruch der Ölfarbe riefen in mir Wellen der Sehnsucht hervor. Seine Gestalt, die vor dem Hintergrund des Lagers lächerlich wirkte, fiel schon aus der Ferne ins Auge. Bereits aus der Distanz war sichtbar, dass er ein Maler war (ein sehr begehrter Beruf im Lager). Oft erzählte er mir bei unseren Gesprächen über seine Arbeit: »Ich male Ölportraits für die Deutschen. Ich sehe ihre Familien – Frauen, Mütter, Kinder, deren Fotos sie mir bringen. Alle wollen sie Portraits ihrer Nächsten. Hingebungsvoll und voller Liebe erzählen mir die SS-Männer, wie ihre Angehörigen aussehen. Welche Farbe ihre Augen und ihre Haare haben. Auf der Grundlage dieser schlechten, undeutlichen Schwarzweißfotografien male ich ihnen Familienportraits. Glaube mir, ich würde anstatt dieser Familienbilder lieber Kinder in Schwarzweiß malen, die in der Grube liegen, oben auf den Leichen im *Lazarett*. Auf dass sie diese mit nach Hause nehmen und sie als Andenken in ihren Häusern aufhängen, die Arschlöcher.«

Dieses Mal kam der Maler besonders aufgeregt zu uns. Er erzählte uns, er hätte den Auftrag bekommen, auf ein weißes Brett mit schwarzer Farbe die Worte zu malen: *Nach Bialystok und Wolkowisk*, mit einem Pfeil unter der Aufschrift, der die Richtung anzeigt. Außerdem sollte er eine Tafel anfertigen, drei Meter lang und circa achtzig Zentimeter hoch, auf der auf weißem Grund in schwarzer Farbe *Ober-Majdan* stehen sollte. Und er sollte auf kleine weiße Tafeln schreiben: 1 klasa, 2 klasa, 3 klasa, Poczekalnia, Kasa [poln.: 1. Klasse, 2. Klasse, 3. Klasse, Wartesaal, Kasse]. Dazu kam noch der Befehl, ein Modell von einer großen, runden Wanduhr anzufertigen. Wir überlegten gemeinsam, was dieser Befehl bedeuten könnte. Wozu brauchten die Deutschen solche Aufschriften? Wir kamen zu keinen schlauen Schlüssen und nach langer Diskussion, ermüdet von dem schweren Arbeitstag und der Aufregung, fielen wir in einen wie üblich unruhigen Schlaf.

Einige Tage später brachten die SS-Männer eine mit Öl gefüllte Tonne und fuhren mit ihr ins Todeslager. Und wieder ein paar Tage später begann hinter dem hohen Sandwall, der den Sortierplatz vom Todeslager trennte, schwarzer Rauch aufzusteigen. Er stieg Hunderte Meter in die Höhe. Die Deutschen liefen ständig ins Toytlager und die Ukrainer, deren Anzahl verdoppelt worden war, bewachten uns. Wir wussten noch nicht, was sich hinter dem hohen Wall abspielte. Eines Tages berichtete mir Galewski: »Die deutschen Schweine öffnen die Gräber, gießen Öl über die in ihnen liegenden Leichen und zünden sie an. Sie wollen auf diese Art die Spuren des Verbrechens verwischen, das sie hier verübt haben. Es gelingt ihnen jedoch nicht, denn die Leichen, die in den riesigen und tiefen Gruben liegen, brennen nur an der Oberfläche. Die Deutschen machen Experimente, auf welche Art sie Millionen Leichen loswerden können. Sie haben sich aber recht schnell davon überzeugt, dass das Übergießen mit Öl nicht das erhoffte Ergebnis bringt.«

Ein paar Tage später fuhr ein Güterzug mit offener Ladefläche voller Schienen ein. Miete rief mit einem Pfiff alle Häftlinge zusammen und befahl, die Schienen von den Wagons zu laden. Ich ging vorne und trug auf den Schultern eine Schiene. Miete ging neben mir. Plötzlich fühlte ich, wie die Schiene auf dem Arm immer schwerer wurde. Ich drehte meinen Kopf und sah, dass sich die Anzahl der Häftlinge, die die Schiene trugen, verkleinerte, je näher wir dem Todeslager kamen. Es blieb nur eine Handvoll übrig. Torkelnd bewegten wir uns auf das Todeslager zu. Als wir ankamen, befahl uns Miete, die Schiene neben dem Zaun abzulegen. Und so brachten wir mehrere Stunden lang, gejagt und unter Schlägen, die Schienen von den zwei Wagons zum Tor des Todeslagers. Ein paar Tage später bemerkten wir hinter dem fünf Meter hohen Sandwall die Spitze eines Baggers. Das war der, der bislang die Gruben ausgehoben und den Sand auf den Wall geworfen hatte, der uns vom Todeslager trennte.

Dieses Mal hob er Leichen. Aus der offenen Schaufel, zwischen den Zähnen hindurch, fielen Körper in die Tiefe. Wir sahen nicht wohin, denn der Wall versperrte uns die Sicht. Danach explodierten Flammen und Rauch stieg in die Höhe. Von den Arbeitern aus Wierniks Gruppe, die gerade das hölzerne Eingangstor im Zakopaner Stil bauten, erfuhren wir, dass man aus den Schienen den Rost einer Feuerstätte konstruiert hatte. Der Bagger holte die Leichen aus den Gräbern und warf sie auf das Feuer. Der Brand- und Verwesungsgeruch breitete sich im ganzen Lager aus. Der Bagger arbeitete den ganzen Tag. Wir beobachteten, wie Teile menschlicher Körper durch die Luft flogen. Von den Zähnen des Baggers hingen Eingeweide. Sie hatten sich in den Kanten verhakt und waren daran hängen geblieben. Wir sahen, wie sich die Schaufel des Baggers immer wieder für neues Futter, neue Leichen öffnete. Alle paar Minuten hob sie sich langsam nach oben, wieder voll mit Leichen, die aus ihrem Inneren hervorragten. Wir sahen wie Arme und Beine herausschauten. So arbeitete der Bagger Tag für Tag und schüttete die Leichen in das für uns unsichtbare Feuer.

Abends, nach der Arbeit, bemerkte Mering, die Deutschen würden die Spuren der im Lager vergasten Juden verwischen. Sie wollten nicht, dass die Welt erfuhr, welche Verbrechen sie hier begangen hatten. Das sei vermutlich ein gutes Zeichen für uns. Sicherlich bekamen sie an der Front Feuer. Wahrscheinlich glaubten sie bereits nicht mehr an ihren Sieg und die Herrschaft über ganz Europa, denn warum sollte es sie sonst kümmern, dass sich hier, in dieser Einöde, neben polnischen Dörfern, die Gräber von Millionen Menschen befanden. Sie begannen die Leichen zu verbrennen, weil sie erkannten, dass sie verlieren würden. Möglicherweise kannten die Soldaten an der Front den Stand der Dinge nicht. Die SS und die Gestapo wussten es allerdings besser, und so verwischten sie die Spuren. Im Gespräch mit meinen Mithäftlingen warf ich ein, dass ich nicht begreifen konnte, wie die Bewohner der umliegenden polnischen Dörfer, die den Gestank der verwesenden Leichen, die jetzt aus ihren Gräbern geholt wurden, gemischt mit dem Brandgeruch rochen und den Rauch, der sich kilometerweit ausbreitete, sahen, gleichgültig bleiben konnten. Wie konnte es sein, dass die Polen um uns herum genau wussten, was hier passierte, und dieses Wissen der Welt nicht mitteilten? Wo blieb der polnische Untergrund? Ich ging immer davon aus, die polnischen Partisanen würden das Lager angreifen, um an die dort angesammelten Reichtümer zu gelangen. Dass sich niemand besonders bemühen würde, uns zu befreien, das war mir bewusst. Ich hoffte jedoch, ein bewaffneter Raub würde uns die Flucht erleichtern. Ich erinnerte mich, auf der polnischen Seite in der Untergrundpresse über die deutschen Verbrechen gelesen zu haben. In keinem der Hefte hatte ich Berichte darüber gefunden, was die Deutschen den Juden antaten. Wir existierten nicht für sie. Wenn über Widerstand, Lager, Razzien, Verhaftungen geschrieben wurde, dann ging es nur um Polen. Meine Freunde stimmten mir mit traurigem Kopfnicken zu. Das Bewusstsein über die Gleichgültigkeit der uns umgebenden Welt nahm uns den Mut.

Geschlagen

Gebeugt unter dem Gewicht des Holzes kehrten wir von der Arbeit im Wald zurück. Jeweisl zu viert schleppten wir frisch gefällte, rund sechs Meter lange Baumstämme. Mit diesen Stämmen sollten wir den Zaun an der südwestlichen Seite des Lagers erhöhen. Sie dienten als Pfosten, die wir neben den Zaun mit den eingeflochtenen Zweigen in den Boden setzten. Die Zweige waren so dicht in den Stacheldraht geflochten, dass man selbst aus nächster Nähe nicht sehen konnte, was sich dahinter verbarg. Wir arbeiteten auf Leitern. Es war das erste Mal, dass ich den verödeten sandigen Boden von oben sah. Außer vereinzelten Wacholdersträuchern wuchs hier nichts. Das Lager lag im Südwesten zwischen dem Bahngleis und Wald. Das Gleis führte zu einem einige Kilometer entfernten Arbeitslager. Bei einem Deportationstransport wurde eine Weiche umgestellt und der Zug fuhr anstatt zum Arbeitslager auf das Nebengleis, das die Wagons zur Rampe des Todeslagers führte.

Wir mussten den Zaun um mehr als drei Meter erhöhen. Wahrscheinlich hatten die Deutschen mitbekommen, dass man von dieser Seite aus die Kleiderhaufen und den Bagger, der die Leichen aus den Gruben hob, sehen konnte. Der Zaun wurde jetzt zu hoch, um ihn genauso zu tarnen wie die niedrigeren, und die Deutschen meinten, Wacholder würde sich in diesem Fall besser eignen, da er leicht war und nur wenig Wasser in sich aufsog. Man befahl uns also, Wacholder in den Stacheldraht zu hängen, den wir zwischen die Pfosten gespannt hatten. Nun konnte keine Windböe mehr den getarnten Zaun umwehen und man konnte nach dem Einflechten des Wacholders auch nicht mehr erkennen, was im Lager vor sich ging. Während wir die Pfosten trugen, ging Sydow weg und ließ uns allein mit dem Vorarbeiter zurück. Wir nutzten den Moment, um uns auf die Balken zu setzen und auszuruhen. Die Ukrainer hatten sich bereits unmittelbar nach dem Betreten des Lagers verzogen. Ihre Aufgabe beschränkte sich darauf, uns außerhalb des Lagers zu bewachen. Innerhalb umgaben uns Wachtürme und andere bewaffnete Ukrainer, die sich entlang der Zäune aufstellten. Plötzlich tauchte hinter dem Lumpenhaufen der SS-Manns Kiwe auf. Er hatte das gerissene und misstrauische Gesicht eines Fuchses. Überall witterte er Widerstand und er verdächtigte uns oft, wir würden uns vor der Arbeit drücken. Er kam auf unsere Gruppe zugelaufen, schlug mit der Peitsche auf unseren Vorarbeiter Kleinbaum ein und fragte dabei, was wir anstellten. Dann notierte er unsere Nummern. Nach der Arbeit stellten wir uns auf dem Appellplatz auf. Die Blockältesten meldeten die Anzahl der Häftlinge: wie viele an diesem Tag erschossen worden waren, wie viele krank waren (wie viele also morgen erschossen werden würden), wie viele an diesem Tag gearbeitet hatten.

Der SS-Mann achtete nicht auf das, was der Blockälteste redete, sondern murmelte nur: *Zettel, Zettel.* Er wartete auf den Zettel, auf dem das stand, was man ihm kurz zuvor bereits lauthals gemeldet hatte. Den Zettel übergab er Kiwe. Danach stimmten wir auf Befehl der Deutschen das Lied *Góralu, czy ci nie żal* ... an. Wir mussten es mehrere Male wiederholen, da die Deutschen fanden, wir würden nicht emotional genug singen.

Nach dem Absingen des Liedes riefen sie den Magazinmeister, den Warschauer Häftling mit dem Spitznamen Małpa [poln.: Affe] (wir nannten ihn so, weil er hässlich war) und befahlen ihm, aus dem Magazin den hölzernen Bock zu holen. Kiwe rief die Nummern der Häftlinge auf, die an diesem Tag bestraft werden sollten. Meine Nummer war auch darunter – 937. Wir stellten uns in eine Reihe vor den Zaun und wurden einzeln aufgerufen. Als ich meine Nummer hörte, ging ich zum Bock. Man befahl mir, die Hose auszuziehen. In der Anfangszeit wurden die Häftlinge auf die Hosen geschlagen. Das änderte sich aber an dem Tag, als man einen der Köche erwischte, als er 25 Schläge bekommen sollte. Er war schon auf den Bock gebunden worden, als einem der SS-Männer die merkwürdige Form seines Hinterns auffiel. Er ging zu ihm, tastete ihn ab und holte ein kleines Kissen aus der Hose. Das ganze Lager, die Häftlinge wie die SS-Männer und die Ukrainer, brach in Lachen aus. Die Situation kam uns lustig vor, vor allem weil es den Koch erwischt hatte. Er war sehr unbeliebt bei uns. Manchmal waren die Vorwürfe gegen ihn begründet, aber sehr oft waren es auch Hirngespinste.

Małpa band meine Beine am Bock fest. Ich drückte meinen Bauch in die Vertiefung. Meinen Kopf beugte ich tief nach unten. Dann zurrte der Magazinmeister meinen Rücken mit zwei Riemen an den Bock, die Hände hielt ich nach vorne gestreckt. Ein Ukrainer begann, mich auszupeitschen. Die Schläge musste ich auf Deutsch mitzählen. Mein Inneres drehte sich nach außen. Angsterfüllt wartete ich auf den nächsten Hieb und dachte jedes Mal, jetzt halte ich es nicht mehr aus. In regelmäßigen Abständen knallte die Peitsche auf den Hintern, auf das Kreuz. Und die ganze Zeit mitzählen. Als ich 25 Peitschenhiebe bekommen hatte, band man mich los. Kaum noch lebend zog ich die Hosen hoch. Trotz der schrecklichen Schmerzen richtete ich mich auf, als ob nichts gewesen wäre und sagte das, was man nach Erhalten der Strafe sagen musste: *Ich danke.* Im Trab kehrte ich an meinen Platz in der Reihe zurück.

Ich durfte nicht zeigen, wie mich die Schläge mitgenommen hatten. Jede

Schwäche bedeutete die Erschießung im *Lazarett*. Die Schläge ins Kreuz hatten mich besonders hart getroffen und waren außerdem gefährlich, da mich 1939 bei Chełm dort ein Splitter eines Panzergeschosses getroffen hatte. In der Nacht konnte ich lange kein Auge schließen. Die Kreuzschmerzen nahmen immer mehr zu. Morgens maß ich Temperatur und stellte fest, dass ich schon über 40 Grad Fieber hatte. Ich sagte zu Alfred: »Das ist wahrscheinlich das Ende. Ich habe so starke Schmerzen, dass ich es niemals zum Morgenappell schaffe.« Ich wusste zwar, dass denen, die in der Baracke blieben, der Tod drohte, aber ich kam nicht dagegen an. Alfred ließ jedoch nicht zu, dass ich aufgab. Er zwang mich zum Anziehen, griff mir unter die Schultern und schob mich auf den Appellplatz. Trotz hohen Fiebers, schrecklicher Schmerzen und einem geschwollenen Kreuz arbeitete ich ein paar Tage. Meine Kollegen, die sahen, wie sehr ich litt, versuchten, mir so weit es ging zu helfen. Am vierten Tag nahm die Schwellung am Rückgrat noch zu: Eiter sammelte sich in ihr. Die Drüsen in der Leiste waren aufgedunsen und schmerzten höllisch. Ich wusste, es stand schlecht um mich. Ein Kollege der zweiten Pritsche hatte eine Schere. Bei den Tischlern schärfte ich sie am Schleifstein. Anschließend, auf der Pritsche, nahm ich sie in den Mund und lutschte lange an ihr, um sie zu desinfizieren. Ich legte mich auf den Bauch und bat Alfred, den Rücken quer aufzuschneiden. Er wollte nicht. Ich schrie ihn an: »Schneide endlich, sonst werden sie mich erschießen.«

Ich wusste, dass ich Recht hatte. Mit zitternden Händen nahm er die Schere und schnitt mir tief in den Körper. Unter der scharfen Klinge trat stinkender braunschwarzer Eiter aus. Man konnte kaum glauben, dass sich da so viel Eiter hatte sammeln können. Ich bat Alfred, eine Drainage aus Gaze zu machen und sie in die Wunde zu stopfen. Er tat, was ich wollte. Dann schlief ich nach den Anstrengungen des Abends erschöpft ein. Zu dieser Zeit stellten wir einen neuen Zaun beim Todeslager auf. Meine Aufgabe war, Löcher für die Pfosten auszuheben. Jede Bewegung verursachte unmenschliche Schmerzen, denn die Drainage im Körper schob sich immer tiefer in die Wunde. Sydow war damals auf Urlaub und wurde von einem SS-Mann, der von uns Myszka[23] [poln.: Mäuschen] genannt wurde, vertreten. Er merkte, dass ich mich anders als sonst verhielt und blieb über mir stehen, um mir bei der Arbeit zuzusehen. Am nächsten Tag, wir standen mit dem *Kommando Tarnung* vor der Baracke Appell, kam *Todesengel* Miete auf mich zu und fragte: *Bist du nicht gesund?* Ich nahm Haltung an und verneinte mit lauter Stimme. Bis heute kann ich nicht verstehen, warum er ohne weitere Bemerkungen meine Antwort akzeptierte. Er drehte sich um und entfernte sich wieder. Ich ging mit dem Rest der Gruppe zur Arbeit. An diesem Tag bemühte ich mich, mit doppeltem Einsatz zu arbeiten. Während wir arbeiteten, fragte ich Kohen nach seiner Meinung. War die Gefahr ausgestanden und ich durfte weiter dahinvegetieren oder würden die Deutschen mich jetzt umbringen?

Weder Kohen noch jemand anders konnte mir diese bedrückende Frage beantworten. Ich ging weiterhin täglich zur Arbeit und mein Zustand besserte sich. Das Fieber fiel und die Wunde heilte langsam ab.

Die Griechen

Der Frühling begann und das Pfeifen der Lokomotive kündigte einen neuen Transport an. Aus den bereitgestellten Wagons tauchte eine merkwürdige Menschenmenge auf. Die Neuankömmlinge hatten dunkle Gesichter, rabenschwarze krause Haare und sprachen eine uns unverständliche Sprache. Auf dem Gepäck, das sie aus den Wagons holten, waren Aufkleber mit der Aufschrift *Saloniki.* Die Nachricht von der Ankunft der griechischen Juden breitete sich wie ein Lauffeuer im Lager aus. Es gab viele Gebildete unter ihnen, Wohlhabende, ein paar Professoren und Dozenten. Die Reise von Griechenland hierher hatten sie in Güterwagons verbracht, in jedem bis zu hundert Personen, und, was uns am meisten verwunderte, die Wagons waren weder verschlossen noch versiegelt gewesen. Ordentlich und elegant gekleidet hatten sie unglaublich viel Gepäck mitgebracht. Verwundert schauten wir auf wunderschöne Orientteppiche und Kelime. Aufmerksamkeit erregten auch die riesigen Lebensmittelvorräte. Außer den Nahrungsmitteln hatten sie Kleidung zum Wechseln dabei, die unterschiedlichsten Dinge, Trödel und Kleinigkeiten. Geordnet und ohne Hektik stiegen sie aus. Attraktive, vornehme Frauen. Hübsche Kinder. Die Männer strichen sich ihre elegante Kleidung glatt. Gelassen gingen sie von der Rampe zum Transportplatz. Miete fand drei Griechen, die der deutschen Sprache mächtig waren und erteilte ihnen die Aufgabe zu dolmetschen. Niemand wusste, wo er war, und welches Schicksal ihn erwartete. Die traurige Wahrheit stach ihnen erst in die Augen, als sie nackt auf dem Weg zu den angeblichen Duschen waren und unerwartet Schläge auf sie niedergingen, begleitet von dem Gebrüll der Deutschen *Schnell, schnell!* Dieses Mal füllten sich unsere Magazine. Was gab es jetzt nicht alles! Unsere Vorräte wurden bereichert mit getrocknetem Hammelfleisch, riesigen Mengen Olivenöl, Fleisch- und Fischkonserven, Sardinen, Wein, herrlichen Zigaretten und vielen anderen ausgesuchten und seltenen Artikeln. Miete und die anderen SS-Männer strahlten. Im Überschwang ihrer Zufriedenheit klopften sie den Häftlingen auf die Schulter und meinten, die schweren Zeiten im Lager seien endlich vorbei, wir müssten keinen Hunger mehr leiden und es würden noch viele solcher Transporte kommen. Ihre Ankündigung stellte sich als wahr heraus. Kurz darauf kamen noch drei derartige Transporte mit griechischen Juden nach Treblinka. Das alte Lied über das Bad und die Desinfektion wiederholte sich. Über die Arbeit und dass man durchhalten müsse bis zum Ende des Kriegs. Die Magazine quollen über und die Gaskammern schluckten immer neue Opfer. Die Feuersäulen verzehrten die Körper der Märtyrer. Wir arbeiteten angespannt, und für die SS-Männer war alles *in Ordnung*. Als Entschädigung für die schwere Arbeit begann man, an die Häftlinge täglich drei Zigaretten auszuteilen. Wir bekamen die Produkte der zweiten Wahl. Die besten Sachen waren ausschließlich für die deutsche Lagerbesatzung bestimmt. Man muss dazu sagen, dass die Deutschen sich als Elite empfanden, die eine schwere und verantwortungsvolle Mission für den *Führer* erfüllte. Sie liebten es, mit dem Lagerältesten Diskussionen darüber zu führen und er wiederum berichtete uns danach. Sie redeten von der Überlegenheit der deutschen Rasse und des deutschen Volkes. Von ihrer hohen Kultur und den wichtigen Aufgaben bei der Organisierung und Einführung der neuen Ordnung in Europa. Das, was sie ausführten, war ihrer Meinung nach konsequent und notwendig. Sie waren nicht nur willige Vollstrecker eines höheren Auftrags, sie ergötzten sich auch an den Schrecken und dem Verbreiten von Schmerz und Qual. Sie fielen oft von einem Extrem ins andere, und das in einem solchen Maß, dass es für uns einfach unbegreiflich war und ihre Wesensart für uns ein Rätsel blieb. Fremd waren uns ihre Vorlieben, Späße und ihre Mentalität. Menschen waren sie nur zum Schein. Wie soll man sich erklären, dass sie die zum Tode Verurteilten zwangen, Chöre, Orchester, Tänze zu organisieren, Fußball zu spielen und zu boxen? Einige SS-Männer machten sich einen besonderen Spaß, wenn sie Mädchen, die mit den Transporten kamen, vergewaltigten. Wenn der Herr über Leben und Tod seine Wolllust gesättigt hatte, führte er sein Opfer persönlich auf dem Todespfad in die Gaskammer. Das waren Taten von Bestien. Schwer zu glauben, dass dies sorgende Ehemänner und Familienväter waren. Ihre uns unbekannten Vorgesetzten kümmerten sich um ihre Untergebenen. Sie schickten sie aus Mitgefühl für ihren schweren Dienst oft nach Deutschland in den Urlaub. Jeden Morgen hielten sie Sportübungen ab. Sie sorgten sich um ihre Gesundheit und verbesserten ständig ihre Lebensumstände. Ihre Baracken waren gepflegt und sie kümmerten sich um ihre Gärten und Blumen.

Artur Gold

Aus dem neuen Transport aus Warschau holten sie fünfzig Personen. Darunter befand sich der bekannte Musiker Artur Gold. Die *Roten* kannten ihn noch aus Warschau. Als Kiwe den Befehl gab, fünfzig junge Personen zu selektieren, wählten sie sofort Gold, der eine Geige bei sich trug, die er sich krampfhaft vor die Brust drückte.

Nach dem Appell an diesem Tag brüllte Lalka: *Kapellmeister raus!* und Artur Gold trat mit noch zwei anderen Häftlingen vor. Wir hatten uns schon gewundert, dass die Deutschen an diesem Tag nicht von uns verlangt hatten, das wehmütige *Góralu ...* zu singen. Bisher mussten wir dieses Lied und die Lagerhymne *Fester Schritt* nach jedem Appell anstimmen.

Mit den beiden anderen Gefangenen bildete Artur Gold ein Geigentrio. In ihren Kleidern, die sie auf dem Platz gefunden hatten, und den hohen Schuhen sahen sie ebenso grotesk aus wie wir. Sie stellten sich auf eine hölzerne Erhöhung, auf der sie nur mit Schwierigkeiten Platz fanden. Neben ihnen stand der Bock, auf dem die Häftlinge von den Deutschen für unterschiedliche Vergehen geschlagen wurden. Das Musikertrio begann mit der Aufführung. Mit den Instrumenten erklangen die Töne von Vorkriegsschlagern. Sie hüllten uns ein und riefen die Erinnerung an vergangene Jahre wach. Die Deutschen waren äußerst zufrieden mit sich, weil sie es geschafft hatten, im Todeslager ein Orchester zu organisieren. Während wir Appell standen und Artur Gold mit seiner Geige alte Melodien hervorzauberte, stand über dem gesamten Lager der süßliche Gestank verwesender Leichen. Er klebte so intensiv an uns, als ob er uns auf ewig begleiten wollte und wurde Teil unseres Seins. Ein Teil dessen, was von unseren Nächsten geblieben war. Die letzte Erinnerung an das vergaste jüdische Volk. Er drang durch den Zaun aus Stacheldraht mit den eingeflochtenen Kiefernzweigen und breitete sich kilometerweit aus. Er war Zeuge dessen, was im Lager geschah.

Nach einem der Konzerte kamen die Deutschen zu dem Schluss, die Musikanten würden sich nicht gut genug präsentieren. Sie regten sich über die schweren hohen Schuhe und die Kleidung auf, die zu groß und mit Gürteln zusammengebunden war. Sie befahlen den Schneidern, ihnen Fräcke aus glänzendem blauen Stoff zu nähen. Um den Hals mussten sie Fliegen von riesigem Ausmaß tragen. In diesem Clownskostüm spielten sie uns jetzt täglich nach dem Appell ihre Melodien. Trotz unserer Ermüdung nach dem zwölfstündigen Arbeitstag mussten wir in Reihen stehen und uns das Konzert anhören. Als Begleitung gesellte sich das Rattern des Baggermotors dazu. Er hob selbst nach sechs Uhr noch die Leichname aus den Gruben, denn die Deutschen wollten so schnell wie möglich ihre Spuren verwischen und die Leichen verbrennen. Nach dem Konzert befahlen uns die SS-Männer, in der Aufstellung, die wir während des Appells eingenommen hatten, in die Baracken zu marschieren. An der Spitze jeder Gruppe lief der Blockälteste. Am Zaun stand Lalka, die Arme vor der Brust verschränkt. Ironisch lächelte er uns an. Er fühlte sich als Herr über unser Leben und unseren Tod. Die Blockältesten brüllten: *Mützen ab, Augen links!* Auf Kommando zogen wir unsere Mützen ab und hielten sie an den Oberschenkel. Mit den Füßen trampelten wir auf der Erde. Im Lager erzählte man von seiner Erbarmungslosigkeit. Wir hörten, dass er sich schon im Jahr 1939 an der Ermordung von unheilbar Kranken und geisteskranken Deutschen beteiligt hatte. Tag für Tag marschierten wir von nun an nach der Arbeit zu den Klängen von Musik in die Baracken zurück.

Die Latrine

Ein Problem im Lager was das Fehlen von Latrinen. Nach langen Bemühungen des Lagerältesten Galewski stimmte Kiwe zu, dass das Baukommando zwei Toiletten errichten sollte. Bis dahin gab es nur eine auf dem Sortierplatz und eine zweite zwischen zwei Sälen in der Baracke. Ein widerlicher Gestank ging von ihr aus und breitete sich im ganzen Lager aus. Um diese Latrine zu entlasten, baute man jetzt auf dem Appellplatz eine weitere. Sie wurde aus Kiefernbalken errichtet. Im Inneren nagelte man Querbretter auf die Balken. Auf zwei Balken stehend verrichteten wir unsere Notdurft.

Die zweite Latrine wurde neben dem *Lazarett* errichtet. Beide Latrinen wurden mit Stacheldraht umzäunt, der an Pfosten befestigt wurde. Sogar auf der Rückseite und an der Decke. In den Draht flochten wir, das *Kommando Tarnung*, dann Kiefernzweige. Es sah aus wie ein grünes Forsthäuschen. Mit der Zeit wechselten die Zweige ihre Farbe von grün in braun, die Farbe aller anderen Zäune in Treblinka. Die Latrine neben dem *Lazarett* benutzten wir während der Arbeitszeit. Die Deutschen bemerkten, dass die Häftlinge sich zu oft und zu lange dort aufhielten. Bis dann eines Tages Lalka den Vorarbeitern befahl, zwei schwarze Rabbinerroben aus dem Magazin zu holen, dazu noch zwei schwarze Kappen mit Pompons. Zwei Häftlinge mussten die Roben anziehen. Man gab ihnen Peitschen. Ihre Aufgabe war es, darauf zu achten, dass nicht mehr als fünf Häftlinge gleichzeitig in die Latrine gingen und dort nicht länger als zwei Minuten verbrachten. Den Häftlingen im Lager war es verboten, eine Uhr zu tragen. Dieses Privileg hatten nur der Lagerälteste, die Kapos und die Vorarbeiter. Den zwei Häftlingen hing man Schnüre um den Hals, an denen Wecker baumelten. Man gab ihnen den Namen *Scheißkommando*. Die Deutschen sahen sie an und lachten lauthals über ihren Witz. Wenn die verschiedenen Kommandos zur Arbeit gerufen wurden, rief man von diesem Tag an am Ende auch das *Scheißkommando* auf. Zwei Häftlinge in grotesker Verkleidung machten sich auf zu ihrer Arbeit, die daraus bestand, die Klos zu überwachen. Sie sollten eigentlich unseren Aufenthalt in der Latrine auf wenige Minuten beschränken, tatsächlich kamen sie diesem Befehl aber nicht nach. Im Gegenteil, dank ihrer Mithilfe fanden die verschiedensten Treffen statt. Wir hatten jetzt die Möglichkeit, uns mit Leuten aus anderen Gruppen zu unterhalten und gerade erhaltene Neuigkeiten auszutauschen. Das *Scheißkommando* passte von außen auf uns auf und wenn sich einer der Wachleute näherte, wurden sie lauter und gaben uns so zu verstehen, dass wir so schnell wie möglich aus der Latrine verschwinden mussten.

Langer

Es war ein paar Tage nach dem Besuch Eichmanns im Lager und die Arbeit auf dem Sortierplatz verlief wie gewöhnlich. Die Vorarbeiter und Kapos brüllten, schwangen ihre Peitschen über den Häftlingsköpfen, die sich über die auf dem Boden liegenden Koffer beugten. Rundum waren sie von Koffern umgeben und zogen einzelne Kleidungsstücke aus dem Haufen. Alle hielten einen Mantel, eine Jacke oder eine Hose in der Hand und holten den Inhalt aus deren Taschen. Ein Häftling unterbrach kurz seine Arbeit, zwei weitere stießen zu ihm und sie unterhielten sich. Der Vorarbeiter schenkte dem keine Aufmerksamkeit und schrie mit entstellter Stimme: *Arbeiten! Schnell! Schnell!* In diesem Moment kam Miete aus der Baracke, die sich gegenüber des Kleiderhaufens befand. In der Baracke waren die besten und neuesten Sachen. Die Deutschen befahlen uns, sie sofort dorthin zu bringen, damit sie nicht beschädigt wurden. Der Todesengel sah die drei Häftlinge miteinander reden und rannte auf sie zu. Der Vorarbeiter erblickte Miete, begann zu brüllen und auf die drei einzupeitschen. Zwei reagierten sofort und rannten weg. Sie sprangen über die Koffer und die ausgebreiteten Gegenstände und verschwanden hinter dem Haufen. Ein Häftling schaffte es nicht wegzulaufen und blieb zurück. Er machte sich sofort an die Arbeit und sortierte wie alle anderen. Miete sprang zu dem Häftling, meinem ehemaligen Mitschüler Langer aus der Grundschule in Częstochowa. Der SS-Mann befahl ihm, seine Taschen zu leeren. Goldmünzen fielen heraus und auf den Sandboden. Miete schlug zu. Er wollte, dass Langer ihm die beiden Häftlinge, die geflohen waren, zeigte. Langer zuckte nicht einmal zusammen. Der SS-Mann peitschte ihn und befahl ihm, sich auszuziehen. Das Gesicht Langers lief blau an, Blut tropfte ihm aus dem Mund. Miete verlangte von ihm die Herausgabe der anderen beiden und misshandelte ihn aufs heftigste. Langer schwieg heldenhaft. Miete merkte, dass seine Schläge keinen Erfolg hatten und alle Vorarbeiter mussten die Arbeit unterbrechen, die Häftlinge versammeln und zum Ende der Baracke gehen. Es war die Baracke, in der die neuen Sachen aufbewahrt wurden und an deren Seite die Aufschriften eines Bahnhofs Wartesaal, Erste Klasse, Zweite Klasse, Dritte Klasse angebracht waren. Miete befahl, zwei Bretter an die Wand der Baracke zu nageln. Man band Langer die Füße mit dem Gürtel seiner Hose zusammen. Dann hängten sie ihn mit dem Kopf nach unten an die zuvor angebrachten Bretter. Miete richtete seinen Revolver auf ihn und verlangte von ihm, seine Freunde auszuliefern. Da begann Langer zu schreien: »Männer, rächt euch! Organisiert einen Aufstand, bringt sie um! Die Hölle muss brennen! Mörder sind sie.« Miete merkte, wie Langer uns aufbrachte. Er wusste, er würde nichts aus ihm herausbringen, und eine Kugel in den Kopf beendete die Leiden Langers.

Die harten Umstände, der Hunger, die unmenschlichen Anstrengungen und die ständige Angst führten dazu, dass immer wieder Einzelne im Lager verrückt wurden. Trauer ergriff uns, wenn wir das miterlebten. Die Deutschen lachten und verspotteten die Unglücklichen, bis sie sie liquidierten. Ich erinnere mich, wie eines Nachts, als fast alle schon eingeschlafen waren – nur eine kleine Gruppe betete noch bei Kerzenschein mit ihren Gebetschals – die Nachtruhe von einem Gekicher unterbrochen wurde. Allen, die es hörten, lief ein Schauer über den Rücken. Dieses Kichern hatte etwas von dem grausigen Schrei eines Käuzchens, dem wehleidigen Geheul eines Schakals, dem Gewinsel eines Verdammten. Manchmal hörte das Lachen auf und unsere Ohren erreichte nur ein einzelnes Wort – mentsh [jidd. Mensch]. Und danach wieder die Kaskade des wahnsinnigen Gelächters. Es schien mir, als überkäme mich selbst in jedem Moment ein Anfall dieses Lachens, dass das Schreien meinen Kopf explodieren ließe und das Gehirn mit den Nervenbündeln aus ihm herausfließe, zerfetzt und schmerzerfüllt. Ich steckte meinen Kopf unter die Decke, stopfte mir die Finger in die Ohren, um bloß nicht dieses verdammte Kichern zu hören.

Am nächsten Tag verabreichten die Ärzte dem nächtlichen Lacher die Betäubungsspritze. Die *Roten* brachten ihn auf der Bahre ins *Lazarett*, wo er erschossen wurde. Der Ärmste begriff die ganze Zeit nicht, was mit ihm geschah, und das war besser für ihn.

Nachdem sie an uns die Winkel mit den Nummern ausgegeben hatten, ordneten die Deutschen an, wir sollten sie auf der linken Brust tragen. Dann befahl Miete, jeder Häftling, der die Sachen der Ermordeten sortierte, solle eine Karte mit seiner Nummer an die sortierten Sachen heften. Es ging darum nachvollziehen zu können, wer das jeweilige Bündel kontrolliert hatte. Außer dem Leeren der Taschen und dem Abtasten der Kleidungsstücke nach eingenähten Wertgegenständen mussten die Firmenschildchen abgetrennt werden. Je nach Herkunft der Kleidung sollten entweder die weißen Armbinden mit dem Davidstern gelöst werden, die die Juden auf dem Gebiet des Generalgouvernements trugen, die gelben Davidsterne mit der Aufschrift *Jude* in der Mitte – diese trugen die deutschen Juden, oder gewöhnliche gelbe Flicken, die von Juden östlich des damaligen Polen stammten. Den Deutschen war wichtig, dass die Herkunft der Kleidung auf keinen Fall nachvollziehbar war, denn wenn in einem solchen Bündel ein Zeichen für ihren Ursprung übrig bleiben würde, wäre sofort bekannt geworden, wo sie herkamen. Das Belassen einer solchen Spur wurde mit der Todesstrafe bestraft, aber trotz der Androhung von Strafen bemühten sich die Häftlinge, in den Bündeln Zeichen ihrer Herkunft zurückzulassen, auch wenn sie nicht wussten, in welche Hände sie später gerieten. Wir wähnten uns in der Hoffnung, so mitteilen zu können, was sich hier abspielte. Die Bündel mit den gut erhaltenen Kleidungsstücken reisten in eine uns unbekannte Richtung. Als Miete auf den Platz kam, fielen die Vorarbeiter wie üblich in geschäftiges Treiben und schrien *schnell, arbeiten!* Miete ging zu dem Haufen der sortierten Mäntel. Er befahl dem für das Magazin zuständigen Häftling, sie auseinander zu falten und durchsuchte sie. Nach einiger Zeit zog er aus der Tasche eines Mantels einen gelben Stern. In der Hand hielt er auch die Karte mit der Nummer desjenigen, der ihn sortiert hatte.

Auf Befehl von Miete unterbrachen die Häftlinge ihre Arbeit. Sie stellten sich in Habachtstellung auf. Zu ihren Füßen lagen die offenen Koffer und verschiedene Fetzen. Miete tänzelte mit seinen Katzenschritten zwischen den Koffern. Er ging auf die Häftlinge zu und las die Nummern auf ihren Winkeln. Dann stoppte er bei einem Häftling, rief den Vorarbeiter und zeigte ihm die Karte mit der Nummer und den aus gelbem Stoff ausgeschnittenen Davidstern aus dem Bündel. Er befahl den Häftlingen hinter ihren Koffern und herumliegenden Bündeln hervorzukommen. Kapo Rakowski musste alle Häftlinge auf den Platz rufen. Die Häftlinge, die auf dem Sortierplatz arbeiteten, standen hinter Miete. Der SS-Mann befahl dem Häftling, sich auszuziehen und sich vor die anderen zu stellen. Zitternd vor Angst und Kälte sah er uns mit Verzweiflung in den Augen an. Miete rief den Ukrainer herbei, der am Fuß des Sandwalls stand, der den Sortierplatz vom Todeslager trennte.

Der Ukrainer rannte zum SS-Mann und stellte sich neben ihn. Miete befahl, den Häftling zu erschießen und der Ukrainer führte den Befehl aus: Der Schuss fiel. Wir sahen genau, wie der Häftling einen Schuss in den Bauch bekam. Er strauchelte und stürzte. Miete ging auf den sterbenden Häftling zu, lächelte spöttisch, zog seine Pistole aus dem Halfter und tötete ihn mit einem Schuss in den Kopf. Danach hielt er eine Rede, rief uns dazu auf, die Anordnungen genauestens zu befolgen und äußerte die Hoffnung, dass sich solche Vorfälle nicht wiederholten.

Zwei Häftlinge nahmen den Getöteten und schleppten ihn zum *Lazarett*. Der SS-Mann Miete befahl, ein unflätiges Lied zu singen, und verließ den Platz. Wir gingen wieder an die Arbeit.

Kongórecki

Ich sortierte auf dem Platz die Kleidung der Menschen, die heute mit dem ersten Transport angekommen waren. Die Kleidungsstücke lagen auf Haufen und in Koffern bei der Latrine vor meiner Baracke. Hinter dem riesigen Kleiderberg tauchte Alfred auf. In der Hand hielt er irgendeinen bunten Lappen und lief auf mich zu. »Kacap«, schrie er, »bring das hier in die Baracke.« Ich hob den Lappen vom Boden auf, es war ein Pyjama. Die Zeit zum Mittagessen rückte heran. Ich schaute mich auf dem Platz um, kein SS-Mann war zu sehen. Also schlüpfte ich in die Latrine und von dort aus auf den Transportplatz, der um diese Zeit leer war und von den warmen Strahlen der Frühlingssonne erstrahlt wurde. Bis auf ein paar *Rote*, die vor der Baracke standen, sah der Platz völlig unschuldig aus. Ich öffnete die Tür und stieß mich beim Hineingehen an einer eisernen Trage, die zwischen den Bettlagern im Weg stand. Der Häftling Kongórecki aus Częstochowa lag auf ihr. Über ihn beugte sich der Lagerarzt, Doktor Rybak, und neben ihm kniete Doktor Reznik. Eine leere Spritze in der Hand, schaute er auf Kongórecki, der vor sich hin murmelte: »Lasst mich in Ruhe, ich will leben.« »Was redest du da, wo willst du leben?« »Hier, in Treblinka.«

»Schließlich haben sie dich zum Sterben hierher gebracht und nur durch einen Zufall ist dein Leben um ein paar Stunden oder Tage verlängert worden, in denen du ihnen die Arbeit bei der Liquidierung deiner selbst erleichtern sollst. Soll es dir besser ergehen als deiner Familie, die schon vergast wurde? Denk lieber an sie, dann geht es dir besser und du wirst nicht merken, wenn ich dir die Spritze gebe. Und wenn ich sie dir nicht gebe, dann schlachtet dich Miete einfach so im *Lazarett* ab – also was soll das ganze Gerede.«

Er griff in seiner Ledertasche nach einer Ampulle und zog die Spritze auf. Er wollte sie schon in den Körper des Kranken stoßen als Kongórecki sich gegen Doktor Rybak, der ihn festhielt, aufbäumte. Da kam eine Gruppe Häftlinge zur Mittagspause herein. Die Ärzte entfernten sich und ließen den Kranken in Ruhe. Am zweiten Tag ging Kongórecki wieder arbeiten. Ein paar Wochen später fand man ihn morgens tot auf seiner Bettstatt.

Kapo Rakowski

Jeden Tag hörten wir nach dem Appell von Gold dirigierte Konzerte. Zuerst wurden die Reihen abgezählt und die Anwesenheit überprüft. Dann las der diensthabende SS-Mann die Liste der Häftlinge vor, die an diesem Tag die für Übertretungen vorgesehenen Hiebe bekamen. Nachdem sie bestraft worden waren, kam der künstlerische Teil. Artur Gold und seine Kapelle spielten mit verschiedenen bekannten Melodien auf. Nachdem sie damit fertig waren, sangen wir mit ihrer Begleitung *Góralu, czy ci nie żal* ... Zum Schluss marschierten wir in Fünferreihen um den Platz.

Das Marschieren hatte seine spezielle Bedeutung. Es zielte nicht darauf, uns zu quälen, sondern sollte eine Übung sein. Die Initiative dazu ging von unserem Lagerältesten aus – Rakowski. Er war ein junger und intelligenter Mensch, der, wenn ich mich nicht täusche, aus Jędrzejów stammte. Man sagte ihm nach, er sei vor dem Krieg ein Gutsherr gewesen. Zum Lagerältesten wurde Rakowski in der Zeit der Typhusepidemie bestimmt, als der bisherige Lagerälteste Galewski erkrankt war. Seine Wahl verdankte er in großem Maße seinem vortrefflichen Auftreten: Rakowski war hochgewachsen, breit und stark. Er schlug auf eine Art und Weise zu, dass die Deutschen glaubten, kein Häftling könne seine Schläge aushalten. Rakowski nahm jedoch viel Rücksicht auf uns. Er verhielt sich menschlich und verständnisvoll. Natürlich konnte er uns in einigen Situationen nicht helfen. In Anwesenheit der Deutschen war er gezwungen, die ihm untergebenen Leute zu misshandeln. Rakowski träumte die ganze Zeit von dem großen Aufstand und der Zerstörung des Lagers, davon, wie wir die deutsche Besatzung erschlagen und in geordneten Abteilungen zu den Partisanen in den Wald marschieren würden. Und genau aus diesem Grund wollte er uns an lange Märsche gewöhnen und ließ uns die unterschiedlichsten Übungen machen, die uns abhärten und an die Schwierigkeiten des Partisanenlebens gewöhnen sollten. Leider erfüllte sich der stille Traum unseres Ältesten nicht. Er war nicht dazu bestimmt, an der Lagerrevolte teilzunehmen. Rakowski hatte, wie viele andere auch, unzählige Feinde im Lager, und musste sich vor Spitzeln und Verrätern schützen. Einer dieser Spione berichtete den Lageraufsehern, Rakowski hielte eine Feldflasche voller Gold versteckt. Sofort leitete man eine Untersuchung ein, die damit endete, dass Rakowski erschossen wurde. Dies war ein schwerer Schlag für alle, die in die Pläne des Lagerältesten eingeweiht waren. Wir verabschiedeten uns von ihm in stiller Trauer wie von einem Helden, der selbstlos gehandelt hatte, denn wir wussten genau, was er geplant und getan hatte, und dass er nur das Beste für uns im Sinn gehabt hatte. Die ganze Zeit war er überzeugt gewesen, er könne uns aus dieser Hölle in den Wald führen, um uns dort mit den Partisanen zusammenzuschließen. Es ist unbekannt geblieben, wer ihn denunziert hatte. Wir verdächtigten Kuba und Monek, den Kapo der *Hofjuden*, der aus Warschau stammte. Die Deutschen hingegen waren zufrieden, Rakowski los zu werden.

Seinen Platz als Lagerältester übernahm erneut Galewski. Er war dem Tod entronnen und kam, nachdem er den Typhus überstanden hatte, wieder zu Kräften und Gesundheit. Auch er war durch die ständigen Schwierigkeiten von Seiten der Provokateure, Intriganten und Verräter gefährdet. Einer seiner ärgsten Feinde war Blau, ein Jude, der im Lager die Funktion eines Kapos ausübte. Juden aus Kielce, die Treblinka überlebt haben, werden sich sicher an ihn erinnern. Er war eine lebende menschliche Karikatur, ein Fettwanst mit Spinnenbeinen und dem Gesicht eines Degenerierten. Die Deutschen hatten ihn ursprünglich aus Wien ausgesiedelt. Er ließ sich in Kielce nieder und arbeitete dort mit der Gestapo zusammen. Ein Typ, dessen Gestalt uns an den Glöckner von Notre Dame erinnerte. Diese Person, nicht wert den Namen Mensch zu tragen, hat unzweifelhaft viele Menschen auf seinem Gewissen. Nach der Auflösung des Ghettos in Kielce brachte man ihn mit seiner Frau nach Treblinka, holte aber ihn und seine Frau aus dem Transport. Es war das einzige Mal in der Lagergeschichte, dass ein Paar herausgezogen und über einen längeren Zeitraum beschäftigt wurde.

Blau profitierte von verschiedenen Privilegien. Erst ernannte man ihn zum Oberkapo, dann wurde er Küchenchef. Dort umgab er sich mit einer Bande der schlimmsten Typen, die ihm alles zutrugen, was sich in den Baracken abspielte, worüber geredet wurde und was die Häftlinge planten. Blau gab ihnen dafür doppelte Essensrationen und die besten Speisen – alles natürlich zum Schaden der anderen. Sein Hass auf Galewski hatte einen ambitiösen Hintergrund. Blaus Ziel war es, selbst zum Lagerältesten aufzusteigen. Er konnte sich nicht mit dem Gedanken abfinden, dass er Galewski unterstand. Zur Ernennung des neuen Lagerältesten hielt man eine Feier ab. Die Häftlinge wurden auf den Platz gerufen, wo sie sich wie jeden Tag zum Appell aufstellten. Nach dem Absingen der Lagerhymne ging Galewski in die Mitte des Platzes und dankte in Deutsch zuerst den SS-Männern für das Vertrauen, das sie ihm entgegenbrachten. Er gelobte, alle Befehle und Anordnungen gehorsam auszuführen, für Ordnung zu sorgen und auf gerechte Weise alle Streitigkeiten zu beheben. Als die Deutschen sich entfernt hatten, zwinkerte uns der neue Lagerälteste wissend zu und erteilte den Befehl auseinander zu gehen.

Tiergarten

Der Abend brach an. Die Glühbirnen, die über den Gängen zwischen den Pritschen hingen, flackerten und verbreiteten schummriges Licht in der Baracke. Alfred und ich breiteten unser Bettlager auf der Pritsche aus. Neben mir saß der Priester auf seinen noch zusammengefalteten Decken. Er redete in gebrochenem Polnisch mit uns. »Die Deutschen drehen jetzt völlig durch. Stellt euch vor, sie haben uns befohlen, Tierkäfige für einen Zoo zu bauen.« Ich traute meinen Ohren nicht.

»Was wollen sie hier mit einem Tiergarten? Wer braucht so etwas? Du hast dich wahrscheinlich verhört.«

Der Priester unterbrach mich: »Kacap, ich weiß, was ich sage. Sie richten einen zoologischen Garten ein. Sie bringen, ich weiß nicht woher, zwei Pfauen, ein Reh und Füchse hierher.«

Ich ließ ihn nicht ausreden: »Wenn das wahr ist, was du sagst, dann schaffen die Hurensöhne hier die Illusion eines idyllischen Fleckchens Erde. Jetzt wird mir klar, warum der SS-Mann Sydow uns befohlen hat, die Erde neben den Baracken umzugraben und dort Blumen zu pflanzen. Sie werden uns noch ein Karussell hierher bringen und unsere Todesfabrik in einen Jahrmarkt umgestalten.«

Die große Gestalt des Lehrers Mering neigte sich über das Ende der Pritsche. Er beugte den Kopf nach unten, um sich nicht den Kopf an dem Balken zu stoßen, der das Dach unserer Baracke hielt, und kam auf uns zu. Ich schob ihm einen auseinandergeklappten Schemel zu, auf dem er Platz nahm. Er schaute unter seinen Brillengläsern hervor, so wie er es früher einmal während seiner Vorträge in mit Schülern gefüllten Klassen gemacht hatte, und begann: »Ich werde euch mit der Mentalität des deutschen Volks bekannt machen.«

Lachend unterbrach ich ihn: »Der Herr Lehrer will uns mit den Deutschen bekannt machen. Leider kennen wir sie schon zur Genüge.«

»Nein, es ist nicht so, wie es dir, Kacap, erscheint. Vielleicht kommt dir das jetzt merkwürdig vor, aber die Deutschen sind von Natur aus sentimental. Trotz ihrer ganzen Gräueltaten lieben sie die von ihren Gretchen gehäkelten, an die Wand gehängten Deckchen mit weisen und ehrenvollen Sprüchen darauf. Deutsche Wohnungen hängen voll davon. Über ihren entehrten Betten hängen Aphorismen über Gott und die Nächstenliebe. Am ehesten findet man vielleicht in Kindermärchen Charaktere, die voll von Rohheit und Bedrohlichkeit sind.«

Der Priester unterbrach die Ausführungen Merings: »Ich kenne die Deutschen besser als ihr alle. Ich habe viele Jahre unter ihnen gelebt und verstehe bis heute nicht, wie die Deutschen, die ich gekannt habe, zu solchen Taten fähig sind. Ich kann mir das nur so erklären, dass wir hier von primitiven Mitgliedern dieses Volks umgeben sind.«

Mering ließ ihn nicht weiterreden: »Du hast Recht, wir befinden uns hier unter kleinen Mördern. Aber diejenigen, die uns hier bewachen, haben diese Todesfabrik weder geschaffen noch geplant. Ein Sydow mit dem Restgehirn eines Alkoholikers oder Lalka sind keine Leute, die ein solches reibungslos funktionierendes Lager mit Gaskammern planen könnten. Diejenigen, die sich das ausgedacht haben, sind Leute mit einer höheren Ausbildung. Und die sind genauestens darüber informiert, was hier passiert. Das sind hundertmal schlimmere Mörder als die, die uns hier umgeben. Kalten Blutes haben sie es auf ihren Zeichenblöcken entworfen und ihre schmutzigen Hände zitterten nicht einmal, als sie den Plan der Vernichtung des jüdischen Volkes umrissen.«

Nach diesen Worten brach die Unterhaltung ab. Um neun erloschen die Lichter in der Baracke. Wir sanken in einen unruhigen Schlaf. Wieder verging eine Nacht im Lager.

Am nächsten Tag ging ich wie üblich mit meinem *Kommando Tarnung* zur Arbeit in den Wald. Sieben Wachmänner und der SS-Mann Sydow umgaben uns. Im Wald befahl uns Sydow, nach wilden Tieren zu suchen. Wir verstanden den Sinn dieses Befehls nicht. Als wir im dünnen Unterholz nach lebenden Wesen suchten, entdeckte Sydow auf einem Baum ein Eichhörnchen, das gerade aus seinem Winterschlaf erwacht war. Er befahl uns, es zu jagen. Die ukrainischen Wachmänner mussten sich etwas entfernen. Wir jagten das verschreckte Wesen. Das Eichhörnchen kletterte auf den Wipfel eines einsam stehenden Baumes. Sydow befahl mir, es herunterzuholen. Widerwillig kam ich dem Befehl nach. Mit jeder Bewegung näherte ich mich dem Nagetier. Von unten schauten mir Sydow mit seinen blutunterlaufenen Augen, die Ukrainer und die traurigen Augen meiner Kameraden bei meinen Bemühungen zu. Das kleine Tier war noch eine Armlänge von mir entfernt. Es schaute aus seinen angsterfüllten, blitzenden Äuglein auf mich und ich brachte es nicht über mich, nach ihm zu greifen. Es war ein Symbol der Freiheit für mich. Ich glitt ohne Opfer vom Baum. Sydow war aufgebracht und verabreichte mir an Ort und Stelle zwanzig Hiebe auf den Hintern. Ein paar Tage später fühlte ich, wie die alten Wunden wieder zu eitern begannen. Nach kurzer Zeit war im Wirtschaftsteil des Lagers ein kleiner zoologischer Garten entstanden.

Zu Beginn des Frühlings fiel immer weniger Arbeit beim Sortieren der Kleidung an. Die Gruppe des Kapos Zelo Bloch[24], der vor dem Krieg tschechischer Offizier im Kapitänsrang gewesen war, und seines Vorarbeiters Wolf, ebenfalls ein Tscheche, beendete das Sortieren. Alles war jetzt eingeordnet, in der Baracke aufgeschichtet und wartete auf den Zug mit leeren Wagons. Jedes Bündel bestand aus zehn Hosen oder Jacken, Mänteln etc. Die Aufgabe jedes Kapos war eine Revision der Sachen in seiner Baracke durchzuführen. Er notierte die Art und die Anzahl der Bündel. Die Deutschen kannten die genaue Anzahl der sortierten Gegenstände in jedem Magazin. Als der Zug mit den leeren Wagons ankam und das Beladen begann, behauptete ein SS-Mann, der Liste nach fehlten viele Bündel. Kapo Zelo wies die Vorwürfe zurück und erklärte, die Bündel seien wahrscheinlich in der Baracke auseinander gefallen, wieder zusammengebunden und versehentlich noch einmal notiert worden. Die Deutschen aber ließen nicht zu, sich irgendwelche Versehen erklären zu lassen. Die Ware musste gefunden werden, unwichtig war ihnen, wo wir sie auftrieben.

Kiwe unterbrach die Arbeit der Häftlinge sämtlicher Kommandos und befahl ihnen, sich auf dem Appellplatz einzufinden. Wir standen in Fünferreihen wie beim Appell. Kiwe brüllte mit seiner kreischenden Stimme, dass Unordnung herrsche. Der Lagerälteste Galewski lief mit seiner Mütze in der Hand aufgebracht über den Platz und wusste nicht, was er tun sollte. Dann hörte Kiwe mit seinem Geschrei auf und flüsterte Galewski leise etwas zu. Der nickte mit dem Kopf, nahm Haltung an und drehte sich dann zu uns um. Der Lagerälteste befahl uns, die Jacken auszuziehen, dann die Mäntel, Hosen und unsere restlichen Kleidungsstücke aus der Baracke auf den Platz zu bringen. Während wir unsere persönlichen Sachen aus der Baracke holten, sagte Kiwe, dass derjenige, bei dem man versteckte Kleidung fände, erschossen würde. Wir packten unsere Kleider zu Bündeln zusammen und luden sie in die Wagons, die auf dem Gleis standen. Auf diese Art verloren wir die eigene, notwendige Kleidung. Kapo Zelo und der Vorarbeiter Wolf wurden aufgerufen. Kiwe befahl ihnen, die ihnen unterstehenden Häftlinge aus den Reihen zu holen. Diese Gruppe, bestehend aus mehreren Dutzend Personen, stellte sich zusammen mit Zelo und Wolf an der Spitze vor der Baracke auf. Dann rannte eine Gruppe Ukrainer durch das Tor auf den Platz, richtete ihre Waffen auf sie und führte sie ab.

Wir verabschiedeten uns mit Blicken von ihnen. Wir waren überzeugt, dass man sie zum *Lazarett* in den Tod brachte. Plötzlich aber sahen wir, wie die Ukrainer mit der Gruppe nicht nach links zum *Lazarett* abbogen, sondern nach rechts gingen. Da wussten wir, dass sie ins Todeslager gingen.

Am Abend erzählte uns der Lagerälteste Galewski, dass man die Gruppe ins Todeslager gebracht hatte, um diejenigen zu ersetzen, die dort in der letzten Zeit erschossen worden waren. Im Todeslager wurden ständig Menschen erschossen und deswegen gab es dort immer einen Mangel an Arbeitskräften.

Ein paar Tage lang reparierte ich mit meiner Gruppe den Zaun beim Haupteingang. Neben uns arbeitete eine Gruppe von Gefangenen aus dem Todeslager unter Aufsicht eines älteren Mannes, dem Tischler Wiernik. Sie bauten ein dekoratives Tor im Stil der Górale. Als Wiernik einen Balken absägte, befand er sich nahe genug, um uns singend mitzuteilen, was bei ihnen vor sich ging. Auf unsere stille Frage, wie es um das Schicksal unserer Gruppe stünde, antwortete er, dass alle lebten. Ein Lied auf Jiddisch vor sich hin singend, erzählte er: »Yidn, Yidn, ihr wisst nicht, was für eine Hölle das bei uns ist. Dreizehn Gaskammern sind in unserem Lager in Betrieb. Das Gas wird von einem ehemaligen Motor aus einem russischen Panzer dorthin geleitet. Der Boden der Kammern reicht bis nach draußen, um das Herausziehen der Leichen zu erleichtern. Wir holen aus den Gräbern Leichen und verbrennen sie auf Schienen. Zweieinhalbtausend Leichen auf einem Feuer.«

Er bemerkte, wie ein SS-Mann sich näherte und unterbrach sein Singen. Nach Beendigung der Arbeit kehrten wir auf den Appellplatz zurück. Wir hörten das Konzert von Gold, der zusammen mit der Warschauer Nachtigall, dem Cellisten Schutzer, Vorkriegsschlager spielte.

Der letzte Sonntag

Obwohl Glühbirnen sie erleuchteten, herrschte in der Baracke schummriges Licht. Die Birnen hingen an der Holzdecke, jeweils eine in einem Durchgang zwischen den zweistöckigen Pritschen. Der Strom für die flackernden Glühbirnen kam aus einem Generator. Derselbe Generator produzierte die Abgase für die Gaskammern, in denen Tag für Tag Menschen vergast wurden.

Die schwachen, flackernden Glühbirnen erleuchteten die Baracke kaum, sie verdünnten eher das Dunkel. Aus diesem Grund bemühten sich die Häftlinge, vom Platz Kerzen mitzubringen. Wir befestigten diese auf wackeligen Tischchen, die wir aus unserer alten Baracke mitgebracht hatten, in der es überhaupt keinen Strom gegeben hatte. Wir steckten die Kerzen nicht nur an, um mehr Licht zu haben, sondern eher, um die Atmosphäre zu beleben. Auf diese Art versuchten wir zumindest am Abend, die uns umgebende Bedrohung auszuschalten und das zu vergessen, was wir im Laufe des Tages erlebt hatten. Auf der Pritsche hatte jeder vierzig Zentimeter Platz. Am Rand unserer Pritsche hatte ein Jude aus Częstochowa seinen Platz. Er war mit einem Transport aus Theresienstadt gekommen, einer großen Stadt in der Tschechoslowakei, in der bereits vor dem Krieg viele Juden gelebt hatten und in die die Deutschen Juden aus dem ganzen Land geschickt hatten. Der tschechische Jude lag neben dem Lehrer Mering. Er hatte einen Schatz dabei, von dem er sich nie trennte – eine kleine Mundharmonika. Leise spielte er alte, traurige Lieder aus der Vorkriegszeit.

An diesem Tag arbeitete ich im Wald mit dem *Kommando Tarnung*. In den Kiefernzweigen, die ich ins Lager brachte, damit sie in den Stacheldraht geflochten werden konnten, versteckte ich eine Halbliterflasche Wodka, Schinken und ein Brot. Abends saßen wir, Mering, Gerszonowicz, der Priester, Alfred und ich an dem Klappstuhl, der die Funktion eines Tischs erfüllte. Um uns vor dem Wind zu schützen, der durch die offenen Fenster und Türen wehte, aber auch um unserer Ecke mehr Intimität zu geben, hatten wir eine rote Bettdecke aufgehängt. So waren wir von dem Rest der riesigen Baracke mit den zahllosen Pritschen abgeteilt. Wie immer machte sich Alfred an das heimliche Aufteilen der von mir mitgebrachten Reichtümer. Er teilte das Brot und den Schinken in gleiche Teile. Ich hatte schon im Wald soviel wie möglich gegessen, damit das, was ich mitbrachte, für meine nächsten Freunde blieb. Im Winter herrschte im Lager schrecklicher Hunger. Nur den Wodka trank ich zusammen mit meinen Kumpeln. Und davon schon deshalb mehr, weil außer mir und Alfred niemand Wodka wollte.

Manchmal luden wir den Tschechen zu unseren Gelagen ein. Er sprang auf die obere Pritsche, über die schon schlafenden Häftlinge hinweg und kam in unser Eckchen. Hinter ihm schob sich ein Häftling, der aus einem kleinen polnischen Städtchen stammte, zwischen zwei doppelstöckige Pritschen wie ein Schatten heran. Ich glaube, er kam aus der Umgebung von Częstochowa. Zwischen den Fingern hielt er zwei Löffel, die auf ihn selbst gerichtet waren. Geschickt bewegte er sie, schlug sie auf seine Schenkel und zauberte einen Klang hervor, den der Tscheche mit einer Melodie auf der Mundharmonika begleitete. Eine seiner beliebtesten Melodien war *Ostatnia niedziala* [poln.: der letzte Sonntag], ein tschechischer Vorkriegsschlager. Die traurige Melodie und der mitreißende Text »Ich bereite dir dein Bett und werde an diesem letzten Sonntag geduldig auf dich warten ...« bewirkten, dass es uns auf einmal so schien, als befänden wir uns woanders. Für ein paar Minuten vergaßen wir unsere Umgebung und befanden uns nicht mehr im Todeslager. Wir versetzten uns in die Vorkriegsjahre. Ich sah mich tanzend auf der Veranda im Sommerlager bei Warschau auf einem Musikabend. Um uns erstreckte sich wunderbar duftender Wald. Unschuldige Flirts, wissende Blicke sympathischer junger Mädchen. Wahrscheinlich lebte schon keine mehr von ihnen. Alle sahen wir vor unserem inneren Auge den letzten Sonntag in Freiheit. Wir wussten jedoch, dass niemand auf uns wartete. Niemand erwartete unsere Rückkehr. Das, was wir außer uns gehabt hatten, war in den Erdboden gestampft worden. Plötzlich flog über unsere Köpfe ein Schuh. Er kam von der zweiten Pritsche und sollte unseren Musikanten treffen – was er aber nicht tat. Der Schuh schlug auf dem Tisch auf und warf die Kerze herunter, die fallend erlosch. Einen Moment später tönte von dem Platz, von dem zuvor der Schuh geworfen worden war, ein Schrei an unsere Ohren: »Hurensöhne, hört auf zu spielen und zu singen!« Niemand von uns reagierte. Niemand erhob sein Wort. Stille breitete sich in der Baracke aus. Wir gingen auseinander, jeder auf seine farbige Bettstatt, und nahm seinen privaten letzten Sonntag mit sich. Die Erinnerungen an ihn konnte uns niemand nehmen.

Milizmützen

Abends saßen wir gewöhnlich auf den Pritschen an den Klappstühlen: der Lehrer Mering, Gerszonowicz, Priester Hans, Alfred und ich. Alfred und ich bemühten uns unentwegt, den Gästen etwas anzubieten, was uns aber nicht immer gelang. Bei Zigaretten entwickelten sich die unterschiedlichsten Diskussionen, oft vollkommen der Wirklichkeit entrissen. Wir kehrten allerdings immer wieder zu den Ereignissen des abgelaufenen Tages zurück. Der Priester mit seinem komischen Polnisch wunderte sich, dass entlang der Gleise von der Bahnstation in Treblinka bis zum Lager so viele aus dem Fenster der Wagons geworfene Mützen jüdischer Polizisten lagen, wenn Transporte aus dem Warschauer Ghetto kamen. Lehrer Mering erklärte in ruhigem Ton: »Als die Deutschen in den Städten Ghettos einrichteten, in denen sie die jüdische Bevölkerung konzentrierten, schnitten sie diese von sämtlichen Behörden ab. Die von den Deutschen eingerichteten Judenräte übernahmen alle Aufgaben, die bis dahin von den amtlichen Institutionen erfüllt worden waren. Mit den Judenräten schufen sich die Deutschen einen Ansprechpartner, an den sie sich mit ihren Forderungen wenden konnten. Sie forderten Abgaben in Gold oder Geld, Kunstwerke, teure Möbel und Ähnliches. Der Judenrat wusste, wo man diese Sachen finden konnte. Er setzte sich größtenteils aus Juden zusammen, die vor dem Krieg reich gewesen waren oder gesellschaftliche Funktionen erfüllt hatten. Zu Beginn des Krieges wollten sie das Unglück der jüdischen Bevölkerung abmildern und bezahlten die deutschen Mörder, damit diese schonungsvoller bei der Ausübung der Befehle ihrer Vorgesetzten waren. Die Judenräte richteten soziale Institutionen ein, die den ärmsten Schichten der jüdischen Bevölkerung halfen, und eröffneten zu diesem Zweck verschiedene Ämter. Um für Ordnung in den Ghettos zu sorgen, schuf man eine jüdische Miliz, die dem Judenrat direkt unterstand. Im Allgemeinen bestand die Miliz aus jungen Menschen, die aus so genanntem guten Hause kamen. Zum Teil stammten sie aus wohlhabenden Elternhäusern, zum Teil aus gebildeten. Meistens gingen diejenigen zur Miliz, denen es imponierte, eine Uniform und Stiefel (die sie sich selbst anschaffen mussten) zu tragen, und dafür musste man Geld haben. Aber von Haus aus waren sie vermögend, hatten also kein Problem bei der Anschaffung der notwendigen Ausrüstung.«

Ich unterbrach seine Ausführungen: »Vielleicht dachten sie, es sei einfacher den Krieg zu überleben und ihre Familien zu schützen, wenn sie bei der Polizei wären.«

»Genau«, stimmte er mir zu, »das war ebenfalls ein Grund, um zur Polizei zu gehen. Ihre Aufgabe bestand anfänglich darin, für Ordnung im Ghetto zu sorgen. So überwachten sie die Austeilung der Suppe in den Armenküchen, und als die Deutschen Leute für die Arbeitslager forderten, fingen die jüdischen Polizisten arme Jugendliche und übergaben sie der deutschen Gendarmerie. Mit der Zeit wurde der Hunger in den Ghettos immer größer. Einige Polizisten bemühten sich also, Nahrungsmittel für ihre Familien zu besorgen. Sie griffen kleine jüdische Kinder auf, die unter Lebensgefahr auf die »arische« Seite geschlichen waren und dort Dinge gegen Brot oder Kartoffeln eingetauscht hatten. Die Polizisten nahmen ihnen die so schwer ergatterten Lebensmittel ab. Wenn der Judenrat den Befehl erhielt Wertgegenstände abzuliefern, schickte er die Miliz zu den angegebenen Adressen. Die den Polizisten auferlegten Pflichten weckten in manchen von ihnen Brutalität und Gier. Als dann die Aussiedlungen begannen, nahm die Miliz aktiv an der Jagd auf die jüdische Bevölkerung teil und lieferte sie auf dem Umschlagplatz ab, von wo sie hierher, nach Treblinka, transportiert wurden. Die Deutschen wollten das Misstrauen des Judenrats beruhigen und befahlen, Werkstätten zu errichten, die für das deutsche Heer arbeiteten. Für eine kurze Zeit glaubte man, dass derjenige, der eine Arbeit hätte, in Warschau bleiben würde. Auf diese Art teilten sie die Bevölkerung in zwei Teile. Auf der einen Seite diejenigen, die Verbindungen hatten oder sich freikaufen konnten, eine Arbeitstelle bekamen und im Besitz von Arbeitskarten waren, und auf der anderen Seite die Unglücklichen, die nicht in der Lage waren, sich solche Ausweise zu besorgen. Denkt daran, die ersten, die nach Treblinka kamen, waren die Armen des Warschauer Ghettos. Seht euch den Kapo des Kommandos der *Roten* an. Was ist das für einer? Kapo Jurek war im Ghetto ein Rikschafahrer. Und genauso waren die übrigen im Allgemeinen Menschen, die sich nicht freikaufen konnten. Und diejenigen, die mit den ersten Transporten nach Treblinka kamen, sind jetzt im Kommando der *Roten*. Sie greifen aus den Transporten die Polizisten heraus und schicken sie unmittelbar ins Gas, selbst wenn in dem Moment gerade Arbeiter gebraucht werden. Und deswegen werfen jüdische Milizionäre, brave Kinder aus guten Häusern, jetzt vor der Ankunft im Lager ihre Mützen aus dem Fenster.«

Nachdem Mering seine Ausführungen beendet hatte, fragte der Priester nach der gesellschaftlichen Herkunft derjenigen, die im Kommando der *Blauen* beschäftigt waren. Sie machten einen noch normaleren Eindruck. Sie kleideten und verhielten sich unauffällig – nicht so wie die *Roten* oder die *Goldjuden*. Ich erzählte dem Priester, dieses Kommando setze sich vor allem aus Chassiden zusammen. Wenn die Deutschen ihnen befahlen zu singen, zeigte sich, dass sie kein einziges polnisches Lied kannten. Stattdessen sangen sie chassidische Lieder und Bibelverse. Das Kommando bestand überwiegend aus ehemaligen Jeshivastudenten. Man sah ihnen an, dass sie vor nicht allzu langer Zeit die Kippa abgelegt hatten. Ihr Kapo, Meir, rothaarig, dick, mit krummem Rücken, war ebenfalls ein Gläubiger. Diese unauffällige Gruppe, deren Symbol der Besen war, säuberte die Wagons und bestreute sie mit Desinfektionsmitteln, meist Chlor. Sie war eine der sympathischsten Gruppen im Lager.

Der Priester unterbrach mich: »Die Deutschen wissen genau, auf welche Art sie ein Volk vernichten können. Ihre ganzen Vorschriften und Beschränkungen gegen die jüdische Bevölkerung mussten eine solche Atmosphäre schaffen. Nicht jeder kann unter diesen unmenschlichen Umständen bis zuletzt ein Mensch bleiben.«

Er fragte mich, ob mit mir auch Mitglieder des Judenrats und Polizisten aus Opatów gekommen seien. Ich verneinte. Wohlhabende Juden und die Mitglieder des Judenrats waren mit ihren Familien in der Nacht vor der Aussiedlung nach Sandomierz gefahren. Dort unterhielten die Deutschen ein Arbeitslager. Dasselbe passierte in den meisten kleineren Städten. Reiche Juden mussten gut bezahlen, denn die Anzahl der Plätze war gering und nur ein winziger Teil der wohlhabenden Juden und der Mitglieder des Judenrats konnte davon profitieren. Den größten Teil der Bevölkerung lieferten sie den Deutschen zur Vernichtung aus, genau wissend, wohin die Deutschen sie bringen würden. Sie selbst wurden zum Schluss ebenfalls in die verschiedenen Lager gebracht.

Der Transport der Aufständischen des Warschauer Ghettos

An einem schönen Apriltag kam ein Transport in Treblinka an, dessen Aussehen uns sehr verwunderte. Die Wagons waren in einem erbärmlichen Zustand: Bretter waren an unterschiedlichen Stellen herausgerissen oder beschädigt. Auf den Dächern lagen bis an die Zähne bewaffnete ukrainische Wachmänner mit Gewehren im Anschlag. Sie schossen sofort, wenn sich auch nur ein verängstigtes Gesicht außerhalb des Wagons zeigte. Es wurde bekannt, dass es unterwegs zu einer gewaltigen Schlacht mit den gefangenen Juden gekommen war. Die Deutschen wandten zum ersten Mal ein neues System beim Auskleiden der zur Vernichtung Bestimmten an. Außer den *Roten*, die sich wie gewöhnlich auf dem Platz aufhielten und Schnüre zum Zusammenbinden der Schuhe austeilten, führte man zusätzlich Häftlinge herbei, die normalerweise beim Sortieren der Kleidung arbeiteten. Auf dem Transportplatz stellte man sie zusammen mit den *Roten* in Dreiergruppen auf. Der Abstand zwischen den Dreiergruppen war nicht groß.

Als die neu Angekommenen aus den Wagons getrieben und zum Transportplatz gebracht worden waren, befahl man ihnen, nacheinander Teile ihrer Kleidung auszuziehen und sie den Häftlingen zu übergeben. Die erste Häftlings-Dreiergruppe nahm die Mäntel, die zweite Anzugjacken, die dritte Hosen, lange Unterhosen und Schuhe. Dieses System sollte nach Meinung der SS-Männer die Arbeit verbessern. An diesem Tag trat die Feigheit der SS-Männer zutage. Als die Neuankömmlinge ihre Kleidung übergaben, kam es plötzlich zu einer Explosion. Wahrscheinlich hatte einer eine Granate in der Tasche versteckt, sie während der Abgabe der Jacken entsichert und dann die Jacke mit der Granate von sich geworfen. Die Granate verletzte drei arbeitende Häftlinge und einige der Neuankömmlinge.

Auf dem Platz kam es zu einem unbeschreiblichen Tumult. Am meisten erschreckten sich die Deutschen. Die SS-Männer verschwanden sofort. Wie feige und lächerlich sah jetzt der immer gefährliche und furchtlose Sepp aus, der in panischer Angst verkrampft wie ein gejagter Hund über den Platz lief. Unbemerkt entfernten sich die Wachmänner und Ukrainer aus dem Getümmel.

Passiert war jedoch nichts. Erst nach ein paar Minuten, als die Deutschen wieder Mut gefunden hatten, kam der SS-Mann Kiwe auf den Platz und befahl, die verletzten Häftlinge ins *Lazarett* zu tragen. Der Befehl wurde von uns nur zur Hälfte befolgt. Wir trugen sie tatsächlich vom Platz, aber statt ins *Lazarett* brachten wir sie in die Baracke, die am Bahnsteig lag. Wir transportierten sie über die Treppe nach unten und legten sie auf den Haufen sortierter Kleidungsstücke. Wir taten das aus einem Impuls heraus. Vielleicht hatte uns die Explosion auf dem Platz die Kraft gegeben, uns dem Befehl des SS-Manns entgegenzustellen. Unbewusst fürchteten wir, unsere verwundeten Freunde würden uns verloren gehen und ein Schuss in den Hinterkopf würde sie erledigen.

Währenddessen gingen die Deutschen nach dem Zwischenfall wieder zum Alltagsgeschäft über. Sie übergingen einfach, dass ihr Befehl nicht ausgeführt worden war. Sie reagierten auch nicht darauf, als wir die Verwundeten später in die Revierstube brachten, wo sie von unseren Ärzten liebevoll gepflegt wurden. Das Geschehene hatte etwas Überwältigendes und Unglaubliches für uns. Es war, als ob die Deutschen sich vor uns fürchteten. Plötzlich schien es uns, als stellten wir eine Kraft dar. An diesem Tag erfuhren wir von den neu Angekommenen über den im Warschauer Ghetto ausgebrochenen Aufstand. Die Neuigkeit traf uns wie ein Blitz. Wir hatten schon früher von einer Gruppe Juden in der Hauptstadt gehört, die entschlossen war, einen kompromisslosen Kampf auf Leben und Tod zu führen. Wir wussten, dass der Untergrund auch dort den Boden für die Organisierung einer Widerstandsbewegung bereitete. Die Neuigkeiten über das Leben und die Bedingungen des Dahinvegetierens im Warschauer Ghetto bekamen wir von den Leuten, die im Januar aus den Transporten geholt worden waren. Wir diskutierten nachts auf unseren Pritschen darüber. Im Lager eingeschlossen interessierte uns alles, was draußen geschah. Warschau war das Zentrum unserer Hoffnung und unserer heimlichen Träume. Und da erfuhren wir plötzlich, dass in den entvölkerten Straßen des Warschauer Ghettos das Feuer des Aufstands entflammt war. Das Rattern der Maschinengewehre vermischte sich mit dem Krachen explodierender Granaten. Wir stellten uns diesen kompromisslosen und unerbittlichen Kampf vor. Mit den Herzen waren wir bei den Aufständischen und sorgten uns um das Schicksal der Helden des Warschauer Ghettos. Der jüdische Aufstand wärmte uns, gab unseren Adern neue Kraft und neue Entscheidungen. Wir kamen zu neuer Vitalität, wollten ebenso handeln und uns nicht in den Tod führen lassen. Abends ging es in den Baracken zu wie in einem Bienenstock. Auf den Pritschen saßen Gruppen von Häftlingen und teilten sich mit gedämpfter Stimme ihre Ansichten und Meinungen mit. Wir waren alle aufgeregt und beschäftigten uns nicht mit der alltäglichen tragischen Lagerrealität. Unser eigenes Leid wurde in die zweite Reihe geschoben. Wir begeisterten uns mit phantastischen Annahmen und Theorien, ein übermäßiges

Fieber zu handeln übermannte uns. Immer deutlicher kristallisierte sich ein ausgefeilter Plan zur Zerstörung Treblinkas heraus: Sich gemeinsam mit der Waffe in der Hand auf die Täter werfen.

Von Leuten, die aus den folgenden Warschauer Transporten geholt wurden, erfuhren wir, dass der Aufstand im Ghetto anhielt, Juden erfolgreich gegen die Deutschen kämpften und ihnen schwere Verluste zufügten. Wir hörten Berichte, wie die Deutschen Haus für Haus in Brand steckten und sich entsetzliche Szenen abspielten. Menschen warfen sich aus den oberen Stockwerken brennender Häuser, heldenhafte Kämpfe fanden statt, an denen auch Frauen und Kinder teilnahmen. In dieser Zeit fuhr SS-Mann Lalka für ein paar Tage fort. Nach seiner Rückkehr ging er zu Gold und sagte, er habe ein paar Schallplatten aus der Vorkriegszeit mitgebracht. Der Künstler vergaß für einen Moment, wo er sich befand und erzählte mit freudiger Stimme, dass Aufnahmen seines Orchesters dabei waren. Ich wollte ihn nicht in die Wirklichkeit zurückholen. Sollte er noch ein bisschen in den Wolken schweben.

Der Tod des Lehrers Mering

Hinter der Baracke, in der die Frauen sich ausziehen mussten, bevor sie ins Gas gingen, türmte sich ein Berg unterschiedlicher Aluminiumtöpfe. Zu Beginn des Winters schlug der Lagerälteste Galewski dem SS-Mann Kiwe vor, ein Teil des *Kommandos Flaschensortieren* könnte die Töpfe ausklopfen, säubern und bemalen. Mit der Hand wies er auf den Haufen, der den Platz hinter der Baracke ausfüllte. Er riet, eine Werkstatt in der leeren Baracke auf dem Transportplatz einzurichten. Die Häftlinge, die vorher dort gewohnt hatten, waren in die Hauptbaracke verlegt worden. Kiwe akzeptierte das Projekt. Zur Arbeit bei den Töpfen wählte Galewski Alte und Gebildete aus, unter anderem auch den Lehrer Mering. Die Nachricht über die neue Arbeitsstelle rief Freude auf unserer Pritsche hervor. Der Gedanke, die dortigen Arbeitsbedingungen wären bessere, stimmte uns froh. Wir wussten, dass es in der Baracke wärmer sein würde und dass sie sich Tee und etwas Warmes zu essen zubereiten können würden.

Nach der Arbeit kam das Gespräch auf der Pritsche auf das Thema des *Kommandos Flaschensortieren*. Der Priester verwies auf den Befehl der Deutschen, sämtliche Flaschen, selbst kleine zerbrochene Medizinfläschchen, aufzusammeln. Sie stellten keinen Wert dar. Die Deutschen wollten auf diese Weise die Spuren dessen verwischen, was sich auf der ausgemergelten Erde Treblinkas abgespielt hatte. Denn wenn wir schon nicht mehr hier sein würden und der Krieg mit ihrer Niederlage beendet wäre, wie hätte man erklären können, dass sich auf einem so kleinen Stück Erde so viele Flaschen befinden? Wie sind sie hierher gelangt? Das ist der einzige Grund, warum sie befahlen, sie aufzusammeln und in unbekannte Richtung zu verschicken. Darum hatten sie jetzt auch angefangen, die Leichen zu verbrennen. Auf der Pritsche wurde es still.

An einem Frühlingstag kam der Lehrer Mering in der Mittagspause mit Schrecken in den Augen in die Baracke gelaufen. Er teilte uns mit, Kiwe sei morgens in die Baracke, in der Häftlinge die Töpfe ausklopften, gekommen und hätte die Nummern aller aufgeschrieben, die sich dort befanden. Uns erschreckte die Nachricht ebenfalls. Nach dem Abendappell sangen wir unsere Hymne, deren Melodie zum deutschen Text von einem Häftling, dem tschechischen Juden Walter Hirsch (er kam während des Aufstands um) komponiert worden war:

Fester Schritt und Tritt
Und der Blick gerade aus
Immer mutig und treu
In die Welt geschaut
Marschieren Kolonnen zur Arbeit
Darum sind wir heute in Treblinka
Das unser Schicksal ist, tara-ra.
Darum sind wir heute in Treblinka
Und gestellt in kurzer Frist.
Wir hören auf den Ton des Kommandanten
Und folgen ihm auf den Wink;
Wir gehen jeden Schritt und Tritt zusammen
Für alles, was die Pflicht von uns verlangt.
Die Arbeit soll alles hier bedeuten
Und auch Gehorsamkeit und Pflicht;
Wir werden weiter, weiter leisten,
Bis das kleine Glück gibt einmal einen Wink
Hu-Ha!

Kiwe rief die Nummern der Häftlinge auf, die an diesem Tag Schläge auf den nackten Hintern bekommen sollten. Sie wurden auf den Tisch gebunden und bekamen jeweils 25 Hiebe. Der Ukrainer hatte an diesem Tag nur drei Opfer. Nach Beendigung der Schläge wurde der Tisch vom Magazinverwalter Małpa vom Platz geschafft. Kurz danach begann Kiwe erneut Nummern von Häftlingen vorzulesen. Er befahl ihnen, sich neben der Baracke aufzustellen. Es waren mehr als zwanzig. Die drei Geschlagenen kehrten in die Reihe zurück und marschierten mit dem Rest der Häftlinge in die Baracken. Auf dem Platz blieben nur die aufgerufenen Häftlinge zurück, unter denen sich auch der Lehrer Mering befand. Sobald wir in der Baracke waren, liefen der Priester, Alfred und ich zu dem vergitterten Fenster, das zum Appellplatz hinausging. Wir sahen, wie sie auf dem Platz in Fünferreihen aufgestellt wurden. Die meisten waren in fortgeschrittenem Alter (40–50 Jahre alt). Die SS-Männer stellten sich um den Platz auf und der SS-Mann Sepp, in den Händen eine riesige Peitsche, erteilte den Befehl zum Laufen. Und der Lauf begann. Am Anfang rannten sie als eine Gruppe um den Platz herum. Als sie bei Sepp vorbeikamen, schrie dieser: *Runter!* Die ganze Gruppe ließ sich auf den Boden fallen. Als sie auf dem Boden lagen, wurden sie von Sepp und den anderen SS-Männer mit Peitschen bearbeitet. Wieder ertönte ein Befehl: *Aufstehen!* Als sie sich erhoben hatten, schlugen die Täter wieder auf sie ein, vor allem zielten sie dabei auf die Köpfe. Das Laufen begann wieder. Das Tempo wurde ständig erhöht. Mit der Zeit fiel die Gruppe der Häftlinge auseinander. Die Stärkeren liefen schneller und ließen die Schwächeren hinter sich. Die Befehle

Runter! und *Aufstehen!* wiederholten sich immer wieder. Diejenigen, die zurückblieben, wurden von den SS-Männern mit Peitschenhieben belegt. Der sich in dieser Gruppe befindende Lehrer Mering hatte den Typhus gerade überstanden. Von der schweren Krankheit, den Lagerbedingungen und seinem Alter geschwächt konnte er mit den anderen nicht mithalten. Erschreckt beobachteten wir, wie die Gruppe sich immer mehr von ihm entfernte. Er bemühte sich, seine letzten Kräfte zu mobilisieren, unter immer größeren Schwierigkeiten trugen ihn seine ausgemergelten, schwachen Beine. Auf seinem Gesicht sah man den Stress und die Anspannung. Rennend streckte er die Hände nach seinen Kollegen aus – die typische Reaktion von Menschen, die gequält ihre Kraft verlieren. Die aufgestellten SS-Männer quälten vor allem diejenigen, die zurückblieben. Dann sahen wir, wie Sepp herbeilief und Mering mit seiner Spießrute schlug. Hass stieg in mir auf. Ich erinnerte mich in diesem Moment an den alten Mering, der in seinem Leben so bemüht und feinfühlig gewesen war, von dem so viel Menschlichkeit ausging und der jetzt so litt. Nach halbstündigem, mörderischem Rennen befahlen die SS-Männer der Gruppe sich auszuziehen. Die Nackten wurden ins *Lazarett* abgeführt. Nach ein paar Minuten hörten wir aus Richtung des *Lazaretts* eine Serie von Schüssen. Auf diese Weise liquidierten die Deutschen ein ganzes Arbeitskommando, das ihnen nicht mehr notwendig erschien.

Durch das vergitterte Fenster der Baracke nahm ich über dem *Lazarett* den vom Feuerschein geröteten Himmel wahr. Dort brannte der riesige Stapel, auf dem die Körper der heute Erschossenen verkohlten. Vor meinem geistigen Auge sah ich sie lebend, froh, sprechend und am Ende resigniert. Ich sah junge Leute, die sich in das Leben und die Liebe stürzten, Erwachsene, die sich warmherzig um ihre Kinder sorgten. Ich sah Alte mit dem Blitzen wahnsinniger Todesangst in den Augen. Rote Schatten flackerten an den Barackenwänden. Sie tanzten wie verrückt, unruhige Schattenbilder in merkwürdigsten Formen. Der Gestank verwesender Leichen vermischte sich mit dem Brandgeruch und drang unaufhörlich in die Baracke. Endlich überwältigte mich die Erschöpfung und ich fiel in einen schweren Schlaf.

Morgens ging ich mit dem Priester zum *Lazarett*. Wir standen neben Kapo Kurland. Um die Aufmerksamkeit der SS-Männer nicht zu erregen, hatten wir in einem Betttuch Müll zur Verbrennung mitgenommen. Das war der Vorwand, um ins *Lazarett* zu gehen. Wir schauten auf den Stapel brennender Leichen vor uns. Wir sagten nichts. Still verabschiedeten wir uns von meinem ehemaligen Lehrer, der mich im Lager moralisch aufgebaut hatte.

Panzersperren

Eines Frühlingsmorgens wurden von der Lokomotive die uns so gut bekannten Wagons ins Lager geschoben. Dieses Mal handelte es sich um offene Wagen, auf denen sich eiserne Böcke stapelten. Früher hatten sie einmal als Panzersperren gedient. Auf den Pfiff eines SS-Manns hin liefen alle Häftlinge auf den Bahnsteig. Lalka übernahm das Kommando. Auf seinen Befehl warfen wir die Böcke auf den Bahnsteig und schleppten sie zum Haupttor. Von dort ausgehend stellten wir sie in einer Reihe auf. Es waren Hunderte. Wir verbanden sie miteinander und schufen so eine Art Kette, die das ganze Lager in einer Entfernung von ungefähr fünfzig Metern vom Stacheldrahtzaun umgab. Zwischen Zaun und Panzersperren wurden sämtliche Pflanzen beseitigt. Wir rissen jeden Strauch aus der Erde und gruben jeden Baumstumpf aus. Die Böcke waren etwa anderthalb Meter hoch. Nachdem sie aufgestellt waren, wurden die Häftlinge wieder zurück ins Lager befohlen, nur unser *Kommando Tarnung* blieb zurück. Man befahl uns, Eisenpflöcke in einer Entfernung von zwei Metern von den Böcken in den Boden zu rammen – sowohl auf der Seite des Waldes als auch auf der Seite des freien Feldes. Eine zweite Gruppe verband die Böcke untereinander mit Stacheldraht, wickelte ihn um die in die Erde gerammten Pflöcke und zog sie im Zickzack zu den Spitzen der Böcke. Lalka beaufsichtigte unsere Arbeit und prüfte, ob der Draht auch straff genug angezogen wurde und ob nicht zufällig irgendwo freie Stellen blieben. Während einer solchen Kontrolle sagte uns ein Häftling (später stellte sich heraus, dass dies Stasiek Kohn gewesen war), der 1939 als Soldat gedient hatte, wir sollten den Draht so fest wie möglich anziehen. An den Sperren entlang zogen wir noch zusätzliche Reihen Stacheldraht. Dieses Mal verhielt sich Lalka anders als üblicherweise. Er verhielt sich wie ein Offizier, der die Befestigung der Frontlinie beaufsichtigte, aber im Grunde genommen war er kein Soldat, denn er wusste nicht, dass Sperren ohne Minen keine Sperren waren. Er verstand auch nicht, dass fest gespannter Stacheldraht eine Treppe bildet, über die man mit ein paar Schritten springen kann. Ein paar Tage später kam ein zusätzlicher Transport feineren Stacheldrahts. Es wurde befohlen, ihn um die Sperren zu legen. Dieser dünne Draht bildete Schlingen und sollte die Überwindung der Sperren erschweren. Auf den drei Wachtürmen wurden

Maschinengewehre aufgestellt. Der gesamte Fünfzigmeterraum lag in ihrer Reichweite.

Abends sprachen wir auf den Pritschen über die neue Umzäunung. Die meisten glaubten, die Chance zur Flucht hätte sich damit verringert. Es gab aber auch solche, die meinten, man könnte diese Barrikaden überwinden, wenn man Bretter oder Decken auf sie würfe. Trotz der zusätzlichen Sperren, die uns noch fester einschlossen, ebbte der Wille der Häftlinge zu einem Aufstand nicht ab.

Chorążycki

An diesem Tag flochten wir nicht wie gewöhnlich Zweige in den Stacheldraht, sondern arbeiteten auf dem Hauptweg bei den deutschen Baracken. Unser *Kommando Tarnung* schlug Pflöcke aus weißem Birkenholz in den Boden. Auf diese Art schufen wir einen niedrigen, dekorativen Zaun. Er trennte die Wege bei den deutschen Baracken vom Lagereingang und von der Rampe. Wir arbeiteten zwischen den deutschen Baracken und der Revierstube. Hier empfing Doktor Chorążycki kranke Deutsche und ukrainische Wachmänner.

Wir waren in die Arbeit vertieft, als Alfred, der wie immer seinen unvermeidlichen Kinderwagen mit Müll vor sich her schob, vorbeikam. Bei uns angekommen, stellte er den Kinderwagen unter einen Baum. Mit einem Kopfnicken gab er mir zu verstehen, zu ihm zu kommen. Er befahl mir, aus dem Wagen einen schmutzigen Eimer herauszunehmen, der mit einem Lappen zugedeckt war. Diesen sollte ich in die Revierstube bringen, zu Doktor Chorążycki. Ich wollte wissen, was sich in dem Eimer befand, aber Alfred beantwortete meine Frage nicht.

Ich schaute mich um, ob ein Deutscher in der Nähe war und ging mit sicherem Schritt auf die Revierstube zu. Mit natürlicher Bewegung öffnete ich die Tür. Wenn wir in der Nähe arbeiteten, war ich schon oft dorthin gegangen. Während meiner Besuche lud mich Doktor Chorążycki immer zu einem Gläschen starken Schnaps ein. Auch diesmal empfing mich der Doktor wie immer freundlich. Ich erklärte ihm, dass ich im Auftrag von Alfred einen Eimer überbrächte. Er wies mich an, ihn unter einem Tisch voller Medikamente abzustellen, den ein Laken bedeckte und schenkte mir ein Glas Klaren ein. Ich trank es mit einem Schluck aus. Der Klare war so stark, dass ich dachte, der Alkohol verbrenne meine Speiseröhre. Ich dankte und verließ die Revierstube wieder. Dann kehrte ich zu meiner Gruppe zurück und schlug weiter Pflöcke in die harte Erde. In der Zwischenzeit besuchten einige kranke ukrainische Wachmänner die Ambulanz Chorążyckis.

Kurz darauf verließ Lalka die deutsche Baracke in seiner Festtagsuniform. Die Mütze mit dem Totenkopf trug er draufgängerisch schief auf dem Kopf. Mit einem gekünstelten Lächeln ging er leichten, tänzelnden Schrittes zur Revierstube. Er öffnete die Tür und verschwand im Innern. Nach ein paar

Minuten hörten wir Geräusche zerberstender Teller und Schreie aus der Revierstube. Plötzlich schlug die Tür auf und Lalka flog, von Doktor Chorążycki gestoßen, heraus. Seine mächtige Gestalt wälzte sich auf dem Sandboden vor der Baracke. Kurz darauf schloss Doktor Chorążycki die Tür von innen. Lalka stand auf und machte nicht einmal Anstalten, sich vom Sand zu säubern. Mit seinem athletischen Körper versuchte er die Tür gewaltsam aufzubrechen. Als ihm dies nicht gelang, nahm er Anlauf und wiederholte seine Attacke mit vollem Schwung. Dieses Mal öffnete sich die Tür und Lalka fiel ins Innere. Es entwickelte sich ein Kampf zwischen ihm und dem Doktor. Raufend fielen sie nach draußen. Trotz ihres großen Altersunterschieds (Doktor Chorążycki war etwa fünfzig Jahre alt, Lalka etwas über zwanzig) kämpften sie auf ähnlichem Niveau. Doktor Chorążycki deckte Lalka mit seinen Fäusten ein und dieser gab es ihm mit gleicher Münze zurück. Plötzlich erschlaffte der Doktor. Seine Hände fielen herunter und der Kopf baumelte hin und her. Die Beine gaben nach und er sackte vor den Füßen Lalkas zusammen. Lalka begann ihn sadistisch zu treten. Er hatte allerdings schon keinen Gegner mehr, denn der Doktor hatte das Bewusstsein verloren und lag wie tot auf der Erde. Wütend zog Lalka seine Pistole und schoss in die Luft. Kurz danach tauchten SS-Männer und Ukrainer auf. Lalka schrie, man solle schnell Wasser herbeibringen. Die Ukrainer brachten es in Eimern heran. Lalka schüttete es in den gewaltsam von den Ukrainern geöffneten Mund des Doktors, während ein Ukrainer mit dem Fuß in den Bauch Chorążyckis drückte. Wir erkannten, dass der Doktor Gift geschluckt hatte und Lalka ihn durch das Ausspülen seines Magens mit aller Macht zurückholen wollte. Ich wusste, dass der Doktor immer eine Zyankalikapsel bei sich hatte. Genauso wie ich, wie Alfred und viele andere auch.

Als nach einer Weile deutlich wurde, dass die Anstrengungen vergeblich waren, rief der hinzugekommene Kiwe auf Geheiß Lalkas den Lagerältesten Galewski. Er befahl ihm, sofort sämtliche Häftlinge des Lagers auf dem Appellplatz zu versammeln. In Fünferreihen marschierten die Häftlinge zum Appellplatz. Als wir in Habachtstellung auf dem Platz standen und darauf warteten, was nun kommen würde, sahen wir einen Ukrainer Doktor Chorążycki auf den Platz schleppen. Er legte ihn vor die Baracke. Vor den Augen der Häftlinge schüttete man ihm abermals Wasser in den Mund und wieder drückte der Ukrainer auf seinen Magen. Als dies alles nicht half, befahlen die SS-Männer, den Bock aus dem Magazin zu holen. Der tote Körper des Doktors wurde mit fünfzig Peitschenhieben bestraft. Nach Beendigung der makabren Strafe begann Kiwe mit seiner Ansprache. Er brüllte, Doktor Chorążycki hätte fliehen wollen. Man hätte Geld bei ihm gefunden – 750.000 Zloty. Schreiend verlangte er nach der Information, woher der Doktor das Geld hatte. Wütend schaute er uns an und fuchtelte mit seiner Peitsche. Er brüllte, Chorążycki sei ein Verräter gewesen, der alleine fliehen und uns im Lager zurücklassen wollte.

Die Häftlinge schauten mit traurigen Blicken auf das, was um sie herum geschah. Man befahl uns, die Arbeit wieder aufzunehmen. Den Körper von Doktor Chorążycki trugen *Rote* auf einer Eisentrage ins *Lazarett*. Sein schöner, nun malträtierter Körper wurde auf den Brandstapel geworfen. Als Kiwe gebrüllt hatte, der Doktor hätte 750.000 Zloty bei sich gehabt, begriff ich, dass in dem Eimer, den ich von Alfred bekommen hatte, Geld gewesen war.

Abends, nach Beendigung der Arbeit, sagte Alfred: »Du hast wahrscheinlich mitbekommen, was passiert ist, und ich bitte dich, mit niemand darüber zu sprechen.« Auf diese Weise kam ich zum ersten Mal in Kontakt mit dem Lagerwiderstand. Ihm gehörten nur eine Handvoll Personen an und nur wenige kannten den ganzen Plan. Alfred erzählte mir, dass man von einem Wachmann, einem Patienten des Doktors, eine Waffe hatte kaufen wollen. Leider scheiterte dieser Plan. Bis heute ist nicht bekannt warum. Vielleicht denunzierte ihn der Wachmann. Chorążycki hatte wohl geglaubt, man könne auf ihn bauen. Ein weiterer Plan war misslungen. Wäre er erfolgreich gewesen, hätten wir womöglich das Lager zerstört und wären geflohen. Aber es wurde nichts draus. Die schöne Gestalt des Doktors Chorążycki wird für immer in unseren Erinnerungen bleiben.

Ich erinnere mich an unser Weinen während Kiwe schrie und brüllte. Auch wenn er uns mit Gewalt davon überzeugen wollte, der Doktor hätte uns verraten wollen, wussten wir doch, dass es nicht um eine einzelne Flucht ging. Wir wussten, hier war etwas sehr viel Ernsthafteres vorbereitet worden. Wir sahen, wie der geliebte Körper des Warschauer Arztes, der mit verklebten nassen Haaren auf der dreckigen Erde lag, die deutschen Schergen verhöhnte.

Auf der Pritsche erinnerte ich mich daran zurück, wie er mir in der Revierstube einmal sagte: »Kacap, denke nicht, dass du stark bist, weil du eine Ampulle mit Zyankali bei dir hast. Es reicht nicht, sie zu besitzen. Es gehört sehr viel Mut dazu, sie im geeigneten Moment zu benutzen. Diejenigen, von denen wir sie bekommen haben, fanden diesen Mut nicht und starben in den Gaskammern.«

Spät in der Nacht dachte ich daran, dass unser geliebter Warschauer Arzt zu seinem und unserem Glück diesen Mut hatte.

Der Aufstand

Der erinnerungswürdige Tag des 2. August 1943 brach an. Es war heiß und sonnig. Unbeweglich standen die Bäume im Wirtschaftsteil des Lagers. Über dem Lager Treblinka hing der Gestank der verbrennenden und verwesenden Leichen der Vergasten. Der Tag war für uns ein besonderer. Wir hofften, dass sich an diesem Tag unsere Träume erfüllen würden. Uns interessierte einzig und allein die Todesfabrik zu vernichten. Aufgeheizt, aufgeregt und unruhig erhoben wir uns von unseren Pritschen. Tausende Gedanken schwirrten in unseren erhitzten Hirnen herum. Die wundervolle Welt lachte uns an. Die Natur leuchtete in den herrlichsten Farben. Die Sonne kokettierte mit uns, ihre goldene Scheibe bewegte sich langsam über das wolkenlose und saubere Himmelblau. Ihr Widerschein spiegelte uns den ganzen Alptraum unseres Leidens.

An diesem Tag sollte sich das Bild des verfluchten versteckten Winkels in einen leeren Platz verwandeln. Niemand dachte daran, dass er vielleicht sein letztes Frühstück aß, dass auf dem Platz der letzte Appell stattfand, dass dies vielleicht der letzte Arbeitstag war. Im ganzen Lager herrschte uneingeschränkt Ruhe. Auf den Wachtürmen standen die uns wohlbekannten Wachmänner und starrten mit stumpfen Blicken auf die unter ihnen herumlaufenden Häftlinge. Auf dem Platz erschienen SS-Männer so wie gestern und vorgestern. So wie letzte Woche und vor einem Monat. Nichts kündigte eine Veränderung an. Diese scheinbare Ruhe schläferte die Wachsamkeit unserer Feinde ein. Wir waren voller Hass und sannen auf Rache. Nur unter größten Schwierigkeiten verbargen wir dies unter einem nichtssagenden Lächeln, mit dem wir den Tätern begegneten. Wie immer stieg über dem Toytlager der Rauch auf. Das Geräusch der Äxte beim Holzhacken, Sägen. Jeder Ton trug den Klang von etwas Besonderem in sich. Merkwürdig, dass die Deutschen, die sonst so wachsam waren, dieses Mal nichts merkten. Sie wussten nicht, dass an diesem Tag der Aufstand im Lager ausbrechen sollte. Und alles begann folgendermaßen.

Im Frühjahr 1943 ließen die Deutschen das Lager ausbauen. Mit Hilfe eines SS-Mannes, der den Lastwagen fuhr, brachten sie Baumaterial heran – Zement, Eisen und Ziegel. Über Sand verfügten wir ausreichend vor Ort. Alles wurde zwischen die zwei Baracken geschüttet, die von den Deutschen bewohnt waren.

Zum Winter hin hatten Häftlinge sie mit Stroh beschlagen. Im Frühling nahmen sie dieses wieder herunter und die nackten Holzwände wurden sichtbar. Die Eingänge zu den Baracken befanden sich an den Frontseiten. Im Inneren durchschnitt sie mittig ein Flur, von dem zu beiden Seiten die Zimmer der SS-Männer abgingen. Die Vorarbeiter hatten auf Befehl Mietes bunte Teppiche aus den sortierten Haufen ausgewählt, die ihrer Größe nach in den Flur passten. Die SS-Männer waren empfindlich für jede Art von Krach und wollten so den Hall der Schritte ersticken. In einem der ersten Zimmer befanden sich eine Küche und ein Essraum. Kleine Tische mit blütenweißen Tischdecken füllten den Raum. Die beiden Baracken standen zwischen dem Bahngleis, das von der Bahnstation Treblinka ins Lager führte, und dem inneren Weg. Sie befanden sich, wie der Rest des Wirtschaftsbereichs, im Wald. Dieser bot den Deutschen Schutz und war eine natürliche Tarnung des Lagers. Die Baracken standen ungefähr fünf Meter weit voneinander entfernt. Die Deutschen befahlen nun, den Zwischenraum mit einem Flur und einem Zimmer zu bebauen. Man sagte uns nicht wofür.

Mit aufgestockter Häftlingszahl machte sich das Baukommando an die Arbeit. Als ein paar Wochen später die Wände fertig waren, wurde kein Dach aus Holz und Dachpappe aufgelegt. Stattdessen wiesen die Deutschen an, ein Betondach zu gießen. Auf diesem Dach wurde ein Wasserbehälter angebracht, der täglich von Häftlingen mit Wasser vollgepumpt wurde. Das Wasser aus diesem Behälter wurde über Rohre in die Baderäume und Toiletten der SS-Männer geleitet. Es versorgte auch die Wasserhähne in der Küche. Diese Installation ging sehr oft kaputt. Die Häftlingsschlosser wurden zur Reparatur herbei gerufen. Als Bedienstete der SS-Männer wurden jüdische Jungen herangezogen. Zu ihren Aufgaben gehörte es, die Schuhe zu putzen, die Betten zu machen und die Zimmer zu säubern. Diese jungen Häftlinge versuchten ihre Verpflichtungen so gut wie möglich zu erfüllen. Die deutschen Uniformen wurden von ihnen pedantisch gesäubert und die Zimmer sorgfältig ausgefegt. Neben ihren gewöhnlichen Aufgaben mussten sie den Deutschen auch wertvolle Dinge vom Platz beschaffen. Sie wussten, aus wie vielen Mitgliedern sich die einzelnen Familien der SS-Männer zusammensetzten und wie alt ihre Kinder waren. Nach diesen Informationen füllten sie die Pakete, die nach Deutschland mitgenommen wurden. Diese jungen Männer hatten viele Freunde unter jenen, die beim Sortieren arbeiteten und ihnen die interessantesten Dinge zukommen ließen. Oft fanden sie Füller, die statt mit Tinte mit wertvollen Steinen gefüllt waren. Die SS-Männer hatten ein spezielles Gebäude, in dem sie die wertvollsten Dinge, die vom Platz herbeigeschafft worden waren, aufbewahrten. Alle drei Monate fuhren sie auf Urlaub nach Hause. Sie nahmen die Früchte ihrer anstrengenden und aufreibenden Arbeit mit. Die jungen jüdischen Bediensteten bewegten sich frei in den deutschen Baracken. Sie mussten nicht fürchten, ein SS-Mann oder ein

Ukrainer würde sie anhalten und fragen, was sie dort täten. Alle im Lager wussten außerdem, sie waren die Bediensteten der Deutschen.

Die neu bebaute Fläche zwischen den beiden Baracken sollte auf Befehl der Deutschen eine abschließbare Tür bekommen. Diese sollte zwischen dem Raum und dem Flur installiert werden. Die Tür wurde von den Deutschen aus einem kleinen Städtchen herangeschafft und war aus Eisen. Die Ornamente und Verzierungen zeigten, dass sie aus dem 16. Jahrhundert stammte. Sie wurde von unseren Schlossern eingesetzt. Zum Zimmer führte ansonsten nur ein kleines vergittertes Fenster. Unsere Schlosser erwartete noch eine weitere Aufgabe. Für die Tür wurde ein gutes Schloss benötigt. Auf den Rat des Baumeisters, der darüber spekulierte, wofür das Zimmer mit Flur gebaut worden war, fertigten die Schlosser zwei Schlüssel. Einen übergab man den Deutschen, der zweite wurde versteckt. Der Baumeister hatte richtig gelegen – hier sollte das deutsche Waffenarsenal untergebracht werden, das uns bei der Durchführung des Aufstands im Lager noch nützlich sein könnte. Jetzt hatten wir einen Zweitschlüssel und wussten also, dass wir Zugang zu den Waffen hatten, die die Deutschen im Arsenal aufbewahrten. Ein paar Tage später kannte bereits das gesamte Kommando den Zweck dieses Zimmers. Die Tatsache, dass wir einen Ersatzschlüssel für das Waffenarsenal hatten, war für uns Ansporn zum Durchhalten und Handeln.

Bis zu dem Zeitpunkt, als aus unserem Lager vier Häftlinge flohen, die in unserer Baracke gelebt hatten, war Alfred die Ordonanz von Galewski gewesen. Zu seinen Tätigkeiten gehörte damals, sich um den Lagerältesten zu kümmern und ihn zu versorgen. Er bemühte sich, es ihm an nichts fehlen zu lassen. So sorgte Alfred für die Sauberkeit von Galewskis Kleidung und seiner Wohnecke. Alfred war damit so etwas wie ein Blockältester. Die Baracke verließ er nur selten. Auf dem Platz hielt er sich kaum auf. Unter anderem sorgte er für die Lebensmittelversorgung des Lagerältesten. Nach der Flucht der Häftlinge und unserer Verlegung aus den Baracken am Transportplatz in die Unterkünfte im Wirtschaftsteil sortierte Alfred Lumpen. Galewski wohnte jetzt gegenüber unserer Baracke. Auf seine Anweisung wurde Alfred eine andere Arbeit zugewiesen. In einer Frühlingsnacht erzählte Alfred mir, worin seine neue Aufgabe bestand. Er sollte jetzt für die Sauberkeit des gesamten Wirtschaftsbereichs sorgen, zu dem die deutschen und die ukrainischen Baracken wie auch das Haus des Stabes gehörten.

Dieser Teil des Lagers lag im Wald. Es gab dort ein Telefon, welches das Lager Treblinka mit der Bahnstation Treblinka und mit der Außenwelt verband. Alfred musste auf dem Lagergelände Müll und Stofffetzen einsammeln. Zu diesem Zweck erhielt er einen Kinderwagen, die es im Lager in Hülle und Fülle gab. Und so wie die Häftlinge der Gruppe *Flaschensortieren*, die Flaschen, Thermoskannen und Töpfe einsammelten, fuhr er mit seinem Wägelchen herum. An den Ecken der

Lagerwege waren weiß gekalkte Fässer aufgestellt, aus denen Alfred den Müll holte, der sich dort angesammelt hatte. Außerdem säuberte er das Gelände, fegte und ebnete den Boden. Den gesammelten Müll brachte er über den Bahnsteig zum *Lazarett*, zum ewigen Feuer. Dort verbrannte er ihn zusammen mit den Leichen. Ein Ziel des Lagerältesten war, dass mehr Jungen im Wirtschaftsteil des Lagers arbeiteten. Sie konnten sich dort bewegen, ohne aufzufallen und sich in Gefahr zu bringen. Um seinen Plan abzusichern, nahm er Alfred, der perfekt Deutsch sprach, mit zum SS-Mann Kiwe. Beide nahmen ihre Mützen ab und standen still. Der Lagerälteste meldete in einwandfreiem Deutsch, seiner Meinung nach sei es notwendig, jemanden zu finden, der Ordnung schaffen würde. Die Ukrainer würden das gesamte Gelände verunreinigen. Kiwe gefiel der Gedanke und er stimmte nickend zu. Galewski stellte Alfred als denjenigen vor, der ab jetzt für die Sauberkeit im Wirtschaftsteil des Lagers zuständig sein würde. Von diesem Tag an zog Alfred täglich mit seinem kleinen, schmutzigen Kinderwagen durch das Lager. Der Lagerälteste wollte die Jungen, die als Ordonnanzen in den deutschen Baracken arbeiteten, miteinbeziehen und Alfred sollte die Verbindung zwischen ihnen und dem Lager herstellen. Damit unternahm er den entscheidenden Schritt für die Organisierung des Lagerwiderstands. Dies war der Beginn des Plans für den Aufstand im Lager. Alle bisherigen Pläne waren missglückt, so wie der misslungene Waffenkauf von Doktor Chorążycki.

Dieses Mal war der Plan einfach: An einem Tag, an dem wenige Ukrainer und Deutsche im Lager wären (sie fuhren zu den Festtagen nach Hause), sollte ein Teil der Waffen aus dem Arsenal geholt werden. Dann, die Funktion der Jungen nutzend, sollten diese im Lager verteilt werden. Der erste Punkt wäre die Gruppe der Kartoffelschäler, die sich vis-à-vis der deutschen und der Wirtschaftsbaracken aufhielten. Die Waffen konnte man problemlos in den Kartoffelhügeln verbergen. Von dort sollten sie von den Jungen im ganzen Lager verteilt werden. Im Magazin, bei dem Häftling Malpa gab es unterschiedliche Werkzeuge, mit denen man Stacheldraht durchschneiden konnte. Einzeln, um kein Aufsehen zu erregen, sollten Häftlinge nach der Mittagspause zum Magazin gehen und verschiedene Werkzeuge erhalten, die sich nicht nur zum Drahtschneiden eigneten. Damit konnte man auch unsere Peiniger töten. Sie würden Zangen, Äxte, Hämmer bekommen. Einige würden auch Küchenmesser ausgraben, die sie vorher in der Erde versteckt hatten. Diese waren scharf und lang. Im Lager durfte man sie nicht benutzen. Wir brachten sie direkt vom Transportplatz weg und versteckten sie in der Hoffnung, dass sie uns irgendwann dienlich sein könnten.

Am Tag des geplanten Aufstands bemühte sich jeder von uns, etwas Gold oder Geld bei sich zu haben. Der Plan beruhte darauf, dass die Jungen nach dem Austeilen der Waffen Granaten auf die deutschen Gebäude werfen sollten. Zur gleichen Zeit sollten zwei Häftlinge, der Mechaniker und der Fahrer, unter deren

Aufsicht die deutschen Autos und der Benzinbehälter standen, diese anzünden. Der eine war ein Tscheche, der zweite kam aus Warschau. Die Häftlinge des Baukommandos sollten sich auf dem hinteren Weg zwischen Zaun und deutschen Baracken zu dem Panzerwagen durchschlagen, der am Eingangstor stand. Ihn sollten sie besetzen und das Tor öffnen. Die Häftlinge, für die keine Gewehre mehr vorhanden waren – und das war die Mehrheit – sollten so viel wie möglich in Brand stecken. Wer in der Baracke war, sollte die Baracke anstecken. Wer draußen war, den Zaun. Der Zeitpunkt für den Ausbruch des Aufstands wurde auf 16 Uhr festgelegt.

Um 15.30 Uhr kam Alfred vom bebauten Teil auf uns zu. Er schob seinen Kinderwagen mit Müll vor sich her. Von Zeit zu Zeit blieb er stehen und hob Müll auf. Er kam auf unser Kommando zu, das Holz hackte. (An diesem Tag waren wir nicht zur Arbeit in den Wald gegangen.) Er nickte mir zu. Ich trennte mich von der Gruppe und ging hinter den Holzstapel. Hier waren wir vor den Augen des Wachmannes geschützt, der beim Tor zum Gemüsegarten stand. Alfred flüsterte mir zu, er ginge zu dem verabredeten Platz und der Aufstand beginne in einer halben Stunde. Seinen Wagen schiebend zog er zu den Kartoffelschälern. Ein paar Minuten später ging ich zum *Vorarbeiter* Kleinbaum und fragte ihn, wie spät es sei. Ich hatte noch zwanzig Minuten, bis ich zur ukrainischen Baracke laufen sollte, um Waffen zu bekommen. Ich wartete ungeduldig auf die Waffe, die mir die Jungen aus der *Kartoffelgruppe* auf einer Trage bringen sollten. Während wir angespannt auf die Waffen warteten, fuhr der SS-Mann Suchomel mit dem Fahrrad auf dem Weg am Zaun vorbei. Er war ein Sudetendeutscher und als Chef der *Goldjuden* für das geraubte Geld zuständig. Er überprüfte die ukrainischen Posten am Zaun. Dann passierte er den Wachmann, der beim Tor zum Gemüsegarten stand, und fuhr auf das Todeslager zu. Langsam erholten wir uns von dem Schock seines unerwarteten Auftauchens. Ein paar Minuten später kamen die Kartoffelschäler. Auf ihren Tragen transportierten sie zwei Gewehre. Kohen und der Frisör griffen gleichzeitig nach dem einen, rissen es sich gegenseitig aus den Händen. Im selben Moment hörten wir Detonationen aus Richtung der deutschen Baracken. Der am Eingang zum Gemüsegarten stehende Ukrainer, schoss auf uns. Kohen stieß den Frisör zurück und schoss, von einem Baum geschützt, zurück auf den Ukrainer, der vor dem Zaun tot umfiel. Ich packte das zweite Gewehr und rannte zum Zoologischen Garten. Hier sah ich Gewehre, die aus den Fenstern der ukrainischen Baracken ragten. Sie schossen von der nördlichen Seite des Lagers in die südliche Richtung des Waldes. Neben einem Baum stand Hans mit einem Gewehr und zielte auf die ukrainischen Baracken. Eine Gruppe von Häftlingen, unter ihnen viele *Hofjuden*, rannte auf das offene Tor des Gemüsegartens zu. Kurz darauf schloss sich uns eine Gruppe aus den Reihen der Kartoffelschäler an. Die Schießerei nahm zu. Hinter uns liefen die nächsten

Häftlinge auf das Tor zu. Von der Garage aus drangen Detonationsgeräusche zu unseren Ohren. Durch die Bäume sahen wir Flammen immer höher aufschlagen – sie erreichten die Höhe der Benzinbehälter, die sich zwischen dem Bahngleis und der deutschen Baracke befanden. Diese Tonnen waren von zwei jüdischen Mechanikern in Brand gesteckt worden, einem Tschechen und einem Polen.

Nicht weit von der Garage stieg eine Feuersäule auf. In satanischem Tanz gingen die deutschen Baracken in Feuer auf. Die in den Zaun geflochtenen ausgetrockneten Kiefernzweige brannten wie eine Schlange, die einen Schwanz aus Feuer hinter sich herzog. Ganz Treblinka stand in Flammen. Aus den ukrainischen Baracken wurden einzelne Schüsse abgegeben. Da sah ich neben der Gruppe der Kartoffelschäler einen umgekippten Kinderwagen. Es war der von Alfred. Ich schaute mich auf dem Gelände um und suchte seinen Eigentümer. Endlich sah ich ihn, ein paar Meter von der Umzäunung des Zoologischen Gartens entfernt. Ich lief zu ihm. Sein Kopf hing nach links. Er blutete. Hans packte mich und zog mich Richtung Tor. Schießend liefen wir von Baum zu Baum und erreichten den Holzstapel. Plötzlich stolperte Hans, eine Kugel hatte ihn im Bein getroffen. Kurz darauf fiel er vor den Holzhaufen.

Ich sprang auf ihn zu und fing seinen Blick auf. Ich sah keine Angst, nur ein Bitten. Mit weißen, zitternden Lippen flehte er mich an: »Kacap, beende es, im Namen dessen, an den du nicht glaubst.«

Ich streckte meine Hand aus und zeigte auf das Todeslager: »Schau dorthin, dorthin, wo deine Kinder und deine Frau sind.«

Sein Blick ging in Richtung des Zauns, der uns vom Todeslager trennte. Ich zog den Abzug und schoss ihm in den Kopf. Dann lief ich mit den anderen in Richtung Ausgang zum Gemüsegarten. Als wir den Zaun erreichten, tat sich vor unseren Augen ein schrecklicher Anblick auf. Überall lagen Leichen. Zwischen den Panzersperren standen, aufrecht wie Standbilder, erschossene Häftlinge. Die Menschenmasse bildete so etwas wie eine Brücke, die auf dem Stacheldrahtverhau und den Sperren lag. Von beiden Seiten wurden wir die ganze Zeit aus Maschinengewehren beschossen. Ich wartete einen Moment und sprang dann wie mit Flügeln über die Sperre. Plötzlich fühlte ich ein Reißen im Bein und einen Schlag wie von einem Stein. Eine Kugel hatte mich in den Fuß getroffen. Hinkend rannte ich zum Bahngleis. Im Wald trafen wir auf ein Mädchen aus einem nahegelegenen Dorf. Sie schaute uns an, als seien wir Monster aus einer anderen Welt. Da begann ich wie besessen zu schreien: »Die Hölle ist verbrannt! Die Hölle ist verbrannt!«

Wir kreuzten das Gleis und liefen über einen Betonweg. Beim Laufen sanken wir ein wie in einem Sumpf. Die Erde war aufgeweicht. Laubbäume gaben uns Schutz. Wir rasten in einer geschlossenen Gruppe von zweistelliger Größe. Auf dem Weg tauchte ein Dorf auf und versperrte uns den Weg. Wir teilten uns auf.

Ein Teil lief nach rechts, ein Teil nach links. Nur ich, ohne dass es mir bewusst gewesen wäre, rannte durch das Dorf und verschwand im Dickicht eines Laubwaldes.

Ich war völlig allein. Ich spürte Durst. Ich hatte ein Hemd und eine Hose an. Einer meiner Schuhe war voller Blut. Ich verspürte starke Schmerzen im Fuß. Ich zog die Mütze vom glatt rasierten Kopf.

Die Flucht

Schwer zu sagen, wie lange ich lief. Wie viele Kilometer brachte ich an diesem Tag hinter mich, woher nahm ich die Kraft für den Marsch? Ich weiß es kaum und kann es nicht erklären. Ich erinnere nur, dass ich an einer Stelle Bahngleise überquerte, an einer anderen eine Straße, durch Wälder zog und durch Sümpfe und Morast irrte. Die ganze Zeit trennte ich mich nicht von meinem Gewehr, auch wenn es mir schwer fällt zu sagen, warum ich es nicht sofort weggeworfen hatte, als ich aus dem Lager entkommen war. Auf der Straße sah ich ein paar Leute. Es war offensichtlich, dass sie der Widerhall der Schüsse, der deutlich zu hören war, emotional bewegte. Ich schrie ihnen zu, die Hölle sei verbrannt. In ihren Augen malte sich Bestürzung ab. Sie schauten uns an, als seien wir Erscheinungen, die aus ihren Gräbern gekrochen waren. Sie fürchteten sich, uns festzuhalten und entfernten sich so schnell wie möglich. Wir rannten weiter, weil wir davon ausgingen, die SS-Männer seien uns auf der Spur und jagten uns mit einer Meute Hunde. Das Echo der Schießerei breitete sich im Wald aus, und über den Bäumen stieg blutiger Feuerschein in den Himmel. In Gruppen von bis zu zwanzig Leuten liefen wir zum nächsten Dorf. Wir trugen alle Zivilkleidung. Man musste jedoch blind sein, um nicht zu erkennen, dass wir auf der Flucht waren. Wenn wir uns ländlichen Behausungen näherten, zogen sich meine Leidensgenossen auf Seitenwege zurück und umgingen jedes Bauernhaus in großem Bogen. Nur ich ging mutig durch eine Häuseransammlung. Ich konnte mich glücklich schätzen, dass meine Gesichtszüge meine jüdische Herkunft nicht verrieten. Meine Ähnlichkeit mit einem »Arier« half mir auch später noch oft im Leben. Als ich endlich die Wälder hinter mir ließ, brach ich mir einen großen Ast ab, steckte diesen unter meine Schulter und ging durch das offene Gelände.

Trotz meiner Verletzung ließ ich mich von meiner Wunde nicht allzu sehr aufhalten. Ich hinkte zwar, aber der Überlebenswille drängte mich so schnell wie möglich in sicherere Regionen.

Als ich die sumpfigen Ufer des Bugs erreichte, wurde es bereits Nacht. Ich schleppte mich bis zum Dorf Wólka Nadbużna. Es war ruhig und verschlafen. In den Ställen brüllten die Kühe und grunzten die Schweine. Irgendwo knarrten Kraniche. Über der Erde lagen lange, schwarze Schatten. Ein paar Kinder rannten den Weg entlang. In einigen Fenstern funkelten Lichter.

Ich ging zur ersten Hütte am Dorfrand und bat um ein sauberes Stück Stoff und ein wenig Jod. Ein Lappen fand sich, Jod jedoch hatten sie nicht. Ich verband meine Wunde und fühlte mich schon besser. Die Bauern fragten mich bei der Gelegenheit, was es mit der Schießerei auf sich hätte. Ich antwortete ausweichend. Ich erzählte ihnen, dass man mich gerade aus einem Arbeitslager entlassen hätte, in dem ich eine Strafe abzusitzen hatte. Sofort überschütteten sie mich mit Fragen und Namen. Eine Frau wollte Einzelheiten über das Schicksal eines Verwandten wissen, ein anderer fragte mich, ob ich nicht zufällig einen Jakubiak kennen würde und wieder ein anderer fragte mich über seinen Bruder aus. Ich antwortete, dass man viele Leute freigelassen hätte und wenn sie sich nicht heute, dann sicherlich morgen zu Hause melden würden.

Danach führte mich eine mitleidige Seele auf einem schmalen Weg zum Fluss und zeigte mir eine kleine versteckte Brücke. Ich folgte ihr auf eine kleine Insel, zugewachsen von Schilfrohr und Kalmus. Von allen Seiten umgaben sie Weidenbüsche. Ich legte mich an einem geeigneten Platz hin und schlief sofort ein. Ich weiß nicht, wie lange ich geschlafen hatte, als ich durch stechende Mücken geweckt wurde. Bösartig summten sie über mir. Sie saßen auf dem Gesicht, dem Hals, den Händen und hinterließen brennende Stiche.

Fetzen eines Gesprächs waren zu hören. Jemand sprach auf Russisch oder Weißrussisch. Einige Schüsse fielen. Danach gingen die Leute weg und es herrschte wieder undurchdringbare Stille. Ich wälzte mich von einer Seite zur anderen, von Schlafen konnte keine Rede mehr sein, Scharen von Insekten umkreisten meinen Kopf und griffen unaufhörlich an. Erst bei Tagesanbruch fiel ich erneut in Schlaf.

Am Morgen kam ein Dorfbewohner zur Insel. Er wunderte sich nicht bei meinem Anblick. Er fragte ohne Scheu wie ich geschlafen hätte. Unwillig murmelte ich etwas und sah ihn misstrauisch an. Der Bauer hatte jedoch keine schlechten Absichten. Er fragte sich wahrscheinlich, wer ich war und wie ich auf die Insel gelangt war. Ohne Umschweife erklärte er mir, dass die Deutschen in der ganzen Umgebung eine große Hetzjagd veranstalteten. Man hatte sämtliche Garnisonen auf dem Teilstück Małkinia, Sokołów Podlaski und Siedlce mobilisiert. Auf der Straße mussten sich alle Leute ausweisen und sämtliche Hütten würden durchsucht. Als ich ihn fragte, ob die Deutschen auch bei ihm gewesen seien, antwortete er, dass sie noch gestern in sein Haus eingedrungen wären und dass sie jetzt auf dem Weg zum oberen Fluss seien. Ich lag noch mehrere Stunden auf der Insel. Hunger und Durst begannen mir zuzusetzen. Am Ufer stillte ich den ärgsten Durst. Ich wusch mich und begab mich langsam wieder auf den Weg. Ich hatte keinen Plan, was ich weiter tun sollte und ließ mich ausschließlich von meiner Intuition leiten. Ich nahm dieselbe Richtung, in die die Treibjagd gegangen war. Als ich das erste Dorf erreichte, wiederholte ich die Version von der Freilassung aus dem Arbeitslager. Dabei berief ich mich auf die Namen, die ich in Wólka gehört hatte und erreichte in einem bestimmten Maße das Vertrauen der Dorfbewohner. Sie nahmen mich zwar herzlich auf, aber ich fühlte, dass sie mich so schnell wie möglich wieder los werden wollten. Ich erholte mich ein bisschen und wanderte weiter. Als es Abend wurde, hielt ich in einem Dorf an, an dessen Namen ich mich leider nicht mehr erinnern kann. Es dämmerte. Ich ging auf ein paar Dorfbewohner zu, die an der Straße arbeiteten, und fragte sie, ob ich bei jemandem übernachten könnte. Meine Bitte erschreckte sie. Sie verneinten entschieden und um weiteres Drängen meinerseits zu verhindern, gingen sie auseinander und zu ihren Höfen. Ich lief noch eine Weile weiter durch das Dorf und traf auf eine weitere Person. Ich wiederholte meine Bitte, auch dieses Mal ohne Erfolg. Wieder schlich ich durchs Dorf und als es noch dunkler wurde, sah ich einen Platz in einem Strohhaufen. Als ich mich gerade hinlegen wollte, spürte ich, dass dort schon jemand lag. Es war derselbe, den ich zuvor nach einem Übernachtungsplatz gefragt hatte. Im Mondschein erblickte ich einen meiner Leidensgenossen – ein Jude aus Grodno. Mit seiner großen Mütze, die über ein Ohr gezogen war, war er kaum wieder zu erkennen. Ich erkannte ihn an seinen Goldzähnen. Ich drehte mich weg von ihm und schlief sofort ein. Als es dämmerte, zeigte es sich, dass mindestens vier Menschen hier geschlafen hatten. Niemand sagte ein Wort. Jeder fürchtete sich vor dem anderen. Sobald die Sonne aufgegangen war, gingen meine Kameraden ohne Verabschiedung auseinander. Jeder in eine andere Richtung.

An diesem Tag wand ich mich wie ein Tier in der Schlinge. Ich schleppte mich durch Felder und umging Moore. An Dorfrändern und einzelnen Gehöften hielt ich an. Überall roch ich Gefahr und Verrat. Der Fuß quälte mich, aber trotz des Schmerzes hielt ich mich gut. Mein Ziel war, möglichst weit weg von dem verbrannten Lager zu gelangen. Danach würde ich schon irgendwie durchkommen. Im Schuh hatte ich hundert Dollar versteckt – eine in jedem Fall anständige Summe – von denen ich mir ordentliche Kleidung besorgen und mich eine Zeitlang ernähren konnte. Am Abend kam ich zu einem Dorf. Bei einem der Ställe stand eine Gruppe junger Männer. Ich ging auf sie zu und fragte sie nach dem Namen des Dorfes. Lachend antworteten sie mir, dass es das Dorf Radość [poln.: Freude] sei. Nachdem sie die Antwort wiederholt hatten, brachen sie in Lachen aus, und ich merkte, dass sie sich über mich lustig machten. Wütend fragte ich unverfroren den, der mich verspottet hatte: »Und in welcher Einheit hast du gedient, du Hurensohn? Ich war nämlich in der 66. Einheit der Infanterie.«

Peinlich berührt senkte er die Augen und die Anderen fühlten sich auch nicht wohl. Einer zeigte mir, wo ich lang musste. Er meinte, ich solle auf dem Weg gehen, das wäre der sicherste. Ich ging in die angewiesene Richtung. Einige Kilometer weiter führte ein Weg durch den Wald. Am Waldrand stand eine von einem geschwärzten Zaun umgebene Hütte. Durch das verhangene Fenster fiel ein Lichtschein. Ich klopfte leicht gegen die Tür und trat, nachdem ich keine Antwort gehört hatte, in ein großes Zimmer. Auf dem Holzfußboden saß eine junge Frau mit einem kleinen Kind. Sie sah mich angsterfüllt an. Ich wandte mich an sie und bat um etwas zu trinken. Zögernd erhob sie sich vom Boden. Von der Anrichte nahm sie ein schwarzes Brot, Käse, in ein grünes Blatt gewickelte Butter. Sie stellte alles auf den leeren Holztisch. Mit einer Handbewegung lud sie mich zum Essen ein. Mit Appetit machte ich mich an die beste Mahlzeit meines Lebens. Die Frau nahm das Kind bei der Hand und verschwand hinter einem Verschlag. Kurz darauf kehrte sie allein zurück. Sie setzte sich an das andere Ende des Tisches und schaute mir amüsiert zu bei meiner merkwürdigen Art zu essen. Sie lehnte den Kopf auf ihren Arm. Als ich den ersten Hunger gestillt hatte, sah ich ihr in die Augen und sagte, dass ich nicht wüsste, wie ich für dieses herrliche Mahl danken solle. Statt einer Antwort fragte sie mich mit einem dörflichen Akzent: »Du bist wohl von dort?« Mit einer Handbewegung zeigte sie in eine unbestimmte Richtung. Ich begriff, dass sie meinte, ich sei aus Treblinka geflüchtet. Mit einem Kopfnicken bestätigte ich ihre Annahme. Sie kam auf mich zu und ich erhob mich. Unsere Körper näherten sich einander. Ich spürte ihre festen Brüste. Dankbar umarmte ich sie. Unsere Münder trafen sich zu einem leidenschaftlichen Kuss. Mit einem leichten Hauch löschte sie die Öllampe. Dunkelheit umgab uns.

Morgens zeigte sie mir, in welche Richtung ich mich wenden musste. Ich ging durch dichten, wunderschönen Wald. Nachmittags erreichte ich die Straße, die von Treblinka nach Siedlce führte. Der Weg stand unter ständiger Kontrolle. Uniformierte in gepanzerten Fahrzeugen hielten so gut wie jeden Menschen an. Ich näherte mich einem Dorf von den hinteren Wirtschaftsgebäuden aus. Ich hatte mich entschieden, an einer bebauten Stelle über die Straße zu laufen und beobachtete vorsichtig den Weg. In diesem Moment fasste mich jemand am Arm und fragte mit scharfer Stimme: »Und was bist du für einer?« »Ich komme zurück vom Arbeitslager«, antwortete ich ohne nachzudenken.

Vor mir stand ein großer Dorfbewohner. Er hielt mich immer noch fest am Arm und schaute mich aufmerksam an. Mit einer plötzlichen Bewegung riss ich meinen Arm aus seinem festen krallenartigen Griff. Blitzschnell zog ich aus der Tasche ein Küchenmesser und stach ihn damit in die Hand. Er sprang zur Seite und ich rannte zur Straße und in ein paar Sekunden befand ich mich auf der anderen Seite. Ich lief sofort in eine kleine Straße, als mir jedoch niemand folgte, verlangsamte ich meine Schritte. Im nächsten Dorf bemerkte ich an einem Haus das Schild eines Arztes. Nicht lange zögernd ging ich hinein. Im Gang fragte mich eine junge Frau, was ich wünsche. Als ich ihr eröffnete, dass ich den Arzt sehen müsse, antwortete sie, dass der nicht da sei. »Vielleicht können Sie mir einen Verband und etwas Jod geben?«

Im Verlauf unserer Unterhaltung öffnete sich die Tür und ein Mann in fortgeschrittenem Alter erschien, der mir mit der Hand ein Zeichen gab einzutreten; und schon befand ich mich in einem kleinen Arztzimmer. Er setzte sich an ein Tischchen, das von Papier überquoll, setzte sich seine Brille auf, und schaute mich aufmerksam und misstrauisch an.

»Was möchten Sie?« fragte er. »Ich bitte nur um eine Kleinigkeit«, antwortete ich. »Ich bin am Bein verwundet. Können Sie die Wunde versorgen?«

Mit einer Geste gab er mir zu verstehen, ihm die Wunde zu zeigen. Unter Schwierigkeiten zog ich den Schuh von dem bereits heftig angeschwollenen Fuß und wickelte den mit geronnenem Blut voll gesogenen Lappen ab. Er sah sich die Wunde genau an und schien sich dabei nicht zu wundern. Danach teilte er mir mit, dass er die Wunde nur auswaschen und ein provisorisches Pflaster anlegen könne. Ich stimmte allem zu. Bevor er sich an die Versorgung der Wunde machte, wandte er sich zur Kartothek, um mich in die Liste der Patienten aufzunehmen. »Wie heißen Sie?« fragte er. »Das ist unwichtig«, antwortete ich.

Er sagte nichts mehr zu mir. Keinerlei Bemerkungen. Sorgfältig wusch er die Wunde aus und legte mir einen Verband an. Dann half er mir, den Schuh über den verwundeten Fuß zu ziehen. Ich sah, wie er innerlich beschäftigt war, er wollte aber nichts wissen. Ich denke, sein größter Wunsch war, ich möge so schnell wie möglich aus seinem Haus verschwinden. Bevor ich ihn verließ, gab er mir noch den Rat, in welche Richtung ich am besten gehen solle, um ohne Probleme zum Bahngleis zu kommen. Als ich bereits draußen war, sah ich auf der Straße einen Bauernwagen, auf dem einige polnische Polizisten Kameraden aus dem Lager mit Stacheldraht festgebunden hatten und abtransportierten. Das war eine erneute Warnung für mich, mich vorsichtig und kaltblütig zu verhalten. Am vierten Tag schlug ich mich nach Skibniew durch. Das war ein großes Pfarrdorf, in dem sich eine Kirche und eine Genossenschaft befanden. Ich ging zur Pfarrei. Die in schwarz gekleidete Haushälterin öffnete mir die Tür und schaute mich misstrauisch an. Ich verbeugte mich höflich und sagte, dass ich gerne den Priester sehen würde. Da tauchte der Priester auch schon in der Tür auf. Er bat mich nicht hinein und steuerte stattdessen mit mir in Richtung Ausgang zum Garten. Ich bat ihn um ein paar Złoty für eine Zugfahrkarte. Stotternd antwortete er. Zum ersten Mal im Leben sah ich einen Priester stottern. Ich begriff, dass mein Auftauchen dieses Gebrechen bei ihm hervorgerufen hatte. Stammelnd meinte er, das einzige, was er für mich tun könnte, wäre mich für den Weg zu segnen. Ich versuchte mein Glück in einem Laden. Unsicher, was mich erwarten würde, trat ich ins Innere. Es war merkwürdig, nach fast einem Jahr Todeslager plötzlich in einem nach Lebensmitteln duftenden Geschäft zu stehen. Ich hatte nicht einen Groschen bei mir. Den Besitz von Dollars durfte ich auch nicht verraten. Es tat mir leid, zu betteln. Hinter dem Tresen stand ein junges und schönes Mädchen. Abwartend stand ich bei der Tür und wartete bis sie die anderen Kunden bedient hatte.

»Kann ich Ihnen helfen?« fragte sie endlich. »Ich möchte gerne ein Glas Wasser«, antwortete ich. Sie verschwand für einen Moment. Als sie zurückkam, hatte sie ein volles Glas Wasser bei sich. Sie gab es mir wortlos. »Ist es weit bis zum Bahnhof?«, fragte ich, als ich das Glas zurückgab. »Bis Kostka ist es nicht weiter als einen halben Kilometer« sagte sie.

Im Laden war es leer. Das Mädchen schaute mich genau an und ein Schatten von Mitleid erschien in ihren Augen. »Sind Sie geflohen?« fragte sie. »Ja«, gab ich zu. »Gab es schon eine Razzia?« »Oh, und was für eine!« sagte sie. »Sie waren mit einer ganzen Meute bei uns. Juden haben sie gesucht. Aus unserer Hütte wollten sie meinen Bruder nur deswegen mitnehmen, weil er einen geschorenen Kopf hat. Der Bürgermeister musste beschwören, dass er kein Flüchtling ist, sondern verrückt und deswegen eine Glatze hat.«

Ich hörte sie an und erkundigte mich, wann sie da gewesen waren. Gestern früh meinte sie. Ich fragte, wie viel eine Fahrkarte nach Siedlce kostet. Sie antwortete fünf Złoty und ein paar Groschen. Ich bedankte mich für das Wasser und die Informationen und wollte den Laden verlassen. Das Mädchen hielt mich aber mit ihrem Blick auf und steckte mir unauffällig 20 Złoty zu. »Ach«, flüsterte ich, »wie dankbar ich Ihnen dafür bin.« »Unsinn«, winkte sie ab. »Da gibt es nichts zu sagen.«

»Wenn Sie schon so gut sind, dann möchte ich gerne ein paar Zigaretten kaufen.« Sie lachte fröhlich auf, wickelte 15 Zigaretten und eine Schachtel Streichhölzer in ein Stück Papier. Mir das Päckchen gebend, sagte sie: »Das ist für den Weg.«

Dann fügte sie noch hinzu, der Zug fahre um fünf Uhr morgens ab. Am besten wäre es, wenn ich auf einem Feld schlafen würde, rechts des Weges zum Bahnhof in Kostka. Dort wäre das Getreide bereits eingeholt und es ständen Strohhaufen dort. Ich dankte ihr und ging in die angegebene Richtung. Ich schaute mich um, ob niemand auf dem Weg war und mir folgte. Ich ging aufs Feld. Ich nahm ein paar Garben heraus und versteckte mich. Ich grub mir eine Höhle in den Schober, und verschloss sie mit den Garben, die ich herausgenommen hatte. Als die Nacht hereinbrach, kroch ich aus meinem Loch. Ich genoss die Ruhe der wunderschönen Augustnacht. Plötzlich bewegte sich ein Schatten aus dem Dorf in meine Richtung. Ich warf mich auf die Erde und beobachtete vorsichtig, wer sich mir näherte. Nach kurzer Zeit erkannte ich, dass es die Umrisse einer Frau waren, und als sie noch näher gekommen war, erkannte ich dasselbe junge Mädchen aus dem Laden, das mir geraten hatte, mich hier zu verstecken. Ich stand auf, damit sie mich sehen konnte. Sie kam auf mich zu und wir setzten uns gemeinsam an den Fuß des Strohhaufens. Verlegen sagte sie, dass sie mir etwas Essen gebracht habe. Sie nahm Wurst aus dem Korb, Brot und Käse. Alles war in Zeitungspapier eingewickelt. Beeindruckt von ihrer Fürsorge dankte ich ihr.

Morgens weckten mich die Stimmen von Frauen, die auf dem Weg zum Bahnhof waren. Einige von ihnen schleppten größere Pakete mit sich. Ich ging auf den Weg und bot einer der älteren Frauen meine Hilfe an. Ich fragte sie, ob ich sie Tante nennen dürfe und sie mich duzen könnte. Gerne stimmte sie zu und kaufte mir zusätzlich auf dem Bahnhof eine Fahrkarte. Zitternd stieg ich in den Zug. Dieses Mal war das Glück mit mir und ich fuhr ohne Probleme bis Siedlce. Am meisten fürchtete ich mich davor, durch das Bahnhofsgebäude zu gehen, aber der Zufall wollte, dass der Zug in der Vorstadt vor einer geschlossenen Schranke hielt. Ich nutzte die Situation und sprang aus dem Wagon.

Trotzdem war meine Situation nicht zum Lachen. Ich war unzureichend gekleidet. Ich trug nur ein verdrecktes weißes Hemd, eine Hose und Stiefel. Den rasierten Kopf verdeckte ich sorgfältig unter einer Mütze. Das wichtigste war jetzt, jemanden zu finden, der vertrauenswürdig war und bei dem ich die Dollars wechseln konnte. Mein gesamtes Vermögen. In Siedlce hoffte ich meinen Vater zu treffen, der von Opatów aus in diese Stadt gefahren war. Trotz meiner Erlebnisse erinnerte ich mich noch genau an seinen »arischen« Namen, den ich nur einmal gehört hatte: Karol Baltazar Pękosławski. Ich entschied mich, zum Gemeindeamt zu gehen, um dort Informationen über meinen Vater einzuholen. Allerdings erreichte ich dort leider nichts. In der Liste der Bewohner von Siedlce tauchte sein Name nicht auf. Ich lief durch die Seitenstraßen des Städtchens, um nicht auf eine deutsche Patrouille zu treffen. Da entdeckte ich ein Arztschild. Mein verletzter Fuß schmerzte so sehr, dass ich eine weitere Visite riskierte. Ich wartete lange, bis ich endlich hereingerufen wurde. Im Arztzimmer präsentierte ich dann eine neue Geschichte. Ich erzählte, ich käme aus einem Kriegsgefangenenlager in Ostpreußen und sei angeschossen worden, als ich die Grenze beim Bug überquert hatte. Der Arzt fragte mich aus, in welchem Regiment ich gedient hätte und wo ich in Gefangenschaft geraten sei. Ich antwortete, ich hätte im 66. Regiment der Infanterie gedient (tatsächlich hatte ich mich dort bei Kriegsausbruch freiwillig gemeldet). In Gefangenschaft war ich bei Kutno geraten. Ein Gedanke schoss mir durch den Kopf – ich erinnerte mich, dass die heftigsten Kämpfe sich dort 1939 abgespielt hatten. Während er sich mit mir unterhielt, untersuchte der Arzt meine Wunde. Er nickte mit dem Kopf und meinte, ich hätte großes Glück, weil ich keinen Wundbrand bekommen hätte. Von ihm erfuhr ich, dass die Kugel im Fleisch stecken geblieben war. Das Beste wäre, sie so schnell wie möglich zu entfernen, aber das könne er nicht tun, denn nach einer solchen Operation müsse ich ein paar Tage liegen, und bei ihm gebe es keinen Platz. Er könne mir jedoch eine gute Medizin anbieten. Seine Frau beauftragte er Frühstück zu machen. Er brachte mich in die Küche, wo wir zu dritt, zusammen mit seiner sympathischen Frau, eine ausgiebige Mahlzeit einnahmen. Bevor ich das gastfreundliche Haus verließ, fragte ich noch, wie ich zum Marktplatz käme. Dort ging ich zu einem Stand mit gebrauchten Schuhen und fragte den Eigentümer, ob er nicht meine hohen Bauernschuhe mit gewöhnlichen Soldatenschuhen tauschen würde. Ich wusste, dass meine Schuhe mehr wert waren und dass mir der Unterschied in Bargeld zustand. Und tatsächlich, für den Tausch erhielt ich 120 Zloty. Mit dieser Summe in der Tasche fühlte ich mich sicherer. Ich machte mich auf zum Bahnhof. Als ich dort ankam, fiel mir sofort ein Plakat auf, das über die Flucht von 50 jüdischen Banditen informierte. Es wurde davor gewarnt, den Flüchtenden zu helfen und behauptet, unter ihnen befänden sich Typhuskranke. Ebenso fand sich auf dem Fahndungsplakat der Hinweis, die Flüchtenden seien an ihren geschorenen Köpfen zu erkennen. Ich drehte mich auf dem Absatz um und verließ langsam den Bahnhof. Von Siedlce hatte ich genug. Ich begriff, dass es gefährlich war, mich in diesem Städtchen aufzuhalten, wo jeder jeden kannte. Ich beschloss von hier wegzufahren und in einer großen Menschenmenge unterzutauchen. Für dieses Ziel eignete sich am besten Warschau. Vorsichtig ging ich erneut in den Bahnhof und mischte mich unter die Leute, die zur Kasse drängten. Ich kaufte eine Fahrkarte nach Warschau. Bis zur Abfahrt des Zuges hatte ich noch zwei Stunden. Um mich nicht durch überflüssige Begegnungen mit Bewohnern Siedlces zu gefährden, legte ich mich hinter dem Bahnhof auf eine Wiese. Es beruhigte mich, dass hier noch mehr wartende Menschen herumlungerten.

Als der Zug kam, rannte die Menschenmenge mit dem unterschiedlichsten Gepäck auf ihn zu. Die meisten Reisenden waren Schwarzhändler, die mit ihrem Diebesgut, Würsten usw. beladen waren. Man sah, dass sie ständig mit diesem Zug reisten. Sie kannten sich untereinander, und mit dem Schaffner waren sie per du. Während der Fahrt aßen sie von ihren Waren und tranken Selbstgebrannten. Die Frauen hielten problemlos mit den Männern mit. Es waren dies Leute, die die Hauptstadt mit Lebensmitteln versorgten. Auf jedem Bahnhof, wenn der Zug langsamer wurde, schauten sie sich aufmerksam um. Sie hatten Angst vor den deutschen Gendarmen und der polnischen Polizei, die ihre Waren requirieren könnten. Plötzlich schob sich aus einer Ecke des Wagons eine Frau durch die dichte Menschenmasse in die Mitte des Gangs. Ihre Bewegungen wurden durch das Gebrüll der Schwarzhändler begleitet: »Macht der Gräfin Platz!«

Die ältere Frau stellte sich neben mich. Groß, blond gefärbte Haare und auffällig geschminkt. An ihren dünnen Schultern hing ein großes Harmonium. Sie schaute von oben herab auf die Sitzenden, so als ob sie die versammelte Menschenmenge verachtete. Sie sah aus wie eine große Schauspielerin, die sich zu ihren Zuschauern herabließ. Nach ein paar Akkorden spielte sie eine Melodie, die sie mit Gesang begleitete. Sie hatte eine heisere und versoffene Stimme. Sie spielte und sang nicht falsch. Als sie mit ihrer Vorstellung fertig war, klatschten die Reisenden enthusiastisch und belohnten sie großzügig. Zum Abschied schrien sie: »Bravo, Gräfin, bis zum nächsten Auftritt!«

Auf einem anderen Bahnhof stieg eine ordentlich gekleidete Frau mit ihrem Töchterchen zu. Das sechsjährige Mädchen, blond mit blauen Augen, stellte sich neben mich. Ich sah in ihr schmales Gesichtchen und plötzlich verschwammen ihre Gesichtszüge vor meinen Augen. Ich sah meine jüngste Schwester vor mir. Die Erinnerungen an sie durchflossen mich wie eine große Woge. Plötzlich sah ich niemanden mehr im Wagon. Die Tränen, die mir aus den Augen liefen, ließen mich noch weniger sehen. Ich fühlte, wie die Tränen mir über die ausgemergelten Wangen flossen. Die Frauen, die um mich herum standen, bemerkten, wie aufgewühlt ich war, und begannen zu fragen, was mit mir los sei. Sie wollten mehr über mich wissen. Woher ich käme, wohin ich führe. Ich erzählte noch einmal das Märchen von dem deutschen Lager. Meine Erzählung rief Interesse hervor. Der ganze Wagon nahm an meinem Schicksal teil. Als ich sagte, dass ich nach Warschau wolle, rieten sie mir gemeinsam von meinem Vorhaben ab. Eine Frau bot mir an, dass ich bei ihr bleiben könne, in Włochy hinter Warschau. Eine zweite, sie war etwas älter, lud mich nach Rembertów vor Warschau ein. Ich wählte Rembertów. Als der Zug am Bahnhof von Rembertów hielt, half ich meiner Wohltäterin, ihre Körbe zu tragen. Wir gingen gemeinsam zu ihrem Haus.

Rembertów

Ich ging also mit der älteren Dame, die mich in ihre Wohnung in Rembertów eingeladen hatte. Diese befand sich auf der Hauptstraße des Städtchens. Es war ein kleines Holzhaus mit zwei Zimmern und einer Küche. In der Wohnung traf ich die sechzehnjährige Tochter der Hausfrau und ihren vierzehnjährigen Sohn. Die Wohnung war ärmlich. Im Flur hingen Lappen zum Trocknen auf einem Ständer. Es war schwierig für mich einzuschätzen, bei was für Leuten ich gelandet war. Die Hausfrau sah alt und kränklich aus. Der Junge, als ob er ein Straßenjunge werden würde. Die Tochter hatte auffällig geschminkte Lippen und verdrehte kokett ihre blauen Augen. So als ob sie jetzt bereits das älteste Gewerbe der Welt erlernt hätte. Als wir beim Essen saßen, bedauerte die Mutter, dass ihr ältester Sohn nicht im Haus war, wahrscheinlich würde er aber bald kommen. Sie trat mir ein Zimmer mit Bett ab, der Rest der Familie nahm das Zimmer mit der Küche. In der Nacht hörte ich, wie Türen aufgingen und geflüstert wurde. Schnell zog ich mir die Hose über und ging in die Küche, wo Licht brannte. Ich sah, wie meine Hauswirtin herzlich einen Neuankömmling begrüßte. Später erfuhr ich, dass dies ihr ältester Sohn war. Als sie mich das Zimmer betreten sah, erklärte die Mutter ihrem Sohn: »Guck mal, das ist unser Held, der aus der Gefangenschaft geflohen ist.«

Vor mir hatte ich einen über Zwanzigjährigen mit hellen Haaren und blauen Augen. Eine riesige Narbe durchzog sein Gesicht vom Ohr bis zu den Lippen und verlieh ihm einen merkwürdigen Ausdruck. Er streckte mir die Hand entgegen und einen Moment später fühlte ich einen festen Händedruck. Ich beantwortete ihn mit demselben Druck. Er beobachtete mich aufmerksam aus seinen kleinen, klugen Augen und fragte, woher ich käme. Wir schnupperten aneinander wie zwei Hunde. Ich wusste, wen ich vor mir hatte. Sein Aussehen und sein Auftreten zeugten davon, dass er ein *Bandit* war. Ich begann mit ihm im Powiśla-Jargon zu reden. Auf die Frage, woher ich komme, antwortete ich: »Kapierste, ich bin weg vom Stalag.« Glücklicherweise fragte er nicht, aus welchem. »Bin durch ganz Preußen geflüchtet, bis zum Bug und da, kapierste, habe ich ne Kugel abbekommen, in den Fuß, als ich über die Grenze bin.« Er fragte mich, ob ich Papiere hätte. Ich verneinte. Er sagte: »Wenn du Geld hast, dann könnte man dir eine falsche Kennkarte besorgen.« Ich fragte, wie viel das kosten würde. Er antwortete, ungefähr Zweitausend. Statt einer Antwort zog ich meine hundert Dollar aus der Tasche – alles, was ich besaß. Verwunderung zeichnete sich auf seinem Gesicht ab. Misstrauisch fragte er, woher ich die hätte. Blitzschnell schoss mir ein Gedanke durch den Kopf. Mit stoischer Ruhe erzählte ich ihm, dass ich beim Überqueren des Bugs einen Juden erwischt, ihn durchsucht und die hundert Dollar abgenommen hatte. Seine erste Frage – was hatte ich mit dem Juden gemacht? Hier hörte meine Fantasie auf. Schuldbewusst antwortete ich, dass in dem Moment die Deutschen angefangen hätten, auf uns zu schießen, ich geflüchtet war und dabei die Kugel in den Fuß bekommen hätte.

Er nahm die Dollars und wir legten uns schlafen. Die ganze Nacht konnte ich kein Auge zumachen. Die ganze Zeit dachte ich an den sympathischen Sohn und an das Schicksal meiner einzigen hundert Dollar. Nach dem Frühstück streckte mir Antoś (so nannte seine Mutter ihn) seine Hand entgegen und sagte: »Alter, mach dir keine Sorgen, das geht alles in Ordnung. Ich fahre jetzt nach Warschau und organisiere dir die Papiere. Sag mir nur, welchen Namen du haben willst.«

Er gab mir Papier und Bleistift und ich krakelte: Ignacy Popow. Ignacy, den Vornamen gab ich an, weil ich wusste, dass der Namenstag des Präsidenten Mościcki [Präsident Polens von 1926–1939] am ersten Februar gewesen war. Vor dem Krieg hatten wir uns zu Hause immer über unseren Freund Stefek Kamrat lustig gemacht, der seinen Geburtstag am Namenstag des Präsidenten Mościcki gehabt hatte. Der Namenstag war wichtig, weil die Christen vor allem ihn feierten. Die Vornamen wählen sie aus ihrem Heiligenkalender. Dass ich als Geburtstag ebenfalls den ersten Februar angab, war nicht besonders geschickt. Den Familiennamen Popow nahm ich, weil ich wusste, dass meine Mutter auch Papiere auf diesen Namen hatte. Ich dachte, ich würde sie vielleicht treffen und dann wäre es leichter für uns zusammen.

Der Sohn fuhr nach Warschau. In großer Anspannung wartete ich drei Tage auf seine Rückkehr. Als er endlich zurück kam, hatte er eine Kennkarte, eine Arbeitskarte und einen Ausweis der »Organisation Todt« bei sich. Außerdem hatte er auf einen Glassplitter schwarze Tinte geschmiert, so dass ich meine Fingerabdrücke auf der neuen Kennkarte abdrucken konnte. Jetzt blieb nur noch eins – ich brauchte ein Foto. Wir gingen zum Fotografen. Ich hatte die ganze Zeit meine Mütze auf dem Kopf, um meinen geschorenen Kopf zu verdecken. Als wir zum Fotografen kamen und ich mich vor den primitiven Fotoapparat setzte, hatte ich die Mütze immer noch auf. Nach langen Vorbereitungen drehte sich der Fotograf zu mir um und meinte, dass man keine Fotos für die Kennkarte mit Mütze machen könnte. Nach kurzem Zögern nahm ich die Mütze ab. Nachdem ich sie abgelegt hatte, sagte der Fotograf mit liebenswürdigem Lächeln: »Es ist hell geworden.«

Interessiert schaute er auf meinen rasierten Kopf. Der mich begleitende Bandit unterbrach ihn bei seinen Ausführungen und forderte, er sollte das Foto schießen.

Der kleine Mann mit seinem schwarzen Schnurrbart fast bis zu den Ohren und voller Pomade, machte sich an die Arbeit. Nachdem wir das noch nasse Foto von ihm bekommen hatten, kehrten wir nach Hause zurück. Antoś nahm eine kleine Zange aus seiner Hosentasche und befestigte das Foto fachmännisch und mit Hilfe eines Bügeleisens an der Kennkarte. Danach ergriff er den Stempel (er hatte ihn zusammen mit der Kennkarte bekommen und musste ihn zwei Tage später wieder abgeben). Aus einem Stück Pergamentpapier wickelte er einen roten Lappen, der mit Tusche vollgesogen war. Er befeuchtete den Stempel mit Tusche und stempelte mein Foto sorgfältig an zwei Seiten ab. Dann zog er Viertausend Zloty aus der Tasche und sagte, dies sei der Rest von den hundert Dollar. Mit den Papieren und dem Geld in den Händen wollte ich sofort nach Częstochowa fahren. Antoś meinte jedoch, in meinem Aufzug würde ich sofort in die Hände der Deutschen fallen. Er sagte, er hätte verschiedene Jacken und Hüte. Und tatsächlich nahm er eine Jacke nach der anderen vom Bügel. Endlich fand sich eine in meiner Größe. Wahrscheinlich gehörte sie zu einer Uniform, die schwarz umgefärbt worden war. Lachend witzelte ich: »Bei dir ist es so wie in einem Geschäft. Man kann alles bekommen.« Er antwortete: »Was denkst du. Wenn die Deutschen die Juden ermorden, dann kann man nicht schlecht daran verdienen.«

»Wie denn?« fragte ich, bemüht den Schrecken in meiner Stimme nicht zu zeigen. »Ganz einfach. Du gehst auf den Straßen Warschaus spazieren und schaust dich dabei um. Plötzlich siehst du dann so einen Traurigen, dem die Angst und die Unsicherheit in den Augen stehen. Ich gehe dann gelassen auf ihn zu und frage leise: ›Hey, Herr Altgläubiger, einfach so am helllichten Tage gehen wir spazieren?‹ Und sofort springt das Schicksal aus seinem Gesicht, er beginnt zu jammern, verdreht seine Augen und sagt: ›Aber hören Sie, ich bin Pole.‹ Und ich zu ihm, kapierste: ›Aber natürlich Brüderchen. Dann gehen wir doch mal zur Polizei.‹ Und er dann angsterfüllt: ›Lassen Sie mich doch in Ruhe.‹ ›In Ordnung‹, sage ich, ›aber erst gehen wir hier zusammen in die Toreinfahrt.‹«

»Und er geht mit?«, frage ich ungläubig und wütend. »Na denkst du, er ist ein solcher Held? Sicher geht er. In der Einfahrt durchsuche ich ihn oberflächlich und nehme ihm alles ab, was er dabei hat. Im Allgemeinen haben die Juden eine Menge wertvoller Sachen bei sich. Und wenn er eine bessere Jacke an hat, dann kann sie mir vielleicht auch noch nützlich sein. Die Juden tragen immer grüne Hüte, die auch gut sind.«

In diesem Moment nimmt er einen grünen Hut von der Garderobe und setzt ihn mir auf den Kopf. Ich drehe mich ab und treffe mit meinem Blick auf das Mütterchen, das lachend meint, wie gut ich aussehe. Sie reicht mir einen zerbrochenen Spiegel, damit ich mich ansehen kann. Ich betrachte mich im Spiegel. Den Hut drehe ich in verschiedene Richtungen, damit sie das Erschrecken auf meinem Gesicht nicht erkennen können. Beim Frühstück fragte ich Antoś: »Lebst du nur davon, oder machst du auch noch etwas anderes?« Als Antwort zog er eine Pistole aus der Tasche, zeigte sie mir und sagte: »Das ist, mein Freund, auch eine gute Einnahmequelle.« Ich schüttelte den Kopf, dass ich nicht verstünde. Er sagte: »Vergiss nicht, dass wir in Rembertów wohnen, und die Deutschen hier in Gefangenschaft geratene Ukrainer, Letten, Litauer und sogar Tartaren ausbilden. Sobald diese ein bisschen zu Kräften gekommen sind – wenn sie sie aus den Lagern hierher bringen, dann bestehen sie nur noch aus Haut und Knochen – schicken sie sie nach ein paar Wochen an die russische Front. Wenn die Hurensöhne davon erfahren, verkaufen sie alles, um Geld für Wodka zu bekommen. Sie wissen, dass sie nicht lebend von der russischen Front zurückkommen. Du packst dir einen, der über den Stacheldraht geklettert ist, und kaufst ihm alles ab: die Uniform, Decken, Pistolen und sogar Gewehre. Mit den Gewehren gibt es nur das Problem des Transportes. Deswegen säge ich die Läufe ab. Wenn es eine Automatikwaffe gibt, dann lohnt es sich die zu kaufen, denn man kann ein paar Tausend für sie bekommen. Der Preis für 'ne Knarre hängt davon ab, wem man sie verkauft, auf dem Kercelak [Größter Vorkriegsmarkt Warschaus], da kriegt man weniger, denn der, der sie kauft, muss doppelt verdienen, kapierste. So lebt es sich unter deutscher Besetzung. Wenn du willst, kannste bei uns auch etwas verdienen. Wenn du einen Kunden hast, verdienst du mehr. Nur denk dran, lass dich nicht mit dem Untergrund ein. Diese Hunde wollen alles bekommen, ohne dafür zu bezahlen, kapierste. Und das wichtigste, niemandem auch nur ein Wort darüber, dass du einen Kriminellen-Treffpunkt kennst, bei dem man Waffen bekommen kann. Wenn du alleine kommst, dann bekommst du immer Ware, selbst ohne Geld, denn ich vertraue dir. Nur Fremde bring mir nicht hierher.«

Am nächsten Tag verabschiedete ich mich von der Familie und fuhr zum ersten Mal nach Warschau. Ich ging nicht vom Bahnhof in die Stadt. Ich stieg um in den Zug nach Częstochowa. Der Schaffner kam in den Wagon, um die Fahrkarten zu kontrollieren. Ich gab ihm fünfzig Zloty und fragte, ob das bis nach Częstochowa reiche. Nachdem er das Geld genommen hatte, informierte er mich, dass in Żyrardów Gendarmen einsteigen und die Passierscheine kontrollieren würden (für Fahrten zu weiter entfernten Zielen mussten Polen eine Erlaubnis einholen). Ich sagte dem Schaffner, dass ich keinen Passierschein hätte. Er riet mir, auf das Dach zu klettern. »Kein Problem, das lässt sich machen«, antwortete ich. In Żyrardów leerte sich der Zug beinahe vollständig. Ich war alleine im Abteil. Auf dem Bahnsteig sah ich vier Gendarmen. Sie stiegen paarweise an beiden Enden des Zuges ein. Der Zug fuhr an. Ich öffnete die Türen des fahrenden Zuges und kletterte über eine Leiter auf die Harmonikaverbindung zwischen zwei Wagons. Kurz vor dem nächsten Bahnhof, der Zug wurde schon langsamer, kletterte ich die Leiter wieder herunter, sah durch die Scheibe in den Wagon und da dort niemand zu sehen war, kletterte ich wieder hinein. Ich ging zur Toilette und schloss mich dort ein. Durch einen Spalt der mit Ölfarbe weiß gestrichenen kleinen Fenster sah ich die vier Gendarmen auf dem Bahnsteig, wie sie zwei Personen abführten. Der Zug fuhr an. Auf dem nächsten Bahnsteig stiegen Fahrgäste ein. Im Allgemeinen hatte niemand eine Fahrkarte. Man bezahlte den Schaffner, der wahrscheinlich mit anderen Schaffnern und dem Maschinisten teilte. Vor Częstochowa wurde der Zug langsamer. Das war ein Kriegstrick der Bahnarbeiter. Die Leute mit großen Paketen sprangen aus dem Zug. Niemand wollte bis zum Bahnsteig fahren, weil die Gendarmerie dort Lebensmittel konfiszierte und Leute festnahm. Ich sprang auch aus dem Wagon und ging zu Fuß ins Zentrum der Stadt. Von der ersten Allee bog ich in die Kościuszki-Straße und hielt vor dem Haus Nummer 26, in dem Ela wohnte. Ich erinnerte mich an die Tragödie, die wir vor elf Monaten mit meinen Schwestern in dieser Stadt durchlebt hatten. Ich ging in den Hinterhof und klopfte an die Erdgeschosswohnung. Eine verängstigte ältere Frau öffnete. Ich fragte, ob Frau Ela im Haus sei. Sie wies auf eine Tür. Ich klopfte. Nach längerem Warten öffnete sich die Tür einen Spalt und Ela schaute heraus. Mit erschrecktem Blick schaute sie in meine Richtung. Sie ließ mich in die Wohnung und als sie die Tür hinter mir geschlossen hatte, fragte sie: »Samek, woher kommst du?« »Aus einer anderen Welt«, antwortete ich. »Woher?« fragte sie. Ich antwortete, dass ich aus Treblinka zurückgekehrt sei. In demselben Moment bewegte sich etwas beim Bett vor dem Fenster. Aus dem Erker unter dem Fenster kroch Grosman heraus. Er war ein Freund Elas, ein Konvertierter. Ich begriff, dass er sich unter dem Fenster versteckt hielt. Er streckte sich mühsam und gab mir ergriffen die Hand. Er fragte, wie mir die Flucht gelungen sei. Ich antwortete nicht auf seine Frage und erkundigte mich stattdessen nach Mama und meinem Vater. Ela antwortete, dass sie lebten und in Warschau seien. Mitgenommen setzte ich mich auf einen Stuhl.

»Samek, und du fragst nicht nach deinen Schwestern?« »Nein, denn ich weiß, dass sie ermordet wurden.« »Aber du weißt nicht, dass man mich nach der Festnahme deiner Schwestern ebenfalls gefangen nahm und ich ihnen sogar gegenübergestellt wurde. Ich konnte nicht zugeben sie zu kennen, denn dann hätten sie mich erschossen.« Ich brach in Tränen aus. Grosman mischte sich in das Gespräch ein und erzählte, er habe sich bei der Festnahme von Ela unter dem Fenster versteckt. Nachdem man sie weggeholt hatte, war er aus der Wohnung geflüchtet und hatte sich in verlassenen Fabriken herumgetrieben.

Sie gaben mir zu Essen, aber sie gaben mir auch deutlich zu verstehen, ich solle nicht über Nacht dort bleiben. Abends ging ich mit Ela in die Stadt. Wir erreichten schließlich einen kleinen Palast, der einmal der Familie Grosman gehört hatte und ich verbrachte die Nacht im Keller. Am frühen Morgen ging ich zum Bahnhof. Die Reise verlief ruhig und vor dem Abend war ich wieder in Rembertów. Dort erzählte ich das Märchen, die Gendarmerie hätte mich zu Hause gesucht, und ich könnte mich dort nicht noch einmal zeigen, weil mich alle kennen würden. Sie glaubten meiner Geschichte ohne zu zögern. Am nächsten Tag nahmen Antoś und ich unsere Knarren mit nach Warschau. Jeder von uns hatte eine. Wir gingen zu Fuß durch Wälder und Gärten. Von Zeit zu Zeit trafen wir auf Fuhrwerke, die uns ein Stück mitnahmen. So kamen wir bis nach Wawra. Von dort fuhren wir mit einer Schmalspurbahn nach Praga. Wir gingen über die Brücke Kierbedzie und durchquerten Warschau bis zum Platz Kercel. Antoś meinte, dass es zu Fuß weitaus sicherer wäre. Unterwegs erzählte er mir von schrecklichen Razzien, die in letzter Zeit in Warschau stattgefunden hatten. Die ganze Zeit schaute er sich um und suchte nach Opfern. Wahrscheinlich wollte er mich mit seiner Technik, wie man Juden fangen und einschüchtern konnte, beeindrucken. Zu meinem Glück gelang ihm das an diesem Tag nicht.

Wir schlugen uns ohne Probleme bis Kercelak durch. Dort gingen wir zu einem Bekannten von Antoś, der mit Waffen handelte und sie aus vollem Halse anpries. Merkwürdig war, dass er keine einzige auf Lager hatte, obwohl er sie anpries. Wenn jemand zu ihm kam und eine kaufen wollte, so schickte er den Kunden zum Stand nebenan. Während wir dort waren, kam ein junger Mensch zu ihm und fragte mit unterdrückter Stimme, ob er Ware habe. Der Bekannte von Antoś nahm ihn mit zu einem rundum abgeschlossenen Stand, der auch als Restaurant diente. Wir begleiteten sie. In dem vollen und verrauchten Raum war im ersten Moment nichts zu erkennen. Erst nach einer Weile sah ich einen Tresen, den, wie sich später herausstellte, Frau Jadwiga regierte. Die Transaktion wurde bei einer Flasche Wodka abgeschlossen. Der Verkäufer fragte, welche Waffe der Kunde haben wolle. Seine Auswahl war nicht besonders groß: er besaß eine deutsche Parabellum, einen belgischen Revolver und einen polnischen Vorkriegsrevolver, der am teuersten war. Nachdem sich der Kunde entschieden hatte, verschwand der Händler für längere Zeit. Nach seiner Rückkehr überreichte er den Revolver und man begoss die Transaktion. Als ich sah, dass sich das Gelage noch einige Zeit hinziehen würde und dass Antoś seine Kumpane nicht zurücklassen wollte, entschuldigte ich mich und verabschiedete mich herzlich von ihnen. Ich wollte so schnell wie möglich zum Einwohnermeldeamt gehen, denn ich hoffte, dort etwas über den Wohnort meiner Mutter und meines Vaters erfahren zu können. Das Amt befand sich gegenüber vom Teatr Wielki auf der Senatorska-Straße. Auf dem Einwohnermeldeamt herrschte Gedränge. Man gab mir zwei Formulare zum Ausfüllen. Auf das eine schrieb ich den Mädchennamen meiner Mutter – Maniefa Popow – auf das zweite den Namen Karol Baltazar Pękosławski – auf diesen Namen eines Toten hatte mein Vater in Opatów eine Geburtsurkunde bekommen. Nach ein paar Minuten Warten kehrte die sympathische Beamtin zurück. Maniefa Popow hatte sie in der Bevölkerungsliste Warschaus nicht gefunden. Es gab nur zwei Meldungen auf den Namen Maria Popow, auf Pękosławski gab es einen. Die eine

Maria wohnte in Praga, die zweite in Wola, Baltazar Pękosławski in der Grójecka Straße 104. Ich fuhr nach Praga. In der Tür zeigte sich eine Frau, die mich davon überzeugte, dass sie Maria Popow war und nicht verstehen konnte, warum ich mich damit nur schwer abfand. Ähnlich verlief es auch an dem zweiten Ort. Eine Frau riet mir, mich im weißrussischen Verband zu informieren. Aber auch dort wussten sie nichts über den Verbleib meiner Mutter. Einer der Angestellten dort schlug mir jedoch vor, der weißrussischen Armee beizutreten, um an der Seite der Deutschen gegen das kommunistische Russland zu kämpfen. Ich erwiderte, ich würde ihm morgen meine Antwort mitteilen und verließ so schnell wie möglich diesen unsympathischen Ort.

Das Treffen mit den Eltern

Übrig blieb das Papier mit dem Namen meines Vaters. Es war schon spät, die Polizeistunde rückte heran, die Straßenbahnen waren fast leer und fuhren mit vereinzelten Fahrgästen durch verlassene Straßen. Zu dieser Tageszeit fingen Gendarmen an, durch Warschau zu patrouillieren und die Papiere der wenigen Fußgänger zu überprüfen. Diejenigen, die keine Ausgangsscheine hatten, wurden festgenommen. Ich hatte nicht nur keine entsprechende Bescheinigung, sondern zusätzlich auch die falschen Papiere, die ich von Antoś bekommen hatte und die von zweifelhafter Qualität waren. Der kahlrasierte Kopf und die eingefallenen Wangen sahen ebenfalls verdächtig aus. Mit der letzten Straßenbahn dieses Abends fuhr ich fast bis vor das Haus Grójecka Straße 104. Ich stieg aus der Straßenbahn, das Haus befand sich gegenüber des so genannten Zieleniako, dem wichtigsten Gemüsemarkt Warschaus.

Auf den Straßen waren fast keine Fußgänger mehr, die letzten rannten zu ihren Häusern, zu dem Ort, an dem sie verhältnismäßig sicher waren. Ich hatte nichts, wohin ich hätte eilen können, ich ging ins Ungewisse. Ich rechnete damit, dass ich auch dieses Mal enttäuscht werden würde und die von mir Gesuchten nicht finden würde. Als ich in dem Mietshaus durch das Treppenhaus ging, traf ich auf die etwa vierzigjährige Hausmeisterin. Sie sah mich, streckte ihren Kopf heraus und fragte: »Zum wem wollen Sie denn?« Ich antwortete, ich würde Herrn Baltazar Pękosławski suchen. »Ach ja, der wohnt im zweiten Eingang, in der Wohnung im Vorderhaus.« Ich sah mich im Innenhof um, der auf drei Seiten von Gebäuden umgeben war, nur ein niedriger Zaun grenzte ihn von Kleingärten ab. Blitzschnell überflog ich das Terrain, auf der Suche nach einem eventuellen Schlafplatz, wenn es mir nicht gelingen sollte, Vater zu finden. Ich dachte, im schlimmsten Fall könnte ich in einem der Gärten übernachten. Dafür musste man nur über den Zaun springen. Die Gewissheit, einen Platz zum Schlafen gefunden zu haben, verbesserte ein wenig meine Laune. Ich stieg über die Treppe ins Hochparterre und stoppte vor der Tür, die mir die Hausmeisterin gewiesen hatte. An der Tür war ein Messingschild mit dem Namen Berkan angebracht. Ich war so müde und niedergeschlagen, dass ich selbst nicht auf die Idee kam, mein Vater könnte doch Untermieter sein. Ohne zu klopfen, drehte ich mich wieder um. Beim Herausgehen traf ich erneut auf die Hausmeisterin. Verwundert fragte sie mich: »Was, haben sie Herrn Baltazar nicht angetroffen? Normalerweise ist er doch um diese Zeit zu Hause.« Ich antwortete, dass der Name Berkan an der Tür stehen würde. Sie antwortete: »Aber sicher, schließlich ist er Untermieter bei den Berkans. Gehen Sie ruhig hin und klopfen.« Wieder stand ich vor der Tür, aber diesmal klopfte ich. Langsam öffnete sich die Tür. In der Spalte erschien der Kopf meines Vaters. Blaue, tiefliegende Augen schauten aufmerksam hinter einer Brille hervor. Wir standen uns gegenüber, ohne einen Laut von uns zu geben. Wir glaubten uns nicht. Eine längere Weile standen wir so, sprachlos vor Erstaunen. Dann kam Vater auf einmal zu sich, öffnete die Tür weit und zog mich in die Wohnung. Die ganze Zeit redeten wir kein Wort. Wir schauten uns nur gegenseitig an. Vater brachte mich in sein Zimmer, während er mir mit Gebärden signalisierte zu schweigen. Wir hörten nicht auf, uns anzuschauen. Da merkte ich, wie mir die Tränen aus den Augen liefen. Mein Vater weinte auch. Er stand vor einem Fenster, das mit schwarzem Papier beklebt war. Daneben stand eine Staffelei mit Leinwand. Auf ihr befand sich ein Bild von Jesus in weißem Gewand. Aus seinem Herzen flossen zwei Linien – eine rote und ein weiße. Darunter stand geschrieben: Jesus, ich vertraue dir. Daneben, auf dem Boden, ein unvollendetes Bild der Heiligen Mutter Gottes von Częstochowa mit braunem Gesicht in einem goldenen Kranz. Auf ihrer rechten Wange waren zwei Schnitte, in den Armen hielt sie das Jesuskind. Drumherum standen noch weitere unvollendete Gemälde und Skizzen. In der Luft hing der Geruch von Ölfarbe. Ein Geruch, der mich an so vieles erinnerte. Ein Geruch, der mich in das Haus meiner Familie zurückversetzte und in meine glückliche Kindheit. Auf einem kleinen Schreibtisch lagen mehrere Skizzen, die Mitte krönte ein schwarzes Brot. Daneben, auf einem kleinen Stück Papier, lagen ein Stück Butter, Käse und eine benutzte Teetasse. Vater gab mir mit deutlichen Gesten weiter zu verstehen, dass ich schweigen solle. Aus einer Schublade im Schreibtisch holte er einen fein angespitzten Bleistift, der mir noch aus meiner Kindheit bekannt war. Ich weiß, dass er ihn immer mit einem kleinen Taschenmesser anspitzte. Er verschmähte Anspitzer und diejenigen, die sie benutzten. Auf ein Stück Papier schrieb er in seiner schönen Schrift: »Samuś, wo warst du?« Ich flüsterte ihm ins Ohr, ich sei in Treblinka gewesen und fragte ihn nach Mama. Schnell schrieb er, dass Mama lebe. Weiter schrieb er auf das Papier, dass er wegen seines Akzents vorgebe, stumm zu sein. Mehrere Male war er von Halbstarken erpresst worden, die ihn aus diesem Grund erkannt hatten. Dann erklärte er mir, sein Akzent sei eigentlich nicht jüdisch, er hätte ihn vielmehr aus dem Russischen – ein Andenken an sein Studium in St. Petersburg. Jetzt aber werde alles, was fremd klinge, automatisch als jüdisch abgestempelt. Deswegen hatte er beschlossen zu verstummen. Er hatte sich Zettel gedruckt, auf denen stand, dass der stumm ist. Sogar in seiner gefälschten Kennkarte war seine angebliche

Stummheit vermerkt. Er suchte im Chaos auf dem Schreibtisch und fand ein Kärtchen, auf dem stand: »Nehme Aufträge für Ölgemälde an, die anhand von Fotografien oder aus der Natur gemalt werden. Sehr kulante Preise. Von einem stummen Künstler. Hier habe ich Portraits zur Ansicht: Warschau, Straße ... Nr. ... Wenn man nicht so laut zu mir spricht, dann höre und verstehe ich.« Auf seinem Papier erklärte er mir, was die Punkte zu bedeuten hatten. Die Adresse schrieb er mit der Hand, weil er oft seine Wohnstatt wechselte. Außerdem erklärte er noch, er habe den letzten Satz dazugeschrieben, weil die Leute ihm so ins Ohr schrien, dass er fürchtete, tatsächlich taub zu werden. Auf der Rückseite der Karte stand das gleiche in Deutsch. Weiter stand auf dem Zettel, dass er Heiligenbilder malte. Immer wieder unterbrach er sein Schreiben und fragte mich, was ich erlebt hatte und ob ich nicht zufällig meine Schwestern getroffen hätte. Mit einer Kopfbewegung verneinte ich und flüsterte ihm mit wenigen Worten meine Geschichte zu, um möglichst schnell wieder zu seinen Erlebnissen zurückzukehren. Er schrieb weiter, dass er seine Heiligenbilder an Devotionaliengeschäfte verkaufte. Über Mutter schrieb er: ›Sie wohnt in einem kleinen Städtchen bei Łódź. Sie ist als Arbeiterin in der Waffenfabrik Norblin beschäftigt. Wir können nicht zusammenwohnen, da Mutter beobachtet wird. Sie kommt alle zwei Wochen. In dieser Woche war sie schon hier. Morgen schicke ich ihr ein Telegramm, dass sie sofort kommen soll‹. Seine Hand flog schnell über das weiße Papier. Mit einer Handbewegung bedeutete er mir, dass sie an seiner Tür lauschen würden. Ich verstand seine Ängste und begann laut zu sprechen: »Herr Pękosławski, ich freue mich, dass ich Sie gefunden habe. Meine Eltern lassen Sie herzlich grüßen. Gerade vor ein paar Tagen haben wir darüber gesprochen, wie gut es wäre, wenn Sie Portraits von unserer ganzen Familie anfertigen würden. Wir vermissen Sie alle. Gut, dass Sie in Warschau sind.«

Ich gab diesen dummen Monolog von mir und gleichzeitig schossen mir tausend Gedanken durch den Kopf. Ohne Unterlass schauten wir uns gegenseitig an, Tränen liefen über unsere Gesichter. Dann ging er aus dem Zimmer und kehrte nach einer längeren Weile mit zwei Tassen Tee zurück. Seine Hand flog wieder über das Papier: ›Ich habe mit der Vermieterin und ihrer unverheirateten älteren Tochter gesprochen. Ich habe ihnen gesagt, dass ich einen Gast habe. Der Sohn eines Bekannten, ein Schüler von mir, ist auf Besuch gekommen. Er verspricht ein großer Maler zu werden. Zeichnen hat er schon vor dem Krieg bei mir gelernt.‹ Ich flüsterte Vater ins Ohr: »Ich und ein großes Talent.« Trotz der tragischen Situation lachten wir uns an. Ich las weiter: ›Ich habe ihnen gesagt, dass du aus der Gefangenschaft geflohen bist. Sie wollen dich gerne sehen. Wir müssen zu ihnen gehen.‹ Durch den Flur gingen wir in die geräumige Küche. Die Mutter wartete mit ihrer Tochter auf uns. Sie hatte ein rundes Gesicht, Augen ohne Wimpern und schaute mich freundlich und interessiert an. Ihre magere Tochter bewegte sich unkoordiniert und nervös, während sie mich mit durchbohrenden Augen misstrauisch beobachtete. Sie luden uns ein, uns zu setzen und fragten mich, wie es in Gefangenschaft gewesen war. Langsam und ruhig antwortete ich in bestem Polnisch auf ihre Fragen. Währenddessen arbeitete mein Gehirn fieberhaft. Ich erzählte ihnen, dass ich bei meinen Eltern in einer entfernten Provinz wohne. Dass der Lehrer Pękosławski uns vor dem Krieg im Sommerurlaub öfter besucht hatte und mit meinem Vater auf die Jagd gegangen war. Er und meine Mutter wollten gerne ein paar Familienportraits bestellen. Unter anderem von meinem Patenonkel, einem Major der polnischen Armee, der an der Front gefallen war. Auch mein Onkel sei auf dem Feld umgekommen, er hatte es zum Leutnant gebracht. In meiner Erzählung ließ ich mich nicht bis zu den niedrigen Rängen herab. Mittlerweile hatte ich bereits Erfahrung im Ausdenken von Geschichten. Ich sah, wie meine Redegewandtheit den erwarteten Effekt erzielte. Es wurden Fragen gestellt. Langsam fiel die Anspannung des ersten Moments von mir ab. So verbrachten wir zu viert einen angenehmen Abend und merkten nicht, dass es längst nach Mitternacht war. Nach dem Abschied von unserer Vermieterin kehrten wir in Vaters Zimmer zurück. Dort legten wir uns gemeinsam auf ein Bett und an meinen Vater geschmiegt schlief ich das erste Mal in Ruhe ein. Als ich aufwachte, herrschte noch Halbdunkel im Zimmer. Vater saß auf dem Bett und berührte mit seiner Hand leicht meinen Kopf. Ich tat noch eine Zeitlang so, als ob ich schliefe. Es tat mir gut, ich fühlte mich wie in alten Zeiten, als ich noch ein kleiner Junge gewesen war und Vater morgens, wenn er mich wecken wollte, die Hand auf meinen Kopf gelegt hatte. Ich wusste, dass auf dem Rand meines weiß angemalten Holzbetts Kuchen lag, den Vater aus der Konditorei mitgebracht hatte. Unbewusst schaute ich jetzt auch auf den Bettrand. Lachend flüsterte ich: »Papa, jetzt fehlt nur noch der Kuchen.« Mit Tränen in den Augen wisperte er: »Jetzt fehlen nur noch meine zwei Töchter.«

Er ging hinaus in die Küche und kochte Tee. Mit Zeichen gab er mir zu verstehen, dass die Hausfrauen bald weggingen. Er nahm das schwarze Papier vom Fenster und schaute auf die Straße. Als er die Vermieterinnen auf der Straße sah, sagte er, wir könnten nun problemlos reden. Er bat mich, ihm alles über mich zu berichten. Ich teilte ihm jede Kleinigkeit meiner Erlebnisse in Treblinka mit. Ich erzählte ihm alles. Ich verheimlichte ihm nur, dass ich in Treblinka in einem Stapel von Kleidungsstücken vergaster Menschen das Mäntelchen meiner jüngeren Schwester und den Rock der Älteren gefunden hatte.

Vater erzählte: »Sieh mal, Samek, wie merkwürdig der Lauf des menschlichen Lebens ist. Ich, der ich mein ganzes Leben der Schaffung eines jüdischen Stils gewidmet habe, hebräische Buchstaben stilisiert habe. Ich, der ich Synagogen bemalt habe, ihre Decken in einem eigenen, von mir entwickelten Stil dekoriert habe. Ich, der es mochte, jüdische Typen darzustellen, male jetzt Jesus- und Marienbilder.«

Mit einem Lächeln erwiderte ich: »Papa, du malst doch weiterhin Juden.« Wir brachen in Lachen aus. Dann erzählte er weiter: »Über Bestellungen kann ich nicht klagen. Das ganze Haus kennt mich als angenehmen älteren Kunstmaler. Dazu noch ein stummer Künstler. Um meinen schlechten Akzent nicht zu verraten, musste ich auf der ›arischen‹ Seite die ganze Zeit über schweigen. Samek, das ist nicht so einfach, wie es vielleicht scheint. Es ist eine Kunst, den ganzen Tag über zu schweigen oder eine Woche, aber es so wie ich ein Jahr lang auszuhalten, dafür braucht man einen starken Willen und ungeheure Kraft. Es gab in der Zeit ein paar Zwischenfälle und ich musste dann so schnell wie möglich flüchten. Viermal bin ich umgezogen. Wenn sie mich dabei erwischen würden, wie ich das Stummsein nur vortäusche, würden sie sofort verstehen, dass ich Jude bin. Wer sonst würde das vortäuschen? Mir gelang es nicht immer zu schweigen. Einmal, als ich ins Malen vertieft war, kam die Vermieterin ins Zimmer und bat mich, das Fenster zu schließen. Ich vergaß meine Behinderung und sagte: ›Ich mache es sofort zu.‹ Meine Vermieterin erstarrte vor Verwunderung, als sie meine Stimmer hörte und schrie auf: ›Sie reden ja!‹

Einen Moment später warf sie mich aus der Wohnung. Ich konnte gerade noch meine Holzdose mit den Ölfarben und die Palette mitnehmen. Ratlos stand ich auf der Straße und wusste nicht, wohin ich gehen sollte. Die Nacht verbrachte ich in einer Obdachlosenunterkunft. Jede Demaskierung war mit einer ganzen Reihe von Schwierigkeiten verbunden. Oft wurde ich erpresst und ausgeraubt. Ich bin jetzt schon siebzig Jahre auf dieser Welt, aber erst an meinem Lebensabend lernte ich eine solche Boshaftigkeit, Degeneration und Rücksichtslosigkeit kennen. Als Lehrer und Künstler war ich immer dem Schönen verbunden und empfand die Bitterkeit des Lebens deshalb vielleicht noch brutaler als manch anderer. Einmal hatte mich ein Halbstarker auf der Straße angehalten. Er zog mich in eine Toreinfahrt und nahm mir alles ab, was ich bei mir hatte. Sogar ein dreckiges Taschentuch. Ich konnte mich ja nicht wehren oder um Hilfe rufen. Wenn sich die polnische Polizei eingemischt hätte oder die deutsche Gendarmerie, hätte ich erkannt werden können, und dann hätte mir der Tod gedroht. Diese Ratlosigkeit, das Gefühl der fehlenden Unterstützung von Seiten der polnischen Gesellschaft hat mich in eine tiefe Depression gestoßen. Oft habe ich erwogen, Selbstmord zu begehen.

Als im April 1943 das Warschauer Ghetto in Flammen stand, konnte ich nicht still zu Hause sitzen bleiben. Zum Arbeiten konnte ich mich auch nicht aufraffen. Ich verließ meine Kammer und ging durch den Straßenlärm in Richtung des kämpfenden jüdischen Viertels. Ich ging die Straßen entlang, die an das Ghetto grenzten und hörte das Kampfgetöse. Da durchlebte ich die Tragödie des ganzen jüdischen Volkes. Ich sprach Gebete in mich hinein. Während ich zwischen den polnischen Gaffern stand, hörte ich die verschiedensten Bemerkungen. Der Großteil beklagte sich beim Anblick des brennenden Ghettos und der aus den oberen Stockwerken springenden Erwachsenen und Kinder. Sie bedauerten allerdings die Häuser, die Möbel und nicht die Menschen.

Samek, es fällt schwer, sich vorzustellen, in welcher Hölle wir hier leben. Die Bevölkerung hasst uns zum größten Teil. Nur wenige helfen. Sie gefährden sich selbst und das Leben ihrer Familien, aber sie sind nur eine kleine Handvoll.«

Mein alter Herr ging in die Stadt und ich blieb im Zimmer zurück. Er ging zur Post, um Mutter ein Telegramm zu schicken, sie solle sofort kommen. Drei Tage später klingelte es an der Tür. Ich war alleine in der Wohnung. Ich setzte mir einen Hut auf und öffnete die Eingangstür. Auf der Schwelle stand meine Mutter. Sie sah mich und traute ihren eigenen Augen nicht. Sie meinte, sie sähe eine Erscheinung. Sie rieb sich die Augen und flüsterte: »Samek, bist du das?«

Ich sah, wie sie den Boden unter den Füßen verlor, stützte sie und führte sie in unsere Wohnung. Wir setzten uns aufs Bett und fielen uns in die Arme. Sie lehnte sich an mich und wir weinten zusammen. So saßen wir bewegungslos, einander umarmend. Dann fragte Mutter: »Wie hast du es von dort hierher geschafft?« Verwundert fragte ich: »Woher weißt du, wo ich war?« »Das habe ich vom Präsidenten des Judenrats in Sandomierz, Wajsblum, erfahren. Als ich nach der Verhaftung deiner Schwestern von Częstochowa nach Opatów zurückkehrte, erfuhr ich, dass der größte Teil der Bewohner des Städtchens nach Treblinka deportiert worden war. Nur wenige (die Mitglieder des Judenrats mit ihren Familien und einige wohlhabenden Familien) zogen in das für sie neu angelegte Lager in Sandomierz und überlebten dort die Deportation. Ich fuhr nach Sandomierz und hoffte, dich dort zu treffen. Als ich Wajsblum nach dir fragte, meinte er verlegen, du seiest in Treblinka. Er hatte das von einem Jungen, Kudklik, gehört, der zusammen mit dir nach Treblinka gebracht worden war. Sie hatten ihn aus dem Transport geholt und in ein Arbeitslager in der Nähe von Treblinka gesteckt, von wo er geflüchtet ist. Nach seiner Rückkehr nach Sandomierz erzählte er, wie er beobachtet hatte, als du in eine Baracke getrieben wurdest und dass du lebst.

Von diesem Moment an wusste ich, dass du im Todeslager Treblinka warst. Ich fuhr nach Warschau. Ich nahm ein paar Portraits und Heiligenbilder von Vater. Vater druckte ein Papier, das besagte, ich sei seine Agentin, nähme Bestellungen für Portraits an und würde Heiligenbilder verkaufen. Damit ausgestattet fuhr ich nach Siedlce und von dort mit dem Zug nach Kosow. Den Rest des Weges nach Treblinka legte ich auf einem Pferdewagen zurück. Die Bauern wollten mich nicht bei sich schlafen lassen. Sie warnten mich vor den Ukrainern, die Treblinka bewachten und Frauen vergewaltigten. Sie meinten, es wäre sehr gefährlich, sich in dieser Gegend aufzuhalten. Als ich mich in Dörfern bei Treblinka herumtrieb, bemerkte ich einen merkwürdigen seifigen Geruch. Die Bauern zeigten auf den

Wald und sagten, dahinter befände sich das Todeslager und der Geruch käme von den verwesenden Leichen. Als ich einsah, dass ich mich dem Lager nicht weiter nähern und auch kein Nachtlager finden konnte, kehrte ich nach Warschau zurück. Ich hoffte, dass du dennoch lebst.«

Dann fiel die Frage, vor der ich mich die ganze Zeit gefürchtet hatte: »Hast du im Lager deine Schwestern gesehen?«

Wie zuvor schon Vater belog ich auch meine Mutter und antwortete, ich wüsste nichts über meine Schwestern. Mutter drückte sich immer noch an mich, ohne den Blick von mir zu nehmen. Sie flüsterte: »Samek, mein kleiner Samek.«

Da verstand ich, dass ich nicht mehr der Kacap aus Treblinka war. In Gedanken sah ich meine Liebsten aus dem Lager: Alfred, den Priester, Mering, Chorążycki und die anderen, die einen solchen glücklichen Moment nicht erleben konnten. Vielleicht ließ mich das Verlangen, meine Eltern zu sehen, durchhalten? Das Wissen, dass sie wahrscheinlich noch lebten, gab mir zusätzliche Kraft. Noch immer ungläubig flüsterte Mutter: »Du lebst, du lebst.«

Und dann wieder die schreckliche Frage: »Und du hast sie sicher nicht gesehen?« Ich verneinte mit einer Kopfbewegung. Ein Hoffnungsschimmer hellte das Gesicht meiner Mutter auf, während ich im Geiste den kleinen Mantel und den Rock zusammengebunden auf dem Sand Treblinkas sah.

Ich verbrachte ein paar Tage in der Wohnung meines Vaters. Abends tat ich so, als verließe ich die Wohnung. Vater schloss geräuschvoll die Tür, damit auch alle mitbekamen, wie ich gehe. Danach öffnete er die Tür leise wieder und ich schlich zurück in Vaters Zimmer, wo ich die Nacht verbrachte. Morgens schlich ich mich dann wieder heraus. Später kam ich zurück, klingelte an der Eingangstür, damit die Vermieterin hörten, dass ich zu Besuch kam.

An einem Sonntag kam Mama und nahm mich zu dem Warschauer Vorort Włochy mit. Sie besuchte die Witwe des bekannten polnischen Schriftstellers Galiński. Dort lernte ich den Journalisten einer Warschauer Abendzeitung aus der Vorkriegszeit kennen. Er lud mich ein, am nächsten Tag in sein Büro zu kommen. Es war das Hauptbüro der RGO [Rada Główna Opiekunca – Zentraler Wohlfahrtsrat] in der Wolska-Straße.

Als ich am folgenden Tag zu ihm kam, stellte er mich einem elegant gekleideten älteren Herrn mit grauen Haaren und einem langen Schnurrbart vor. Dieser sagte mir, er heiße Henryk. (Das war Salo Fiszgrunt, ein Vorkriegsaktivist des Bundes aus Krakau.) Er befragte mich zu Treblinka und erkundigte sich nach meinen Papieren. Als ich sie ihm zeigte, zog er eine Grimasse und trug mir auf, neue Fotos für neue Papiere zu machen. Außerdem fragte er nach Vater. Von diesem Zeitpunkt an brachte eine kleine blonde Frau, Zosia, jeden Monat tausend Złoty in unsere Wohnung in der Grójecka – eine Hilfe für Juden, die sich auf der »arischen« Seite versteckten.

In den Auslagen der Devotionaliengeschäfte in Warschau tauchten immer mehr Bilder meines Vaters auf: Christus, der auf sein Herz zeigt, aus dem durchscheinende rote und weiße Linien flossen. Er verdiente nicht schlecht und ich half soviel ich konnte, indem ich Bestellungen annahm. Eines Tages stand ich vor der Auslage eines Devotionaliengeschäfts. Neben mir blieben zwei Frauen stehen. Ich hörte Fetzen ihrer Unterhaltung: »Sieh mal, wie schön der Jesus ist.« Eine Weile später die Zweite: »Sein Gewand ist zu steif.«

Ich begriff nicht sofort, worüber sie sprachen. Als ich den Inhalt ihrer Unterhaltung verstand, stellte ich mich als Kunstmaler vor, der gemeinsam mit seinem Lehrer, der in der Grójecka-Straße 104 wohnte, Heiligenbilder malte. Als Antwort klatschten die Frauen vor Freude in die Hände und schrien auf: »Sie fallen ja wie vom Himmel. Wir sind extra hierher gefahren, um ein Jesusbild für die Kirche des Heiligen Stanislaw in Siedlce zu bestellen.«

Ich fuhr mit den beiden Frauen mit der Straßenbahn in die Grójecka. Als wir das Zimmer betraten und sie die aufgestellten Leinwände erblickten, meinten sie: »Gottes Finger hat für uns auf Sie gezeigt.«

Ich dachte, nicht nur der Finger, sondern die ganze göttliche Hand hat uns diese beiden Frauen geschickt. Sie gaben uns im Voraus, auf die Rechnung eines bestellten Bildes mit dem Namen *Jesus vertraut dir* eine große Summe Geldes. Das einzige, um das sie baten, war eine gute Arbeit. Ich verstand, dass es ihnen vor allem um gutes Holz und eine gute Leinwand ging, und nicht um ein künstlerisch gelungenes Werk, so als ob Leinwand und Rahmen über den Wert des Bildes entscheiden. Vater zeichnete ihnen seinen unkonventionellen Christus vor. Als sie die Skizze sahen, schüttelten sie unzufrieden die Köpfe. Sie wollten keinen Christus, wie Vater ihn sich vorstellte. Sie wollten so einen, wie er auf den Bildern in den Devotionaliengeschäften zu sehen war, einen verkitschten. Als Vater einsah, dass es keinen Sinn machte, mit ihnen zu diskutieren, zeichnete er ihn so, wie sie sich ihn wünschten. Dieses Mal waren sie zufrieden. Der Handel war abgeschlossen.

Zwischen uns entwickelte sich eine rege Korrespondenz. Die Frauen aus Siedlce überschütteten uns mit Briefen. Jedes Mal wünschten sie sich ein neues Detail. Zum Beispiel: einmal wollten sie, dass der Herr Jesus nicht mit zwei Fingern segnete, so wie Vater es gezeichnet hatte, sondern mit der ganzen Hand. Ein anderes Mal baten sie darum, den Farbton der Haare von Jesus zu verändern. Goldgelbe Farbe, die ihnen geeignet erschien, untermalt von den Strahlen der aufgehenden Sonne, würde ein schönes Gesicht zum Vorschein bringen. Die Frauen besuchten uns ständig bei der Arbeit und beobachteten jede Kleinigkeit, um – wieder zurück zu Hause – einen neuen Brief zu verfassen. Wir lachten, Vater und ich, wenn wir die Briefe lasen. Die Frauen baten darum, dass der Herr Jesus nicht rote Haare habe, sondern blonde. Diese ständigen Veränderungen waren mir lästig. Wieder musste ich Vater posieren.

Zur Besatzungszeit war die wichtigste Person in den Häusern der Hausmeister. Er war Herr über Leben und Tod der Hausbewohner. Für Juden stellte er eine große Gefahr dar. Er wusste genau, wer angemeldet war und wer nicht. Wer zu wem ging und wer wo arbeitete. Alle versuchten, mit dem Hausmeister auf gutem Fuß zu stehen. Von seinem guten Willen hing nicht selten die Abwendung der Verhaftung eines Mieters ab. Er konnte die deutsche Gendarmerie und die polnische Polizei im Dienst der Deutschen am Hauseingang aufhalten. Mit ihnen eine laute Unterhaltung zu beginnen, warnte nicht nur einmal diejenigen, zu denen sie kamen, und ermöglichte ihnen so die Flucht.

Vater und ich fühlten uns sicher in unserem Haus. Unsere Hausmeisterin besuchte uns oft und sah sich die Heiligenbilder an. Die ständigen Besuche unserer zwei Kundinnen, die sich ausgiebig über das wundervolle Bild von dem Lehrer Pękosławski ausließen, stärkte unsere Position. Wir waren unbesorgt, dass man uns verdächtigte, jüdisch zu sein.

Eines Abends, als ich vor der Sperrstunde aus der Stadt zurückkam und gebückt ins Haus schleichen wollte, traf ich auf die Hausmeisterin. Sie bat mich zu sich in die Wohnung und begann, bittere Vorwürfe über ihren um einiges älteren Mann vor mir auszuschütten. Während sie auf die Wände zeigte, erzählte sie mir, dass ihr Mann seit einiger Zeit alle Heiligenbilder abnehmen würde (es gab sehr viele davon im Zimmer), und sie diese immer wieder aufhängen müsste. Im Geiste lachte ich darüber, wie Leute doch auf banale Art ihr Zuhause in eine Hölle verwandeln könnten und wie sie damit lebten. Wie sich im Laufe der Unterhaltung herausstellte, gehörte ihr Mann der Sekte der Adventisten an. Er wollte mich überreden, dem Kreis der fanatischen Bibelforscher beizutreten. Ich wollte ihn nicht beleidigen und versprach, dass ich mit ihm zusammen zur Kapelle in der Jerusalemer Allee 56 gehen würde. Einige Zeit danach ging ich dann tatsächlich mit ihm zusammen dorthin. Jetzt blieb das Problem, wie die Hausmeisterin zu besänftigen war, der dieser gemeinsame Ausflug überhaupt nicht zusagte. Sie war praktizierende Katholikin. An einem Sonntag, an dem ich wusste, dass ihr Mann in seiner Kapelle war, ging ich also mit einer Tafel Schokolade zu ihr in die Wohnung. Wir führten eine lebendige Unterhaltung. Dann nahm sie meine Hand, hielt sie fest und legte sie leicht auf ihren ausladenden Busen. Unsere Unterhaltung endete unter den Heiligenbildern im Bett.

Im besetzten Warschau

Wochen und Monate vergingen, in denen von Ruhe und Sicherheit keine Rede sein konnte. Es war ein Leben in der Leere, labil, bis zum höchsten Maße beunruhigend und anstrengend. Wie auch viele andere Juden plagte mich ständig der Gedanke, entdeckt zu werden. Jeden Moment bestand die Gefahr, dass mich ein früherer Bekannter erkannte und mich aus welchen Gründen auch immer dem erstbesten Deutschen oder einem polnischen Polizisten übergab, oder ein Lösegeld von mir erzwingen wollte. Und dies aus dem einzigen Grund, weil ich noch am Leben war. Diese Tatsache allein war für die deutschen Schergen bereits die größte Unverschämtheit.

Mit der Zeit wurden meine Haare länger. Täglich überprüfte ich, wie viele Millimeter sie gewachsen waren. Ich konnte sie bereits zu einer Igelfrisur schneiden. Meine Stimmung verbesserte sich. Jetzt konnte ich mich frei in der Umgebung bewegen und sogar, wenn nötig, den grünen Hut abnehmen.

Eines Tages, als ich so ziellos durch Warschau streunte, bemerkte ich eine junge, schlanke und gut aussehende Frau mit blonden Haaren und blauen Augen. Ich sprach sie an, indem ich so tat, als suchte ich den Weg zur Złota-Straße. Mit einem sympathischen Lächeln erwiderte die junge Person, dass sie in dieselbe Richtung gehe. Auf dem Weg entwickelte sich eine rege Unterhaltung zwischen uns. Sie erzählte mir, dass sie auf das Handelsgymnasium ginge (im besetzten Warschau gab es nur Berufsschulen), und ihre Ausbildung mit zusätzlichen privaten Kursen vervollständige. Wir merkten nicht einmal, dass wir die Złota-Straße bereits erreicht hatten. Schüchtern schlug ich ein weiteres Treffen vor. Die junge Frau lachte kokett und nahm mein Angebot an. Wir verabredeten uns für den nächsten Tag. Beim Abschied stellten wir uns einander vor, ihr Name war Hanka Kursa. Von da an trafen wir uns beinah täglich. Die Welt gewann plötzlich neue Farben. Morgens wachte ich gut gelaunt auf und freute mich sie zu treffen. Eines Tages erwischte mich unsere Vermieterin dabei, wie ich bei Vater im Zimmer übernachtete und verlangte, dass ich mich entweder sofort polizeilich meldete oder die Wohnung verließ. Meine falschen Papiere eigneten sich leider nicht für eine offizielle Anmeldung. Im Gegensatz zu den Papieren Vaters, die er beim Einwohnermeldeamt aufgrund seiner falschen Geburtsurkunde erhalten hatte, konnte meine Kennkarte auf keinem Amt abgeglichen werden, weil sie vollkommen gefälscht war. Da ich mich bei Vater nicht anmelden konnte, beschloss ich, in der Nähe einen Unterschlupf für die Nacht zu suchen. Den fand ich in einem unterirdischen Telefonverbindungskasten, der mit einer Eisenplatte abgedeckt war. Ich hob die Platte, ließ mich hinunter und schlief zwischen den Telefonkabeln auf einer Decke. Frühmorgens klopfte Vater mit einem Stock auf den Deckel, der über dem Loch lag, und gab mir zu verstehen, dass niemand in der Nähe war und ich herauskommen konnte.

Einmal fuhr ich mit Hanka in einer überfüllten Straßenbahn. Ich fühlte mich gut, aber die Nacht brach bereits an und ich beschloss, sie ins Vertrauen zu ziehen. In einem Anflug von Ehrlichkeit sagte ich: »Hanka, eigentlich weißt du doch so gut wie nichts von mir. Du kennst nur meinen Vornamen und nach mehr hast du nicht gefragt. Ich bin Jude. Ich war in Treblinka.« Sie ließ mich nicht ausreden und rief: »Spring raus!«

Ich sprang aus der Straßenbahn, die gerade losfuhr und Hanka folgte mir. Als sie bei mir war und sah, dass niemand in der Nähe war, schrie sie mich an, ich sei wohl nicht gescheit.

»Wie kann man bloß so unvorsichtig sein und mitten unter all den Leuten in der Straßenbahn so etwas von sich erzählen?! Gefällt dir das Leben nicht mehr und willst du, dass man dich fängt?!«

Ich erzählte ihr von meinem Leben. Von den Nächten in dem unterirdischen Loch und in den Ruinen zerstörter Häuser. Hanka unterbrach meine Ausführungen nicht und brachte mich zu sich nach Hause. Dort stellte sie mich ihrer Mutter vor. Sie erzählte ihr, ich sei ihr Freund und im Widerstand. Die Deutschen würden mich aus diesem Grund suchen und ich könnte nicht zuhause schlafen. Am Schluss fragte sie ihre Mutter, ob ich bei ihnen schlafen könnte. Ohne auch nur etwas zu erwidern, bereitete mir Hankas Mutter das Nachtlager auf dem Sofa. In sauberem und weichem Bettzeug schlief ich ungestört die Nacht durch.

Eines Tages fuhr ich mit der Straßenbahn zu einem Treffen mit einer unbekannten Person. Ein Bekannter meines Vaters, der vor dem Krieg Redakteur gewesen war und den ich bei den Galińskis kennen gelernt hatte, hatte den Kontakt hergestellt. Es war abgemacht, dass wir uns um neun Uhr morgens im linken Schiff der Kirche des Heiligen Jan treffen. Als Erkennungszeichen war vereinbart, dass derjenige, mit dem ich mich treffen wollte, kniete und von Zeit zu Zeit aufstand. Ich sollte neben ihm niederknien und »Oh, mein Gott. Oh, mein Gott!« sagen und das mehrere Male wiederholen. Pünktlich um neun Uhr betrat ich die Kirche. Es war still. Ein paar Minuten später begann die Andacht vor dem großen Altar. Es waren nur wenige Leute anwesend. Im Halbdunkel sah ich einen Mann mittlerer Größe, der sich mehrere Male von seinen Knien erhob. Ich schob mich zwischen ihn und zwei betende Frauen, kniete nieder, legte meine Arme auf die Balustrade und flüsterte, wie mir aufgetragen worden war, mehrere Male: »Oh, mein Gott.«

Der Mann, der neben mir kniete, berührte vielsagend meine Hand. Kurz darauf erhob er sich und steuerte auf den Ausgang zu. Ich folgte ihm. Wir hielten Abstand voneinander und erreichten so die Altstadt. Er betrat eines der Häuser und stieg über ein paar Treppenstufen in den Keller, in dem sich eine Kneipe befand. Der Geruch von Sauerkraut und der Dunst von Wodka, der sich in der Kneipe ausbreitete, stiegen mir in die Nase. Wir setzten uns an den Tisch neben der Tür zur Küche. Ich begriff, dass mein Begleiter einen strategischen Punkt ausgewählt hatte, der es ermöglichte bei einer Razzia der Deutschen zu fliehen. Es war offensichtlich, dass er ein oft gesehener Gast in der Spelunke war. Der Wirt fragte mit dienstfertigem Lächeln: »Wie viel?« und reichte uns zwei Halbliterflaschen Wodka und ein paar saure Gurken. Mein neuer Bekannter goss Wodka in zwei Teegläser. Mit einem Schluck schüttete er den Inhalt seines Glases in sich hinein. Ich tat es ihm nach. Erst jetzt, nachdem ich getrunken hatte, schaute ich ihn mir genauer an. Er sah aus wie ein typischer Warschauer Arbeiter. Die dunkle Mütze saß schief auf seiner Glatze. Unter der leicht gekrümmten Nase wuchs ein hanffarbener borstiger Schnurrbart. Die Augen waren blau und versoffen. Der Mund wirkte irgendwie beschädigt. Als ich genauer hinsah, bemerkte ich eine Narbe auf dem Kiefer. Ein Teil davon schien zu fehlen, als ob er abgeschossen worden war. Als wir unsere Flaschen geleert hatten, forderte er mich auf, über mich zu erzählen. Ich stellte mich vor, nahm meine Mütze ab. Verblüfft schaute er auf meine kurzen, gerade nachgewachsenen Haare. In Kurzform berichtete ich von meinen Erlebnissen. Als ich auf die Flucht aus Treblinka zu sprechen kam, zeichnete sich Unglauben in seinen klaren und versoffenen Augen ab.

»Bist du während des Aufstands geflohen?« Ich wunderte mich, dass er vom Aufstand im Lager wusste. »Woher wissen Sie, dass es einen Aufstand im Lager gab?« fragte ich. »Ich habe einen genauen Bericht darüber von meinen Leuten in Małkina bekommen.«

Neugierig fragte ich ihn, wer er sei, und er nannte mir sein Pseudonym: Skała [poln.: Felsen]. Er wollte wissen, ob ich schießen könne. Dann wies er mich an, am nächsten Tag zu einem Geschäft im Hinterhaus an der Jerusalemer Allee zu kommen. Dort werde eine Frau mit einem schwarzen Barett auf mich warten. Ich sollte mehrere Male laut nach einer Halbliterflasche Wodka und Rollmöpsen fragen. Dann wollte er noch wissen, ob ich über Papiere verfügte. Als ich ihm antwortete, dass meine nicht gut seien und ich mich damit nicht anmelden könnte, sagte er, die Frau, mit der ich mich treffen würde, werde alles regeln. Am Ende sagte er noch, ich solle tun, als ob ich ihn nicht kenne, wenn ich ihn irgendwann einmal wieder treffen würde. »Ich bin nur wegen unseres gemeinsamen Bekannten persönlich zu dem Treffen gekommen.«

Als ich bezahlen wollte, hielt er mich zurück, und meinte, es sei schon bezahlt. Kurz darauf verließ er das Lokal. Ich blieb noch einige Minuten.

Am kommenden Nachmittag begab ich mich zu dem geheimen Treffen. An der Ecke Marszałkowska-Straße und Jerusalemer Allee stieg ich aus der Straßenbahn. Dann ging ich zur Neuen Welt[25]. Auf der Marszałkowska-Straße ging ich auf der Seite mit den ungeraden Hausnummern. Als ich die Toreinfahrt des Hauses Nummer 11 erreichte, schaute ich mich noch einmal auf der Straße um. Auf der anderen Seite patrouillierten ein paar Gendarmen und eine Gruppe Soldaten in blauen Uniformen ging an mir vorbei. Der Verkehr auf der Straße war normal, also betrat ich die Toreinfahrt. Im Hinterhaus befand sich ein Lebensmittelgeschäft. Es war überfüllt mit Kunden.

Einer nach dem anderem bestellte laut Waren. Der Laden war für Kriegszeiten gut ausgestattet. Ich stand unentschlossen da und bat über die Köpfe der anderen Kunden hinweg lautstark um einen halben Liter Wodka und Rollmöpse. Ich wiederholte noch mehrere Male meinen Wunsch, aber niemand schenkte mir Beachtung. Neben mir stand eine unauffällige Frau. Sie sah mir bei meinen erfolglosen Bemühungen zu. Eine merkwürdige Situation. Eine Frau mit einem Barett gab es nicht. Unschlüssig stand ich herum und wusste nicht, was ich jetzt tun sollte. Plötzlich stellte sich die Frau neben mir auf die Zehenspitzen und küsste mich direkt auf den Mund, als würden wir uns schon seit Jahren kennen. Sie bemerkte meine Verwunderung, sagte aber unbekümmert: »Du siehst doch, dass es hier voller Menschen ist, warum also schreist du dich heiser wegen ein paar einfacher Rollmöpse. Das, was sich lohnt zu kaufen, ist die Flasche Wodka.«

Trotz der Menschenmenge und des Durcheinanders im Laden, reichte uns die Verkäuferin über die Köpfe der Kunden hinweg eine Halbliterflasche Wodka. Die energische und sympathische Person neben mir drängte mich nach draußen und brachte mich zum Wohnhaus Nummer 7, das sich ganz in der Nähe befand. Dort befand sich im dritten Hof im Erdgeschoss eine Stempelwerkstatt. Später erfuhr ich, dass sie ihrem Vater gehörte. Die Werkstatt grenzte an die Wohnung. Das kleine Zimmer meiner neuen Bekannten befand sich direkt hinter der Durchgangstür. Sie führte mich hinein und stellte sich als Stefa vor. Ich antwortete: Igo. Sie lud mich ein, mich aufs Sofa zu setzen, während sie durch das Zimmer ging und Wodka und ein paar Kleinigkeiten zu essen vorbereitete. Beim Essen und Trinken fragte sie mich dann aus. Ob ich Jude sei. Mit Kennerblick stellte sie fest, dass ich nicht so aussähe. Ich erwiderte, dies sei mein ganzes Glück. Ob ich eine Waffe hätte und mit ihr umgehen könne. Nein, ich hatte keine, wüsste aber mit Waffen umzugehen. Sie wollte wissen, wovon ich lebte. Ich antwortete, dass ich mich durchschlüge, indem ich Bilder verkaufte, die mein Vater malte. Das Zimmer, in dem wir uns befanden, war nicht groß, es gab einen Schrank und ein Regal, auf das Bücher geworfen worden waren. Das große Sofa, auf dem wir eng beieinander saßen, nahm den größten Teil ein. Wir kamen auf meine jüngsten Erlebnisse zu sprechen. Nachdem ich geendet hatte, griff sie in eine

Ledertasche, die auf dem Boden stand und holte einen blutigen Lappen heraus, in den eine Parabellum gewickelt war. Sie gab ihn mir und erzählte, dass sie von einer Patrouille deutscher Gendarmen angehalten worden war: »Sie wollten wissen, was ich in der Tasche hatte. Als ich sie öffnete, sahen sie den blutigen Fetzen und schrien angeekelt: *Raus.*«

Unter diesem Fetzen befand sich der Revolver. Sie hatte sich sehr erschreckt, aber glücklicherweise war alles gut gegangen. Wir rauchten eine Zigarette, als ich plötzlich ihre Hand auf meinem Bein fühlte. Stefa lächelte unschuldig: »Und wie ist es mit den Frauen bei dir? Wahrscheinlich warst du schon lange nicht mehr mit einer zusammen?«

Ich drückte sie an mich und schloss ihr mit einem leidenschaftlichen Kuss die Lippen. Als ich mich später fertig machte zum Gehen, erinnerte sie mich noch daran, dass ich den Revolver nur für ein paar Tage geliehen bekommen hatte: »Du musst dir mit der Zeit selbst einen besorgen.« »Wie?« fragte ich. »So wie üblich«, antwortete sie, »einfach durch *Hände hoch.* Du gehst durch Warschau und suchst dir einen Deutschen, den du dann in eine ruhige Seitenstraße drängst und ihm die Waffe abnimmst. Den ersten Revolver kannst du behalten. Die folgenden gibst du mir. Du brauchst bei deiner Arbeit eine Frau. Hast du schon eine im Auge? Wenn nicht, dann kann ich das für dich regeln. Ich beschaffe dir einen Kontakt zu einem unserer Mädchen. Besser wäre es allerdings, wenn du dir selbst eine Kumpanin besorgst.«

Ich antwortete, dass ich wahrscheinlich schon eine wüsste, mich allerdings noch vergewissern müsse. Das weckte ihre Neugier: »Lebst du mit ihr?« Ich antwortete ausweichend. Am Ende warnte sie mich noch: »Denk dran, du darfst keinen Deutschen ohne triftigen Grund töten. Für jeden getöteten *Schwaben* [Schimpfwort für Deutsche] werden Hunderte unschuldige Menschen erschossen. Erschieß sie nur zur eigenen Verteidigung. Wenn du dich nicht daran hältst, spricht die Armia Krajowa [AK, Heimatarmee – Widerstandsbewegung im besetzten Polen] das Todesurteil gegen dich aus.«

»Wo bin ich denn jetzt gelandet. In einer Widerstandsgruppe? Auf welchen Befehl muss ich handeln? Wer war der Arbeiter, der mich zu dir geschickt hat?«

»Er ist unser General, und du bist jetzt in der Polnischen Volksarmee [PAL – Polska Armia Ludowa]. In unseren Reihen befinden sich Leute, die politisch links stehen.«

Ich verabschiedete mich herzlich von Stefa und ging zu einer Verabredung mit Hanka. Zusammen gingen wir in den Park Skaryszewski. Ich erzählte ihr kurz von meinem Treffen. Natürlich ohne die Vornamen zu nennen. Als ich meinte, dass ich für meine Aktionen eine Frau brauche, bot sich Hanka sofort an.

Ich erinnere mich an meine Taufe als Kämpfer auf den Straßen von Warschau. Es wäre gelogen, wenn ich sagen würde, dass ich ruhig war. Meiner Nervosität konnte ich mich nur mit äußerster Anstrengung erwehren. Dann sahen wir einen Deutschen, der auf uns zukam. Er torkelte, als sei er betrunken. Wir taten so, als bemerkten wir ihn nicht und redeten lebhaft miteinander. Als er auf unserer Höhe war, zog ich blitzschnell den Revolver aus der Hosentasche und zischte durch zusammengebissene Zähne: *Hände hoch!* Der Deutsche erstarrte. Wahrscheinlich war er auf einen Schlag nüchtern. Zitternd wie Espenlaub streckte er gehorsam seine Hände in die Höhe. Hanka ging an seine Seite und zog seinen Revolver heraus. Lächelnd trat sie zurück und mit einem Kopfnicken gab sie ihm zu verstehen, dass die Operation beendet war. Er drehte sich um und ging weiter, während wir die Beine unter die Arme nahmen. Hinter der nächsten Ecke hörten wie die Schreie eines Deutschen.

Wir tauchten in der Menge unter und schlenderten langsam weiter. In einem Restaurant bestellten wir Schweinekoteletts und Wodka. Die Gläser klingelten in unseren vor Aufregung zitternden Händen. Trotz ihres jungen Alters hielt Hanka beim Trinken mit. Das war Anfang März 1944. Die Nachrichten in der deutschen Presse klangen immer besser. Sie schrieb, die Deutschen nähmen strategische Punkte ein, wie sie es von vornherein geplant hätten und begradigten zielgerichtet die Frontlinie. Zwischen den Zeilen erfuhren wir, dass die deutsche Armee unter dem Druck der russischen Armee zusammenbrach. Für uns alle war dies das Zeichen des nahen Kriegsendes.

An verschiedenen Punkten der Stadt hatte man an Pfosten Megafone angebracht, die von der Bevölkerung Kläffer genannt wurden. Durch diese verkündete man die Erfolge an der Ostfront. Von Zeit zu Zeit schaltete sich das polnische Widerstandsnetz ein, unterbrach den Hagel von Lügen und informierte über die tatsächlichen Ereignisse. Sie begannen immer mit den Worten: »Hier spricht der polnische Widerstand.« Diese Übertragungen hoben die Moral der Warschauer Bevölkerung. An einem grauen Märztag fuhr vor dem Haus an der Grójecka Straße 84 ein mit Planen abgedeckter Lastwagen vor. Heraus sprang eine Gruppe deutscher Gendarmen und lief in den Hof des Hauses. Ein paar Minuten später kamen sie zurück und führten mehr als dreißig Personen mit sich – Männer, Frauen und Kinder. Abends erzählte die Hausmeisterin, dass in dem Haus ein Gewächshaus gewesen war. Es hatte einem Gärtner gehört, der darunter einen Unterschlupf gebaut hatte, in dem sich Juden versteckt gehalten hatten. Die eifersüchtige Geliebte des Gärtners hatte ihn angezeigt. Die Deutschen hatten das Versteck gefunden und zusammen mit den Juden auch den Gärtner und seine gesamte Familie verhaftet. Die Neuigkeit verbreitete sich wie ein Lauffeuer in der ganzen Grójecka-Straße. Ein paar Tage später erfuhren wir, dass sie alle hinter den Ghettomauern, im Pawiak-Gefängnis, erschossen worden waren. Unter den Ermordeten befanden sich auch der jüdische Historiker Emanuel Ringelblum und seine Frau.

Nach diesem Zwischenfall forderten unsere Gastgeber uns eindringlich auf auszuziehen. Sie begründeten das damit, dass sie die Zimmer für Verwandte brauchten, die aus der Provinz anreisen würden. Es gab keinen Ausweg – wir mussten unser Hab und Gut packen und ausziehen. Ich durchquerte die große Stadt und suchte eine neue Wohnung. Ich wandte mich an Makler und notierte Adressen aus Zeitungsanzeigen. Eines Tages bekam ich die Adresse einer Wohnung in der Żurawa-Straße. Im dritten Stock gab es ein Zimmer. Das Viertel war gut, das Zimmer schön und sonnig. Die Vermieterin, eine gutmütige ältere Frau, schloss mich und Hanka, die mich zu der angegeben Adresse begleitet hatte, in ihr Herz. Im Gespräch stellte sich heraus, dass sie aus einer adeligen Familie stammte. Sie erzählte, wie viele Familienmitglieder bereits von den Deutschen ermordet worden waren. Viele waren an der Front gefallen, andere in den Konzentrationslagern umgekommen. Fast hundert Personen aus ihrer Familie waren in der Besatzungszeit getötet worden. Während ich ihren Ausführungen lauschte, wuchs meine Überzeugung, dass sich das Zimmer für uns eignete. Wichtig war mir nicht, ob das Zimmer gemütlich war, sondern, ob seine Besitzerin aus dem gleichen Holz geschnitzt war wie wir und ebenfalls viel durchgemacht hatte. Plötzlich aber hörte ich den folgenden Satz aus dem Mund der älteren und kultivierten Dame: »Hitler müsste man ein goldenes Denkmal dafür errichten, dass er all die Juden ermordet hat.«

Niedergeschlagen und enttäuscht verließ ich die Wohnung. Auf dem Weg versuchte Hanka, mich aufzumuntern: »Guck mich an, ich bin auch Katholikin und trotzdem teile ich dein Los.«

Schließlich fanden wir ein Zimmer bei der Frau eines Richters in der Natolińska-Straße. Die Wohnung war weiträumig und elegant und das Zimmer verfügte über alle Annehmlichkeiten. Wir fanden einen Menschen mit einem zweirädrigen Wagen, auf den wir unsere gesamte Habe luden. Sie bestand aus der Staffelei meines Vaters und mehreren Bildern. Den meisten Platz nahm ein papierner Strohsack ein. Hanka hatte nichts zu tun und beschäftigte sich damit, unseren Umzug zu fotografieren. Wir wohnten schon über zwei Wochen dort und genossen den Luxus, den wir lange nicht mehr gehabt hatten. Die Vermieterin hatte nicht erwähnt, dass wir uns anmelden sollten, was uns sehr entgegenkam. Es schien uns, als könnten wir hier ruhig auf das Ende des Krieges warten. Mutter besuchte uns alle zwei Wochen sonntags. Hanka wohnte bei mir. Zusammen führten wir den Haushalt. Alle paar Tage führten Hanka und ich unsere *Hände hoch!*-Aktionen durch, die uns allerdings nicht immer glückten. Eines Tages betrat ich nach einer solchen missglückten Aktion das Esslokal RGO auf der Filtrowa-Straße, um eine billige Suppe zu essen. An einem Tisch saß ein älterer Herr mit langen grauen Haaren. Er erinnerte mich sehr an einen Häftling aus Treblinka – Wiernik. Ich ging auf ihn zu und fragte: »Entschuldigen Sie, kennen wir uns nicht zufällig?« Er schaute mich deutlich beunruhigt an und sagte, jedes Wort deutlich aussprechend: »Vielleicht. Lassen Sie uns reden. Ich komme gleich zu Ihnen.«

Ich kehrte an meinen Tisch zurück, das Gespräch kam allerdings nicht zustande. Mein Bekannter machte sich aus dem Staub. Ein paar Tage später traf ich ihn auf der Jerusalemer Allee wieder. Er ging in sich versunken, in den Händen eine Axt. Jetzt war ich mir noch sicherer.

»Mensch«, rief ich, »Sie sind Tischler?« »So ist es«, erwiderte er überrascht. »Wiernik, erkennen Sie alte Bekannte nicht mehr? Nun, erinnern Sie sich, ich habe im *Kommando Tarnung* gearbeitet«, fügte ich mit leiser Stimmer hinzu, »in Treblinka.«

Erst jetzt fielen sämtliche Zweifel und Ängste von ihm ab. Wir umarmten uns herzlich und unterhielten uns lange über unsere Erlebnisse und Abenteuer nach der Lagerzeit. Er erzählte mir, dass sein Buch mit dem Titel *Ein Jahr Treblinka* im Untergrund herausgegeben worden sei.

Eines Tages ging ich mit Hanka die Neue Welt hinunter. Ein Mann ging im gleichen Tempo hinter mir her. Ich beobachtete ihn aufmerksam, jeden Moment bereit zur Flucht. Ich befürchtete verfolgt zu werden. Automatisch griff ich in meiner Hosentasche nach meiner Pistole. Plötzlich hörte ich, wie mein vermeintlicher Verfolger meinen Spitznamen aus Treblinka flüsterte: »Kacap.« Verblüfft drehte ich mich um und sah einen jungen, blondhaarigen Mann, der ein sympathisches Äußeres und ein fröhlich lachendes Gesicht hatte. Ich erkannte ihn sofort als einen Häftling Treblinkas, den Lagerklempner Zygmunt Strawczyński. Mein naher Freund und lieber Kumpel. Wir gingen in die erste Toreinfahrt und küssten uns innig. Hanka wusste anfangs nicht, was vor sich ging. Nach einer Weile begaben wir uns zu dritt in unsere Wohnung. Zusammen mit Vater feierten wir dieses unerwartete Wiedersehen.

Die Ereignisse spielten sich jetzt in erheblich höherem Tempo ab, als wir erwartet hatten. Mit der neuen Offensive der Roten Armee drang das russische Heer bis an die Grenzen Polens vor. Immer öfter hörten wir in der Ferne dumpfe Artillerieexplosionen. Über Warschau erschienen die ersten russischen Flugzeuggeschwader. Immer öfter zogen geschlagene deutsche Fahrzeugkolonnen durch die Straßen. Die Wagen wurden von vor Müdigkeit beinahe umfallenden Pferden gezogen, in beschädigten Autos fuhren unrasierte und schmutzige deutsche Soldaten. Von ihrer früheren Dreistigkeit und ihrem Hochmut war nun nichts mehr zu merken. Der Krieg machte ihnen jetzt deutlich zu schaffen. Die Warschauer Bevölkerung kam auf die Straßen und beobachtete lächelnd die vorbeifahrenden Reste der arroganten deutschen Wehrmacht. Scherzhaft nannte man sie das Begräbnis Hitlers.

Der letzte Akt des Dramas begann, aber niemand konnte sich vorstellen, dass das Ende für Warschau so tragisch werden würde.

Der Warschauer Aufstand

Es war ein sonniger 1. August 1944. Wir lebten in Warschau unter dem Eindruck der sich ausweitenden Offensive der Roten Armee. Im Osten hörte man das Getöse der Geschütze und Stalinorgeln. Der Feuerschein näherte sich der Hauptstadt. Ich saß mit Hanka und Vater zuhause, als das durchdringende Heulen der Alarmsirenen durch die Stadt gellte. Im ersten Moment dachten wir, man wolle uns vor einem Fliegerangriff warnen. Ich rannte zum Fenster und sah auf die Straße. Ich sah Menschengruppen, die schnell über die Bürgersteige liefen, panikartig flüchtende Fußgänger und einige gebückte Silhouetten, die in Richtung Koszykowa-Straße eilten. Ein paar Minuten später erschallten in der Nähe Schüsse und das Hämmern eines Maschinengewehrs. Ich war aufgeregt und neugierig. Schnell verabschiedete ich mich von Vater. Ich wollte mich auch von Hanka verabschieden, aber sie bestand darauf, mich zu begleiten. Aus dem Bett nahm ich die Pistole und zwei Granaten mit. Zu zweit rannten wir auf die Straße. Es war deutlich, der Aufstand in Warschau hatte begonnen. Bewaffnete junge Leute wiesen die Fußgänger an, sich in den Toreinfahrten zu verstecken. Aus allen Richtungen liefen bewaffnete Aufständische heran. Im Schutz der Hauswände rannten sie zur Koszykowa-Straße. Dort hielt der Kampf an. Ukrainer schossen aus den Fenstern der ehemaligen tschechischen Botschaft. Ich betrat die Toreinfahrt des Hauses Nummer 13 und schloss mich den angreifenden Kämpfern an. Neben mir schoss ein junger Mann mit rotweißer Armbinde mit einem Gewehr. Ich sah, wie er plötzlich verwundet wurde und auf den Bürgersteig fiel. Ein Junge griff sich das nutzlos gewordene Gewehr und nahm seinen Platz neben mir ein. Zwei junge Mädchen mit Armbinden des Roten Kreuzes zogen den Verwundeten geschickt aus der Schusslinie und trugen ihn auf einer Trage ins Haus. Mit ein paar anderen Kämpfern in ziviler Kleidung überquerten wir die Straße und erreichten die Mauern der Botschaft. Aus den Fenstern beschossen die Ukrainer das Haus, aus dem wir auf die gegenüberliegende Seite gelaufen waren. Da sie unter ständigem Beschuss durch die Aufständischen standen, konnten sie sich nicht aus dem Fenster lehnen, um uns zu sehen. Wir wurden außerdem von Deutschen beschossen, die in der Rosenallee in Stellung lagen. Sie gaben panisch wahllose Schüsse ab. Wir schoben uns an der Mauer entlang

Richtung Eingangstür. Als ich diese erreicht hatte, warf ich eine Granate ins Innere. Sofort nach der Explosion stürmte unsere Gruppe, bestehend aus sechs Personen, in den Flur. Ich befürchtete, beschossen zu werden und warf die zweite Granate. Die Ukrainer hörten auf zu schießen. Wir drangen in die Zimmer des Erdgeschosses. Auf dem Weg trafen wir auf mehrere getötete Ukrainer. Ich rannte mit gezogener Pistole. Da öffnete sich die Tür eines Zimmers. Ein Ukrainer mit einem Gewehr in der Hand stürmte heraus. Ich schoss, die Kugel traf ihn direkt in den Kopf, er fiel tot um. Aus dem ersten Stock ertönten immer noch Kampfgeräusche. Kurze Zeit später kehrte Ruhe ein. Aufständische kamen aus dem ersten Stock herunter. Wir konnten es selbst kaum glauben, dass wir die Botschaft eingenommen und dabei keinerlei Verluste erlitten hatten. Als wir uns in den Fenstern der Botschaft zeigten, jubelten uns die Aufständischen von der anderen Seite der Straße zu. Zwischen den Jubelnden sah ich Hanka, die glücklich mit der Hand winkte.

Währenddessen wurde das Feuer aus der Rosenallee, der Richtung des deutschen Viertels, stärker. Es war so intensiv, dass keine Rede davon sein konnte, das Gebäude zu verlassen. In der Botschaft erbeuteten wir eine große Anzahl Waffen, die wir auf die andere Seite zu den dortigen Kämpfern schaffen wollten. Wir riefen ihnen zu, uns ein Seil zuzuwerfen. An dem Seil ließen wir die Waffen aus dem ersten Stock herunter. Ich behielt eine Maschinenpistole. Den Kopf schützte ich mit einem erbeuteten deutschen Helm, auf dessen Rückseite ich einen weißen Streifen klebte. Dies war das Erkennungszeichen, dass ich kein Deutscher sei. Im Schutz der Nacht verließen wir das von uns eroberte Gebäude. An unsere Stelle traten andere Aufständische. Jemand aus der Gruppe, in der ich kämpfte, erkundigte sich, wer ich sei. Ich erklärte ihm, ich hätte mich, nachdem ich begriffen hatte, dass der Aufstand begonnen hatte, der ersten Gruppe Kämpfender angeschlossen. Er meinte, ich solle mich beim Anführer melden. Als ich wissen wollte, wo der sich aufhielt, sagte man mir, er sei verwundet worden und im Haus in der Natolińska-Straße 4 zu finden. Als ich das Zimmer betrat, erkannte ich ihn schon aus der Ferne, da er damit beschäftigt war, den um ihn herum stehenden Aufständischen Befehle zu erteilen. Als ich an sein Bett trat, erblickte ich den jungen Mann, der neben mir gekämpft hatte. Er fragte mich, ob ich der AK angehören würde. Ich antwortete, ich sei Freiwilliger. Er wollte mein Pseudonym und meinen Namen wissen. Ich dachte einen kurzen Moment nach. Dann kam ich zu dem Schluss, dass es besser sei, meinen echten Namen anzugeben für den Fall, ich würde fallen. Ich nannte ihm meinen Namen Samuel Willenberg. Alle im Raum sahen mich neugierig an. Als ich ihre Verblüffung bemerkte, fügte ich hinzu: »Ich bin Jude. Ich war in Treblinka.«

Niemand im Raum sagte etwas. Der verwundete Kommandant befahl mir, mich in die Liste der Aufständischen einzutragen. Unsere Abteilung hieß die 7. Gruppe

Lodeckis. Da die Seite der Natolinski-Straße mit den geraden Hausnummern zum deutschen Viertel gehörte, befürchtete man, die Deutschen könnten sie jeden Moment einnehmen. Deswegen musste die sich dort aufhaltende Zivilbevölkerung evakuiert werden. Als das Gelände von allen verlassen worden war, zogen sich auch die Aufständischen auf die andere Straßenseite zurück und nahmen dort ihre Positionen ein. Wir verbarrikadierten uns, versperrten die Toreinfahrten und die Fenster im Erdgeschoss. In den Fenstern im ersten Stock stellten wir Posten auf. Unsere Befürchtungen bewahrheiteten sich. Haus um Haus steckten die Deutschen auf der gegenüberliegenden Seite in Brand.

Zwei Tage hatte ich Vater nicht gesehen. Ich hörte jedoch von Hanka, dass er seine Wohnung verlassen hatte und sich auf unserer Seite befand.

Ich stand auf meinem Posten und beobachtete, wie die Flammen in den Häusern gegenüber in die Höhe schlugen. Plötzlich hörte ich durch das Knistern des Feuers und das Bersten der Fenster den Klang eines Klaviers. Im ersten Stock spielte jemand das *Preludium* von Chopin. Die Klänge der wunderbaren Musik breiteten sich lange Zeit aus, als sei sich der Spielende nicht bewusst, in welcher Gefahr er sich befand. Die Flammen erreichten bereits den ersten Stock, als die letzten Töne erklangen. Niemand erschien am Fenster und niemand rief um Hilfe. Der geheimnisvolle Virtuose verbrannte, ohne sich der Welt zu offenbaren.

Ein paar Tage später nahmen wir neue Positionen ein. Diesmal befand sich unsere Barrikade auf der Koszykowa-Straße und schützte die Straße. Wir beschossen die deutschen Soldaten, die vom deutschen Viertel aus auf uns feuerten. Neben mir lag ein junger, empfindsamer, intelligenter Junge mit dem Pseudonym Andrzej. Unsere Bekanntschaft hielt nicht lange an, trotzdem klebten wir aneinander wie zwei Brüder. In den kurzen Pausen zwischen den Schießereien unterhielten wir uns miteinander wie zwei alte Freunde, die sich seit Jahren kannten. Leider war es uns nicht gegeben, das Band einer langen Freundschaft zu knüpfen. Eines Tages brachten die Verbindungsleute Kaffee auf die Barrikade. Die Deutschen unterbrachen ihren Beschuss für eine Weile und wir konnten die Gelegenheit nutzen und unseren Durst stillen. Ich schlug mich gerade zu den beiden Mädchen durch, als ich seine fröhliche Stimme hörte: »Igo, zwei Ka...« Weiter kam er nicht mehr. Ein Schuss fiel und Andrzej gab keinen Schrei von sich. Er fiel so ruhig auf die Seite, als ob ihn der Schlaf übermannt hätte. Ein großer Blutfleck färbte sein Hemd. Als wir bei ihm ankamen, lebte er bereits nicht mehr. Wir trugen den Körper auf die Seite und in Trauer und Wut eröffneten wir ein wildes Feuer auf die Deutschen.

Leutnant Lis, ein ehemaliger Auschwitzhäftling, sprang sogar mitten auf die Straße und schoss mit seiner kleinen Sten auf die Deutschen. Mit Gewalt mussten wir ihn aus seiner gefährlichen Position zurückholen. Mit Andrzej verlor ich einen meiner liebsten Kampfgefährten.

Man verlegte uns jetzt an unterschiedliche Orte. Die Kämpfe nahmen an Intensität zu. Ich wurde zum Haus der Methodisten am Platz Zbawiciela geschickt. Dort beschossen wir Deutsche, die verwundete Aufständische ermordet hatten. Kollaborierende Ukrainer hatten mit Steinen die Köpfe der wehrlosen Verwundeten eingeschlagen. Uns bot sich ein schrecklicher Anblick. Die Kämpfe dauerten Wochen. Sie wurden immer schwerer. Wir verteidigten die Positionen mehrere Tage ohne Unterbrechung. Meistens schoss einer von uns, während der zweite unter dem Fenster schlief. Auf der Barrikade auf der Marszałkowska-Straße beim Platz Zbawiciela bemerkten wir eines Tages eine Menschenmenge, die sich auf uns zu bewegte. Die Leute winkten mit Tüchern in unsere Richtung und gaben uns auf diese Art zu verstehen, dass wir nicht auf sie zu schießen sollten. Wir befürchteten, hinter der Menge würden deutsche Panzer auftauchen, so wie es früher schon passiert war. Wir warteten in äußerster Anspannung. Männer, Frauen, Kinder und Alte erreichten die Barrikade. Panzer gab es keine. Die Deutschen hatten begriffen, dass wir ohne Lebensmittel waren und schickten uns mehr Menschen, damit der Hunger uns zum Aufgeben bewegen würde. Von den Vorstädten und der Umgebung belegten sie uns ohne Pause mit Artilleriebeschuss. In den von den Aufständischen besetzten Vierteln führten Geschosse von Minenwerfern zu allgemeinem Chaos. Der Schuss selbst verursachte einen schrecklichen Ton, ähnlich dem Gebrüll von Kühen. Deswegen nannten wir die fliegenden Minen auch Kühe. Viele Menschen fielen ihnen zum Opfer, auch viele Häuser wurden zerstört. Auf weiter entfernten Bahngleisen stellte man Batterien der schwersten Sorte auf, die uns unbarmherzig beschossen. Tagsüber schaltete sich zusätzlich die Luftwaffe in den Kampf ein, die systematisch Straße um Straße bombardierte. Prächtige Gebäude, Paläste, Wohnhäuser, moderne Einrichtungen der Hauptstadt, Plätze und Straßen verwandelten sich langsam in ein Trümmerfeld. An unzähligen Plätzen der Stadt loderten Feuer. Über Warschau hing eine aschfarbene Rauchwolke und nachts stieg aus der brennenden Metropole ein flackernder, heller Feuerschein in die dunkle Himmelskuppel.

Auf der Straße des 6. August steckten die Deutschen die Häuser 22 und 24 in Brand. Hatten die Häuserskelette sich auch nur ein wenig ausgekühlt, setzten die Deutschen sich in den Ruinen fest, um von dort Attacken auf unsere Positionen auszuführen. Wenn ihnen das gelingen würde, hätten sie das Häuserkarree zwischen den Straßen 6. August, Natolińska, Mokotowska und Koszykowa von der Innenstadt abgeschnitten. Wir entschlossen uns, die zwei Häuser einzunehmen um ihre Pläne so zu durchkreuzen. In schweren Kämpfen und mit großen Verlusten eroberten wir die beiden Häuser.

Mit der Zeit gewöhnt sich der Mensch an alle Situationen. Im belagerten Warschau spielte sich das Leben nach festen Regeln ab. Die Bewohner gewöhnten sich an die täglichen Bombardements, den Artilleriebeschuss, an den ständigen Wohnungswechsel. Das Leben selbst verlor seinen Wert. Niemand bewertete es jetzt so, wie noch in ruhigeren Zeiten. Die Mehrheit der Menschen fügte sich in ihr Schicksal und rechnete jeden Moment mit dem Tod. Auf der Krucza-Straße handelte man wieder mit Lebensmitteln, Dollars und Gott weiß womit noch. Es fehlte nicht an Unternehmergestalten, die in verbrannten Kellerlöchern und ausgebombten Häusern herumstöberten. Sie schleppten heraus, was auch nur irgendwie zu gebrauchen war. Tragödien fanden statt: Kinder verloren ihre Eltern, Mütter konnten ihre Kinder nicht finden, Alte starben vor Erschöpfung. Kranke fanden weder Medikamente, noch wurden sie versorgt. Unter diesen harten Bedingungen gewann der Abschaum an Oberwasser.

Eines Tages begab ich mich, nach stundenlangem Stehen an meinem Beobachtungsposten am Fenster und dem Schießen auf Ukrainer auf der anderen Straßenseite, in ein kleines Zimmer um dort auszuruhen. In einem weiteren Zimmer ruhten sich die Aufständischen der zweiten Gruppe aus. Durch die Tür unseres Zimmers sah ich, wie sie aus großen Gläsern Wodka tranken. Als sie mich bemerkten, schenkten sie mir auch etwas des teuren Getränks ein. Ich hatte den Inhalt bereits in einem Schluck hinuntergeschüttet, als ich einen merkwürdigen Geschmack im Mund bemerkte. Mein Rachen brannte. Auf meine Frage, was ich denn tränke, antworteten sie lachend: »Reinen Alkohol aus Hausproduktion.« Aus tiefem Schlaf weckten mich merkwürdige Geräusche. Aus dem Nachbarzimmer war Röcheln zu hören. Als ich die Tür öffnete, bot sich meinen Augen ein schrecklicher Anblick. Die sechs Aufständischen lagen in unterschiedlichen Positionen auf dem Boden und hatten Schaum vor dem Mund, die Pupillen waren aus ihren Augen verschwunden und nur das Weiß war zu sehen. Ich rannte schnell zum Stab in der Marszałkowska-Straße und informierte den Arzt über den Vorfall. Zusammen kehrten wir kurze Zeit später zurück. Der Arzt stellte nur noch den Tod der Aufständischen fest. Als er an dem Rest der Flüssigkeit im Glas roch, meinte er, sie hätten Methylalkohol getrunken. Wir bedeckten die Körper mit Decken und beerdigten sie noch am selben Tag mit militärischen Ehren.

Nach dem Dienst traf ich mich mit Hanka. Ich hatte von einem Aufständischen die Nachricht erhalten, sie wolle mich dringend sprechen. Ich überquerte die Mokotowska-Straße und ging zu einem Haus, von dem ein unterirdischer Gang zur Marszałkowska-Straße führte. Auf dem Weg hielten mich Bekannte aus der Abteilung Stolarzy an. Dieser Name stammte von ihrer Unterkunft, die sich in einer Tischlerei in der Mokotowska-Straße befand. Sie riefen: »Igo, geh mit uns, wir haben deutsche *Tauben* gepackt.«

Tauben nannten wir im Aufstand die Deutschen, die auf die Dächer der Häuser im Gebiet der Aufständischen stiegen und von dort auf Fußgänger schossen. Ihre Aktionen riefen Panik in der Bevölkerung hervor. Es herrschte die Wahnvorstellung, sie seien überall. Es schien, als seien sie überall zu sehen. Interessiert fragte ich: »Wo zum Teufel sind sie denn?«

Sie zeigten auf ein Haus an der Ecke Koszykowa und Mokotowska-Straße. Über eine Holztreppe stiegen wir zu einer Wohnung im dritten Stock des Hinterhauses. Vor der Wohnungstür stand ein junger Aufständischer mit einem Gewehr. Als er uns sah, salutierte er bewegt. In der Tiefe der dunklen Wohnung trafen wir eine alte Frau und einen vor Angst zitternden gebeugten Alten. Zwei junge Mädchen schauten erschreckt mit verweinten Augen aus der Küche. Die Alte rang ihre Hände und begann uns in gutem Polnisch zu erklären: »Meine lieben Herren, wir sind keine Feinde. Ich und mein Mann sind Polen. Nur unserer Herkunft nach sind wir Deutsche. Hitler hassen wir genau wie ihr. Die zwei jungen Mädchen hier sind keine Deutschen. Sie sind Jüdinnen, die sich bei uns verstecken.«

Ich sah interessiert auf die beiden verheulten Mädchen. Der Aufständische Kazik wusste, dass ich Jude bin. Er sagte: »Igo, rede mit ihnen in eurer Sprache.«

Ich ging zu den Beiden und sprach sie in meinem gebrochenen Jiddisch an, das ich im Ghetto gelernt hatte, und gab noch ein paar hebräische Worte dazu. Als sie die ihnen bekannte Sprache hörten, blitzte Hoffnung in ihren Augen auf. Sie begannen durcheinander zu sprechen: »Hören Sie, wir kommen nicht aus Warschau, sondern aus Kołomya in der Nähe von Lemberg. Wir haben unsere Familie verloren und sind von dort nach Warschau geflohen. Hier, bei diesen Volksdeutschen, haben wird Unterschlupf gefunden.«

Misstrauisch schauten sie auf die anderen Aufständischen. Eine sagte: »Wir fürchten uns vor denen.« Ich beruhigte sie, sie hätten von Seiten meiner Kollegen nichts zu befürchten[26]. Während unseres Gesprächs kam ein Aufständischer auf mich zu und meinte: »Igo, sag ihnen, dass sie sich um diese Wohnung kümmern sollen, denn da will ich nach dem Aufstand einziehen.«

Verblüfft sah ich ihn an. Dann erinnerte ich mich an die Menschenmenge, die vor dem Gemeindeamt in Częstochowa gestanden und auf Wohnungen von Juden gewartet hatte, die nach Treblinka gebracht worden waren. Ich wiederholte den Mädchen gegenüber seine Bitte, verständnisvoll den Kopf nickend. Nachdem ich mich vergewissert hatte, dass den Menschen dort nichts passieren würde, ging ich weiter. Ich beeilte mich, um zur Verabredung mit Hanka zu kommen, die das Pseudonym Wskazówka [poln.: Zeiger] hatte. Ich fand sie in einem Zimmer der Führung der AK. Beunruhigt und aufgeregt erzählte sie mir: »Igo, es gibt hier einige Typen der NSZ [Narodowe Siły Zbrojne – Nationale Verteidigungskräfte, extrem rechte Widerstandsgruppe]. 1944 schlossen sich die meisten Abteilungen der NSZ der AK an, die dich erschießen wollen, weil du Jude bist. Zu mir sind sie auch gekommen und haben mich bedroht, weil ich mich mit einem Juden eingelassen habe.«

Es fiel mir schwer, ihr zu glauben. Jedoch fiel noch an diesem Tag, als ich von der Barrikade auf der Marszałkowska-Straße in Richtung des Platzes Zbawiciela feuerte, ein Schuss. Die Kugel pfiff mir um die Ohren. Als ich mich erschreckt umdrehte, sah ich den Lauf eines Gewehrs in einer Maueröffnung verschwinden. Ich konnte nicht glauben, dass das meine Kumpane gewesen waren, die zusammen mit mir ihr Blut ließen. Nach dem, was wir zusammen durchlebt hatten, nach den ganzen Kämpfen, die wir zusammen durchgestanden hatten, konnte ich glauben, dass sie mich jetzt töten wollten, weil ich ein Jude bin. Die Verbindungsfrau der AK, Aniuta Orzech, Tochter des Anführers des Bundes in Warschau, kam zu mir auf die Barrikade und brachte mir die von der AK herausgegebene Zeitung mit dem Namen: *Barrikade*. Ich besprach mit ihr meine jüngsten Erlebnisse. Sie sagte mir: »Igo, du bist selbst schuld. Du hättest dich nicht zu deiner jüdischen Abstammung bekennen sollen. Hunderte Juden kämpfen in den Reihen der AK, aber sie tun dies als Katholiken. Ich bekenne mich auch niemandem gegenüber zu meinem Judentum.« Aufgebracht unterbrach ich sie: »Aber versteh doch Aniuta, das war im Kampf, als ich mich den Reihen der AK anschloss. Ich habe ihnen direkt nach der Eroberung der tschechischen Botschaft gesagt, dass ich Jude bin. Ich habe dies dem Kommandanten der Abteilung gesagt, der neben mir verwundet wurde, während des gemeinsamen Kampfes. Ich wollte nicht unter falschem Namen fallen.«

Aniuta unterbrach mich: »Leider, Igo. Juden fallen im Kampf in den Reihen der AK unter den unterschiedlichsten Pseudonymen, nur nicht unter einem jüdischen.«

Niedergeschlagen und aufgewühlt wegen der Ereignisse des vergangenen Tages ging ich auf der Marszałkowska-Straße in Richtung Hoża-Straße. Traurig sah ich mir auf dem Weg die Zerstörungen an, die mit jedem Tag mehr wurden. Warschau bröckelte unter den unaufhörlichen Bombardements und Beschuss immer mehr auseinander. An der Straße brannten die Wohnhäuser, brachen die Ruinen der ausgebrannten und zertrümmerten Gebäude zusammen. Es wurde immer schwieriger, sich auf den mit Schutt überfüllten Straßen zu bewegen. So viel Zivilbevölkerung war gestorben, dass man mit dem Ausheben von Gräbern nicht hinterherkam. Die Getöteten und Umgekommenen verscharrte man überall, wo es ging. In den Höfen, auf den Plätzen, den Straßen und Gärten. Überall sah man provisorisch in die Erde gerammte Holzkreuze.

Ich machte mir Sorgen um Vater. Ich hatte schon fast drei Wochen keinen Kontakt mehr zur Warschauer Innenstadt. Während des Barrikadenkampfs war ich von diesem Stadtteil abgeschnitten. Das einzige, was ich wusste, war, dass er sich nicht weit von mir in der Śródmieście, wie die Innenstadt hieß, aufhielt. In der Toreinfahrt eines Wohnhauses nahm ich einen älteren Mann wahr. Ich rannte zu dem in der Einfahrt verschwindenden Alten und ... fand Vater. Wir freuten uns beide, Vater gab mir mit Gebärden zu verstehen, dass er weiterhin vorgab, stumm zu sein. Nach dem, was mir am Tag zuvor auf der Barrikade passiert war, gab ich ihm im Geheimen Recht. Er schrieb auf ein Stück Papier: »Es ist jetzt sogar noch besser, dass sie nicht wissen, dass ich Jude bin.« Er machte mir Vorwürfe, weil ich ihn zurückgelassen hatte, um zu kämpfen. Ich erklärte ihm, ich müsste gegen die Deutschen kämpfen, wegen dem, was sie uns angetan hatten. Dafür, dass sie unser gesamtes Volk ermordet hatten. »Ich habe von Hanka erfahren, dass du zusammen mit allen Bewohnern der Natolińska-Straße evakuiert worden bist und ich nahm an, dass du zusammen mit den anderen Bewohnern des Hauses eine neue Unterkunft gefunden hast. Ich, wie du siehst, kämpfe die ganze Zeit in den Reihen der AK.«

Der Schmerz zog mir mein Herz zusammen, als ich an den Schuss dachte, der am vorigen Tag in meine Richtung abgegeben worden war. Dann fügte ich hinzu: »Aber nicht mehr lange und alles ist vorbei.« »Was wird vorbei sein?« schrieb er. Um den Vater nicht traurig zu stimmen, sagte ich: »Der Aufstand.«

Er schaute mich an und schrieb: »Hast du gesehen, wie die Marszałkowska-Straße aussieht? Die Deutschen wollen dasselbe, was sie mit dem Ghetto gemacht haben. Sie wollen Warschau vernichten, die Bevölkerung ausrotten. Und die Russen, die auf der anderen Seite der Weichsel in Praga sitzen, tun nichts um Warschau zu befreien. Es sieht so aus, als warteten sie ab, bis uns die Deutschen allesamt ermordet haben und in der Stadt kein Stein mehr auf dem anderen steht.«

Wir kamen an die Treppe zum ersten Stock. Hier hatte Vater eine Ecke bei einem einsamen Menschen bekommen. Sein Bett stand in der Küche, unter dem Fenster zum Hof. In der Wohnung befand sich niemand außer uns. Wir konnten uns in Ruhe unterhalten. Vorwurfsvoll fragte ich ihn: »Warum bist du, Papa, nicht wie die anderen Hausbewohner in den Keller gezogen. Es ist dort weitaus sicherer als hier im ersten Stock. Jeden Moment kann hier eine Bombe fallen.« »Ich ziehe es vor, hier getötet und nicht im Keller lebendig begraben zu werden.« Dann bat er mich, ihn nicht mehr als Herr Lehrer anzusprechen. Er wollte alle wissen lassen, dass ich sein Sohn bin. Unbewusst war er wohl stolz darauf, dass ich gegen die Deutschen kämpfte. Als ich ihn ein paar Tage später wieder besuchte, hörte ich plötzlich, wie mich jemand rief: »Igo!« Ich drehte mich um und sah, wie Stefa auf mich zulief. Dieselbe Stefa, die die erste Verbindungsperson zwischen mir und der Polnischen Volksarmee gewesen war. Wir fielen uns in die Arme. Mich mit beiden Armen festhaltend fragte sie: »Igo, wo warst du die ganze Zeit?« Sie sah auf die Binde an meinem Arm und fragte verblüfft: »Bist du verrückt geworden? Du kämpfst in den Reihen der AK? Warum bist du nicht bei der PAL?« Ich erzählte ihr kurz, wie ich in die AK gekommen war und in welcher Gruppierung ich kämpfe. Ich fügte hinzu: »Und jetzt, nach all den Kämpfen, die wir zusammen durchgestanden haben, wollen meine Waffenbrüder mich töten. Ermorden, weil ich ein Jude bin. Ich verstehe diesen Hass nicht. Woher kommt er? Aus dem Schuldgefühl heraus, dass sie uns nicht geholfen haben, als es noch möglich war, Juden zu retten, bevor sie in die Gaskammern nach Treblinka transportiert wurden?«

Stefa und ich standen auf den Trümmern der einstmals schönen Marszałkowska-Straße. Stefa war von meiner Erzählung bestürzt: »Igo, nicht alle sind so. Geh mit mir zum Stab der Polnischen Volksarmee. Wir sind nicht weit entfernt. Er befindet sich in der Hoża-Straße 27.«

Wir betraten den Flur eines modernen Hauses und gingen runter in den Keller. Dort war ein großer Betonraum. In den Schwaden des Zigarettenrauchs fiel es mir im ersten Moment schwer, die sitzenden und stehenden Offiziere auseinander zu halten. Die Geräuschkulisse im Keller übertönte die Stimme Stefas. Da öffnete sich eine Seitentür des Kellers und die Gestalt des Arbeiters aus der Kirche erschien. Derselbe, der den Kontakt mit Stefa vermittelt hatte. Als er hereinkam, sprangen alle Offiziere von ihren Plätzen auf und jemand meldete ihm, ihn als General ansprechend, den Stand der Kämpfe, die sich in Żoliborz abspielten. Als ich den Titel hörte, stand ich wie versteinert. Der General hörte sich den Rapport an und guckte sich dabei im Keller um. Als sein Blick mich traf, rief er mir zu: »Und wo, zum Teufel noch mal, hast du dich die ganze Zeit aufgehalten? Seitdem der Aufstand begonnen hat, frage ich Stefa nach dir, aber sie wusste nicht, wo du steckst.«

Mit einer theatralischen Geste wies er auf mich und wandte sich an die Offiziere im Keller: »Ich stelle euch einen unserer Leute vor, die auf den Straßen Warschaus Deutsche vor dem Ausbruch des Aufstands entwaffnet haben.« Nach einer herzlichen Begrüßung legte er den Arm um mich und führte mich in sein Zimmer. Auf dem Weg rief er noch einer älteren Frau, die sich ebenfalls im Keller aufhielt, zu: »Tante! Bring uns was zu Essen.«

Einen Moment später brachte sie uns Wodka und Haferflocken. Beim Trinken beschwerte sich der General, dass er mehr Offiziere als Soldaten habe. »Die meisten unserer Leute kämpfen in Wola, in der Altstadt und in Kola. Durch die Deutschen sind wir von ihnen abgetrennt worden. Wir befinden uns in Śródmieście, in dem es nie Linke gab. In diesem Viertel war die Sozialistische Partei Polens immer in der Minderheit. Wir haben hier nur die unvollständige Brigade Dubois unter der Führung des Majors Ketling, eine Abteilung Gendarmen unter der Führung des Leutnants Osa. Zur Zeit stellen wir aus denen, die sich von der Brigade Syndykalistów aus der Altstadt durch Kanäle zu uns durchgeschlagen haben, eine neue Brigade zusammen. Wir befinden uns in einer schwierigen Lage. Uns umzingeln nicht nur die Deutschen, sondern auch die Kommandanten der AK, die uns hassen, allen voran Bor-Komorowski und Monter. Wir sind Kommunisten für sie. Du weißt ja schon, dass wir der bewaffnete Arm der Polnischen

Sozialistischen Partei sind. Für die Heimatarmee sind alle, die links stehen, Feinde. Sie wollten mir sogar den Tag und die Uhrzeit vom Beginn des Aufstands nicht mitteilen. Die Hurensöhne befürchteten, dass ich diese Information an die nicht weit entfernt stehenden Russen weiterleite.«

Dann fragte er mich, wo ich kämpfe. Ich erzählte ihm kurz von den Kämpfen, an denen ich teilgenommen hatte, und von den in meine Richtung abgegebenen Schüssen. Er hörte mir aufmerksam zu, kommentierte meine Erzählung nicht und rief dann laut: »Róg, komm her zu mir.«

Ein kleiner, schlanker Major betrat das Zimmer. Der General, der sein früheres Pseudonym Skała beibehalten hatte, stellte ihn mir vor: »Das ist der Stabschef der Polnischen Volksarmee.« Ohne Zeit zu verlieren fuhr er fort: »Schreib einen Brief an den General der Heimatarmee, Monter, und teil ihm mit, dass Ignacy Popow, Pseudonym Igo, unserer Armee angehört. In dem Moment, in dem er seine Einheit wieder findet, muss er an seine alte Organisation übergeben werden. So lautet die Abmachung zwischen allen kämpfenden Organisationen in Warschau. Gib mir den Brief zur Unterschrift und unterschreib auch selbst als Stabschef.«

Mir befahl er, mich am nächsten Tag beim Kommandanten Czermier vorzustellen. Er sagte mir, ich würde meinen offiziellen Dienst in der Polnischen Volksarmee als Offiziersanwärter Feldwebel beginnen.

Mit dem Brief des Generals lief ich zum Stab der AK, der sich auf der Ujazdowski Allee am Platz Trzech Krzyży befand. Der Offizier, der sich im Stab befand, befahl mir, zu meiner Einheit der AK zurückzukehren und weiter in ihren Reihen zu kämpfen. Er versicherte mir, dass er durch eine spezielle Verbindungsperson die Entlassung aus der AK schicken würde. Ich antwortete ihm, wenn ich jetzt zurückkehrte und bei ihnen kämpfte, müssten sie niemanden mehr entlassen, denn sie wollten mich umbringen, weil ich ein Jude bin. Nach kurzem Zögern überreichte mir der Offizier die Entlassungspapiere.

Wir stellten die Brigade Syndykalistów zusammen. Wir stationierten sie im Gebäude des Kinos Imperial. Am Anfang waren wir nur ein paar Personen. Leutnant Czermier, Feldwebel Jordan, der eine Mathematiklehrer und der andere ein begabter Pianist, ein Jude, ein Arzt und seine Frau, ebenfalls Juden. Mit der Zeit wurden wir mehr. Unter anderem kam mein alter Bekannter aus Treblinka – Wiernik. Am Ende zählte unsere Brigade etwa hundert Personen. Gleichzeitig erschien die Zeitung *Syndykalista*, herausgegeben von der PAL. Jede Nacht entzündeten wir in der Wilcza-Straße von den ersten Hausnummern bis zur Marszałkowska eine Reihe Feuer. Wir rechneten damit, dass russische Flugzeuge etwas abwerfen würden. Mehrere Nächte lang passierte nichts. Als wir die Hoffnung schon beinahe aufgegeben hatten, hörten wir in einer Nacht den Motor eines Flugzeuges – und dann Stille. Wir begriffen, dass der Pilot den Motor ausgestellt hatte. Kurz darauf fielen Säcke auf das Kopfsteinpflaster. In ihnen befanden sich Pepeschen [Maschinenpistolen] und Zwieback. Mit den Waffen rüsteten wir unser Brigade aus.

Eines Tages traf ich eine gute Bekannte aus der Zeit vor dem Aufstand. Sie war die Verbindungsperson zur Jüdischen Kampforganisation [ZOB – Żydowska Organizacja Bojowa]. Sie hatte uns Geld gebracht, als wir noch in der Grójecka-Straße wohnten. Ihr Name war Zosia. Sie war blond, klein und ›arischen‹ Aussehens. Als sie mich in der Tarn-Uniform der Aufständischen sah und den Auszeichnungen eines Feldwebel-Offiziersanwärters, bat sie mich, in der Sache ihres Bruders zu intervenieren. Er war von AK-Leuten verhaftet worden. Ich ging zu General Skała und erzählte ihm von dem Zwischenfall. Er gab mir drei bewaffnete Leute, die wie ich Pepeschen hatten. Auf dem Weg zu Czerniak, als wir beim Platz Trzech Krzyży waren, begannen die Deutschen die Taubstummenwerkstätten anzugreifen, in denen sich Aufständische verschanzt hatten. Eine Einheit, die den Kämpfenden in den Werkstätten zur Hilfe eilte, bemerkte uns drei mit den Pepeschen Bewaffnete, und bat uns zu helfen, den Angriff zurückzuschlagen. Die Taubstummenwerkstätten befanden sich direkt auf der Frontlinie. Nachdem die Deutschen zurückgeschlagen worden waren, gingen wir auf die Książeca-Straße, die nach Czerniaków führte. Wir drückten uns an den Wänden entlang, die uns vor dem Beschuss der SS unter dem Kommando Dirlewangers (seine Abteilungen bestanden nur aus Kriminellen) schützten.

Unter dem Beschuss der SS-Männer liefen wir über die Straße und sprangen in einen Graben, um uns vor den Kugeln zu schützen. Durch Gräben und zerstörte Häuser krochen wir weiter bis zum Untergeschoss eines Versicherungsgebäudes. Als wir im Heizraum waren, begann ein Angriff der SS auf die Positionen der Aufständischen. Wir gingen in den obersten Stock und beschossen von dort die sich heranschleichenden SS-Männer Dirlewangers. Nach einer Stunde war der Angriff abgewehrt, der zum Ziel gehabt hatte, die Verbindung zwischen Czerniaków und Śródmieście zu durchtrennen und wir gingen weiter nach Czerniaków.

Hier erfuhren wir, dass sich die Kommandantur der AK in der Okrąg-Straße befand. Vor dem Haus stand ein Wachposten. Er zeigte uns das Zimmer des Obersts im ersten Stock.

Als wir eintraten, sahen wir einen Oberst in Vorkriegsuniform am Schreibtisch sitzen. An seinen Seiten standen zwei Frauen in Tarnanzügen, die ihre Figuren betonten. Eine hatte braune Haare, die zweite blonde. Ich fragte den Oberst, warum ein Mitglied der PAL verhaftet worden war. Weil er Jude war? Ich bemerkte, dass der Oberst nur schwer seine Wut unterdrücken konnte. »Dieser Jude war ein Gestapospitzel«, knurrte er kurz. »Was sind die Beweise für eine solche Anschuldigung?«, fragte ich. »Wir fingen diesen Juden bei einer Volksdeutschen, bei der er wohnte.« »Herr Oberst, können Sie sich nicht vorstellen, dass der Jude sich vielleicht bei der Volksdeutschen vor den Deutschen versteckt gehalten hatte?«

»Ich fand in seiner Wohnung eine Liste mit allen jüdischen Spitzeln in Warschau«, meinte er triumphierend. Er nahm aus dem Schreibtisch ein Papier und überreichte mir die Liste mit jüdischen Namen. Ich sah sie mir genau an. Es gab keine Adressen darauf (die Adressen der Personen wurden an einem anderen Ort aufbewahrt, so dass sie im Falle einer Razzia nicht in die Hände der Gestapo fielen). Ich gab ihm die Liste zurück und fragte ihn ohne weiter nachzudenken:

»Befindet sich auf dieser Liste auch der Name Willenberg?« »Ja, in der Tat, Herr Offiziersanwärter. Habt ihr ihn in eurem Abschnitt geschnappt?«

»Nein«, antwortete ich kalt, »es war nicht notwendig, Willenberg zu schnappen. Er steht nämlich gerade vor Ihnen, Herr Oberst.«

Auf seinem Gesicht zeichnete sich Verlegenheit ab. Ich nutzte sein Schweigen und erklärte ihm, dies sei auf keinen Fall eine Liste von jüdischen Spitzeln, sondern von Juden, denen es gelungen war, aus dem Ghetto auf die »arische« Seite zu fliehen und die Hilfe von jüdischen Hilfsorganisationen in Anspruch nahmen. Auf der Liste tauchte auch der Name meines Vaters auf. Ich fragte erneut, wo sich der inhaftierte Jude befand. Er schaute mir direkt in die Augen und antwortete zynisch: »Ich weiß es nicht.« Ich sah ein, dass ich nicht mehr aus ihm herausholen würde und verließ das Zimmer. Meine drei Soldaten folgten mir. Die beiden jungen Frauen folgten uns nach draußen. Eine holte mich auf der Treppe ein und sagte leise: »Ich kannte den Maler Willenberg aus Częstochowa.« Ich erklärte ihr, dass ich sein Sohn sei. Die Dunkelhaarige flüsterte: »Ich bin auch Jüdin. Ich bin die Enkelin des Oberrabbiners Asza in Częstochowa.«

Als ich sie fragte, ob sie wisse, was mit dem inhaftierten Juden passiert sei, antwortete sie traurig, dass er erschossen worden war. Enttäuscht von der erfolglosen Aktion kehrte ich mit meinen Soldaten zur Brigade zurück.

Es war der 3. September, ein sonniger Morgen. Ich verließ den Bunker auf der Hoża-Straße, in dem sich der Stab der Polnischen Volksarmee befand. Als ich zur Ecke Marszałkowska kam, hörte ich hinter mir das Pfeifen eines Projektils aus einer Artilleriekanone, die auf einem Eisenbahnwagon befestigt war. Die Schlagkraft des Projektils war so groß, dass sie hohe Häuser zerstören konnte und tiefe Trichter von mehreren Metern Ausmaß hinterließ. Zum Pfeifen der Geschosse, die alle sechs Minuten fielen, kam das schreckliche Heulen der Raketen. Es folgten mehrere Explosionen. Die ganze Marszałkowska-Straße war mit Kalkstaub bedeckt, der von den auseinander brechenden Häusern fiel. Mit Erschrecken stellte ich fest, dass die Geschosse auf der Höhe der Straße niederkamen, wo sich die Wohnung meines Vaters befand. Ich rannte in die Richtung der beschossenen Häuser. Trümmerberge versperrten mir den Weg. Nur unter Schwierigkeiten erreichte ich das Haus mit der Nummer 60. Vor der Toreinfahrt häuften sich der Schutt auf, der einmal die oberen Stockwerke des

Hauses gewesen war, und machte es unmöglich, die Einfahrt zu betreten. Ich sprang über die Mauern und Ziegel und erreichte so die Einfahrt. Ich umging sie und gelangte in den Hof. Hier stapelten sich ebenfalls Trümmer der oberen Stockwerke in die Höhe. Ich sprang über riesige Mauerstücke und rannte zum rechten Treppenhaus. Auf der Treppe lagen Mauerteile und Glas verstreut. Unter Schwierigkeiten öffnete ich die Tür zu der Wohnung meines Vaters. Beunruhigt schaute ich mich im Zimmer um. Dann sah ich ihn, wie er auf dem Bett lag, unter einer Decke und einer dicken Lage Kalkstaub. Auf meinen Schrei »Papa« hin, öffnete Vater langsam seine Augen und zeigte mit einer resignierten Handbewegung auf die Zimmerdecke. Er sagte, die Bombe sei dort stecken geblieben. Und tatsächlich, über seinem Zimmer war der größte Teil des Hauses durch den Einschlag in Ruinen verwandelt worden. Als ich sah, dass er gesund und wohlauf war, löste sich meine Anspannung der letzten Stunden in einem Aufschrei.

»Es ist genau das passiert, was ich vorausgesehen hatte. Ich habe dich so oft gebeten, in den Keller zu gehen. Aber du hast immer darauf bestanden, lieber oben bleiben zu wollen, als lebendig im Keller begraben zu werden. Und worauf wartest du jetzt? Reicht es nicht, dass ein Teil des Hauses in Trümmern liegt?«

Er blinzelte mit seinen hellen, blauen Augen und sagte: »Es gibt wohl keinen anderen Ausweg, als in den Keller zu gehen. Aber weißt du, ich werde anfangen zu reden. Es geht sowieso alles zu Ende und warum muss ich mich quälen und so tun, als könne ich nicht spreche. Ich behaupte, ich hätte nach der Explosion einen Schock bekommen und dass ich nun wieder reden könne.«

Ich half Vater, in den Keller umzuziehen. Die dort versammelten Bewohner wiesen Vater eine Ecke zu, die er sich sofort zurechtmachte. Als ich Vater am nächsten Tag besuchte, teilten mir die anwesenden Nachbarn erfreut mit, Vater hätte durch die Bombenexplosion seine Sprache zurück gewonnen. Ich tat so, als ob ich glücklich über dieses Wunder wäre und begab mich auf die Suche nach ihm. Ich traf ihn inmitten einer Gruppe von Hausbewohnern auf der Kellertreppe an. Mit gekonnten Bewegungen zeichnete er mit Kohle den Kopf von Jesus vor dem Hintergrund des Kreuzes an die Decke. Auf das Kreuz schrieb er: »Jesus, ich vertraue dir.« Als er seine Arbeit beendet hatte, gerieten die Bewohner ringsum in Ekstase. Sie glaubten, der Jesuskopf würde sie vor Unglück schützen. Die Neuigkeit über das glückliche Ereignis verbreitete sich wie ein Lauffeuer in den Nachbarhäusern. Die in den Kellern versammelten Menschen hielten Kontakt untereinander. Die unterirdisch miteinander verbundenen Keller bildeten so etwas wie kleine unterirdische Straßen. Verschiedene Versionen des glücklichen Vorfalls gingen herum. Eine wiederholte sich: Der Künstler hatte aus Dankbarkeit Jesus ein Abbild gemalt. In dieser Zeit fehlte es Vater nicht an Essen. Dankbare Nachbarn luden ihn ein, gemeinsam ihre kargen Mahlzeiten zu sich zu nehmen. Eines Tages fanden meine Soldaten einen Kasten mit Kerzen. Ich gab ihn Vater. In

Anbetracht der fehlenden Elektrizität während des Aufstands waren sie unbezahlbar. Jetzt verteilte er die Kerzen und revanchierte sich für das Essen.

Mit der Zeit wurde die Versorgung in Warschau immer schwieriger. Wir bekamen vom Stab den Befehl, die Ernährung des Stabes und der Brigade sicher zu stellen, und sollten Säcke mit Hafer, die in den Lagern der Brauerei Haberbusch gefunden worden waren, holen. Wir brauchten Hilfe beim Transport des Hafers. So gaben wir bekannt, dass wir Freiwillige in der Zivilbevölkerung suchten und versprachen, jeder würde die Hälfte des von ihm transportierten Hafers bekommen. Wegen des Hungers meldeten sich mehr Personen, als wir benötigten – auch wenn die Aufgabe sehr gefährlich war. Mit einer großen Gruppe aus rund 80 Personen gingen wir im Gänsemarsch in nördliche Richtung. Den größten Teil des Weges legten wir durch die Keller zurück. In die Kellermauern waren Löcher geschlagen worden, die die Keller nun miteinander verbanden und unterirdische Tunnel bildeten. Von der Selbstorganisation der Häuser speziell dafür eingesetzte zivile Posten wiesen den Weg durch das Kellerlabyrinth. Der rege Verkehr in beide Richtungen erschwerte das Durchkommen in den engen Gängen. Im Inneren der Keller hielten sich Familien auf ausgebreiteten Laken auf. Die Leute waren so an den Verkehr um sie herum gewöhnt, dass sie gar nicht auf die Fußgänger, die an ihnen vorbeigingen, achteten. Auf diese Weise kamen wir zu dem Haus, hinter dem sich ein flacher Graben befand. Der südliche Teil von Śródmieście verband sich hier mit dem nördlichen. Der Graben war sehr flach, man konnte ihn nicht tiefer graben, da sich darunter die Betonschalung des Eisenbahntunnels befand, der längs der Allee verlief. Der enge Übergang stand unter ständigem Beschuss durch die Deutschen. Als wir robbend die Mitte der Allee erreicht hatten, begannen die Deutschen, den Übergang zu beschießen. Sie schossen mit Granaten. Die Geschosse barsten über unseren Köpfen. Eines fiel mitten in den Graben, tötete zwei Menschen und verwundete vier weitere. Ich robbte zu ihnen. Zusammen mit einigen anderen Aufständischen zogen wir sie durch den Graben auf die andere Seite. Von hier aus brachten Sanitäterinnen sie weg. Wir hatten sechs Zivilisten verloren. Wir verloren keine Zeit und gingen im Gänsemarsch weiter zu den Lagern Haberbuschs. Als wir dort ankamen, belegten die Deutschen das ganze Gelände mit schwerem Beschuss. Die Einnahme der Lager wechselte ständig. Manchmal befanden sie sich in deutschen Händen, und kurz danach gingen sie nach einem heftigen Angriff in die Hände der Aufständischen über. Dann war es möglich, Säcke mit Hafer herauszuholen. Der Kommandant des Abschnitts zeigte mit einer Handbewegung auf Ruinen in der Nähe. Er schrie, wir sollten uns dort verstecken und den Beschuss der Deutschen abwarten.

Die Ruinen schienen mir keinen ausreichenden Schutz vor dem Beschuss zu bieten. Ich beschloss, einen besseren Schutz für meine Leute zu suchen. Ich ging die Prosta-Straße entlang, als ich in einem der verbrannten Häuser ein paar Meter hinter den Mauern zwei Menschen wahrnahm. Als ich auf sie zuging, flüchteten sie vor mir. Im ersten Moment glaubte ich, sie seien Deutsche, denn deren Stellungen waren nicht weit weg. Ich forderte die zwei schreiend auf stehen zu bleiben, sonst würde ich schießen. Sie hörten meine Stimme, hielten an und streckten ihre Hände in die Höhe. Die Maschinenpistole auf sie gerichtet, näherte ich mich ihnen. Ich sah ihre ausgemergelten Gesichter. Eines hatte deutlich jüdische Züge. Ich fragte, warum sie vor mir geflüchtet waren. Auf ihren Gesichtern zeichnete sich Angst ab. Mit zitternder Stimme fragte einer: »Herr Offiziersanwärter, was wollen Sie von uns?« »Nichts will ich von euch«, antwortete ich. »Ich verstehe bloß nicht, warum ihr vor mir weglauft.« Ich schaute einen genau an und fragte: »Sind Sie Jude?« Unsagbare Angst strahlte aus ihren Gesichtern. Als ich ihre Panik sah, sagte ich: »Ihr braucht euch vor nichts fürchten. Ich bin auch Jude.«

Sie schauten mich ungläubig an. Um sie zu überzeugen, sagte ich ein paar Worte auf Hebräisch. Die Frage tauchte auf: »Sind Sie in der AK?«

»Nein«, antwortete ich. »Ich bin in der PAL. Aber sagt mir doch, warum ihr euch so fürchtet.« Statt einer Antwort bedeutete mir einer mit einer Handbewegung, ihm zu folgen. Wir gingen in die Toreinfahrt des Hauses Prosta 10/12. Vor uns lagen in den unterschiedlichsten Stellungen ermordete barfüßige Männer. Wir gingen an ihnen vorbei und stiegen in den Keller, wo Leichen von Frauen und Kindern lagen. Ich sah die Massakrierten und fragte aufgebracht: »Was ist hier vorgefallen?« Er begann konfus zu erzählen: »Als der Aufstand begann, befanden wir uns im Keller der Ruinen eines ausgebrannten Hauses, in dem wir uns vor dem Beschuss schützen wollten. Gestern, am 10. September, bemerkte ich Gestalten in Tarnanzügen mit dem Zeichen der AK auf dem Ärmel, die auf uns zukamen. Sie gingen in den Unterschlupf. Als ich sie sah, versteckten ich und mein Freund uns hinter einer ausgebrannten Wand. Kurz danach beobachteten wir, wie die Aufständischen versteckte Juden herausführten. Sie teilten sie in zwei Gruppen. Die Männer standen auf der einen Seite und auf der anderen die Frauen und Kinder. Unter dem Vorwand, nach Waffen zu suchen, tasteten die Aufständischen sie ab und nahmen ihnen Armbanduhren, Wertgegenstände und Geld ab. Die Männer führten sie auf die Straße, befahlen ihnen, die Schuhe auszuziehen und sich vor einer Mauer aufzustellen. Auf den Befehl eines Leutnants fiel eine Serie von Schüssen. Nachdem sie die Männer ermordet hatten, kehrten die Aufständischen in den Hof zurück. Hier standen noch die Frauen und Kinder unter Bewachung von zwei Aufständischen. Sie brachten sie wieder zurück in den Keller. Einen Moment später hörten wir Schreie von Frauen, die von den Aufständischen vergewaltigt wurden und danach wieder eine Serie von Schüssen. Als die Aufständischen weggingen, betraten wir den Unterschlupf und sahen, was Sie jetzt ebenfalls vor sich sehen. Ein paar Stunden später kam die Gendarmerie der Einheit Chrobry aus der Złota-Straße. Sie fragten uns nach dem Ablauf der Ereignisse, schrieben einen Bericht, den sie uns daraufhin vorlasen.«

Weinend fuhr er fort: »Im Bericht stand geschrieben, dass Juden von Juden aus Gründen der Bereicherung ermordet worden waren.« Als ich ihnen vorschlug, sich uns anzuschließen, lehnten sie ab und meinten, sie müssten die Leichen begraben. Sie blieben bei ihren Nächsten. Beim Abschied stellten sie sich noch vor: Henryk Herszbein und Adam Bursztyn.

Als ich zu meiner Gruppe zurückkehrte, hatte die Schießerei aufgehört. Wir luden die Hafersäcke auf und kehrten zur Brigade zurück.

Nachmittags verstärkten die Deutschen den Beschuss auf Śródmieście. Hunderte Raketen gingen nieder. Das ganze Viertel stand in Flammen. Hohe Häuser verwandelten sich in Trümmerhaufen. Ich ging zum Stab in der Hoża-Straße, um neue Befehle zu empfangen. Im Keller des Stabes traf ich General Skała an. Er ergriff meine Hand und zog mich in sein Zimmer. Ich musste mich setzen. Aus dem Schreibtisch nahm er eine Flasche Wodka. Er schenkte ein und gab mir das Glas. Mit dem Glas in der Hand schaute ich verwundert den aufgebrachten General an. Ich verstand den Grund nicht, warum er mich zu dem in Zeiten des Aufstands so wertvollen Getränk einlud. Er brüllte mich an: »Trink!«

Ich trank langsam, nicht wissend, worum es ging. Der aufgebrachte General schrie: »Trink schneller, zum Teufel.« Mit einer schnellen Bewegung kippte ich das Glas und schüttete den Inhalt in meinen Rachen. Als ich das Glas auf dem Schreibtisch abstellte, brüllte der General erneut: »Stefa ist tot. Heute morgen, als sie Major Ketling (später erfuhr ich, dass er Jude war) von der Brigade Dubois einen Befehl überbrachte, wurde sie von einer Rakete getroffen. Sie ist lebendig verbrannt ...«

Die schreckliche Nachricht lähmte mich. Tränen stiegen mir in die Augen. Der General hatte ebenfalls feuchte Augen. Wie in einem Film zog unsere erste Begegnung im Lebensmittelladen an mir vorbei – ihre kleine Gestalt mit der großen Tasche, in der Revolver lagen, zugedeckt mit blutigen Lappen. Wie sie damit über Warschauer Straßen voller Patrouillen deutscher Gendarmerie und Gestapo lief und sie bei verschiedenen Adressen ablieferte. Lange sprachen wir kein Wort. So, als ob wir auf diese Weise ihre Erinnerung ehren wollten.

Kapitulation

Es war Anfang Oktober. Der Warschauer Aufstand dauerte bereits zwei Monate. Die ehemals schöne Hauptstadt hatte sich in ein riesiges Trümmerfeld verwandelt. Im Radio hörten wir Sendungen aus London, in denen unser Heldentum hochgehalten und Krokodilstränen über das Schicksal der Bevölkerung Warschaus vergossen wurden. Diese ehrenvollen Worte halfen uns nicht. Sie machten uns auch nicht stolz. Hoffnungsvoll schauten wir nach Prag, wo die mächtige russische Armee stand. Ihr Zynismus wurde uns deutlich, denn sie bewegte sich nicht, um uns im Kampf zu unterstützen. Unter ihren Blicken ermordeten die Deutschen ungestraft die Zivilbevölkerung und legten Warschau in Schutt und Asche.

Trotz der Tragik und der Opfer schlug die Nachricht wie ein Blitz ein: Die AK mit Bor-Komorowski an der Spitze hatte die Kapitulation unterschrieben. Wir fühlten uns verraten. All unsere Opfer schienen vergeblich. Ich konnte nicht glauben, was wir hörten, und rannte zum Stab der PAL. Ich traf dort alle Kommandanten und Offiziere, die sich über die Kapitulation aufregten. Ich suchte General Skała. Man sagte mir, er sei zu General Bor von der AK gegangen, um mit ihm darüber zu verhandeln, dass unsere Einheiten seiner Armee angeschlossen würden, damit wir als Soldaten der AK in Gefangenschaft gehen konnten. Ich fragte verwundert: »Was? Wir wollen in Gefangenschaft gehen?« »Ja, Leutnant. Es ist besser, in Gefangenschaft zu sein, als von den Deutschen als Bandit erschossen zu werden«, antwortete mir Oberst Burza. »Die Bevölkerung Warschaus wurde bereits evakuiert. Im Umkreis von fünfzig Kilometern gibt es keine lebende Seele mehr. Wohin willst du flüchten, wenn es niemanden gibt, der dir Unterschlupf gewähren kann?«

Etwas später kam General Skała in Begleitung von Major Mazurka-Rog in den Keller. Unruhig erwarteten wir das Ergebnis der Unterhandlungen mit General Bor. Es wurde grabesstill. Der General schritt traurig an uns vorbei und ließ seinen Blick auf jedem von uns eine längere Weile ruhen. So als ob er sich für immer an uns erinnern wollte. Dann sagte er leise: »Die AK verweigert uns die Legitimation als Soldaten. Man erklärte uns, dass wir auch als Soldaten der PAL in Gefangenschaft gehen könnten.« Ironisch fügte er hinzu: »Sie vergessen nur eine Kleinigkeit. Die Kapitulation wurde ausschließlich von der AK unterschrieben.

Und so sind wir Kraft der Abmachung von diesem Moment an zu Banditen außerhalb des Gesetzes geworden. Wenn wir uns ergeben, werden wir erschossen. Für die AK sind wir Kommunisten. Sie erkennen uns nicht als Sozialisten an, die wir in Wirklichkeit sind. Für diese nationalistischen Fanatiker ist alles, was links ist, sogar die Syndikalisten, gleichzusetzen mit Kommunismus. Wir müssen den sichersten Weg aus dieser Misere finden. Wir sind nur auf uns gestellt. Ich denke, ein Teil von uns sollte in Warschau bleiben und den Kampf fortsetzen. Der Rest verlässt die Stadt in Zivilkleidung zusammen mit der Zivilbevölkerung. Man sollte versuchen, möglichst weit vom Lager in Pruszków weg zu kommen. Von dort schickt die Gestapo die Leute in die Konzentrationslager. Es stimmt nicht, dass sich im Umkreis von fünfzig Kilometern keine Zivilbevölkerung mehr aufhält. Wir wissen, dass das Leben sich weiterhin so abspielt wie vor dem Aufstand. Jeder Soldat erhält zehn Dollar, Offiziere jeweils zwanzig. Alle, die an dem Aufstand teilgenommen haben, erhalten automatisch zusätzlich einen Rang dazu. Ich schlage den Juden, die in unseren Reihen kämpfen, aus Gründen ihrer eigenen Sicherheit vor, in der Stadt bleiben.«

Als er das sagte, schaute er auf Major Marczak, der ebenfalls ein Jude war (ein Mitglied des Bundes – sein wirklicher Name war David Klein). Er redete weiter: »Euch alle, meine Waffenbrüder, bitte ich darum, wenn ihr Warschau verlassen habt und jüdische Freunde treffen solltet, diese in allen Situationen zu unterstützen.«

Im Keller war es still. Als wir den Keller mit dem Stab verließen, nieselte es. Es herrschte uneingeschränkte Stille in ganz Warschau. Die Schüsse waren verstummt, es flogen keine heulenden Raketen mehr. Fußgänger bedeckten sich mit unterschiedlichsten Lappen und suchten zwischen den Ruinen ihre Verwandten. Gräben durchschnitten die Straßen und verbanden die Häuser miteinander, überall waren umgestürzte Straßenbahnen und Bombentrichter voll mit Wasser. Betonplatten der Bürgersteige waren herausgebrochen und auf den Straßen zu Barrikaden gestapelt. Durch die Trümmer der zerstörten Häuser zogen sich Stromkabel der umgekippten Straßenlaternen, auf den Seiten waren Hohlwege zwischen den Ruinen der verbrannten Häuser entstanden. Ich ging in Richtung Marszałkowska, wo mein Vater wohnte. Ich traf ihn zusammen mit Hanka in seiner Wohnung an. Als ich hereinkam, unterbrachen sie ihre Unterhaltung. Vater wandte sich an mich: »Na also, lass uns von vorne beginnen. Wieder das Unbekannte kennen lernen. Um mich sorge ich mich nicht, schlimmstenfalls beginne ich wieder zu schweigen. Mir tun sie nichts Schlechtes. Mir wird niemand vorwerfen am Aufstand teilgenommen zu haben. Ich mache mir Sorgen um euch. Ihr seid jung. Solche wie euch werden die Deutschen aufgreifen, das ist sicher. Vielleicht versteckt ihr euch in den Trümmern von Warschau? Ich weiß auch nicht, wo ihr am sichersten seid.«

»Vater, ich komme gerade vom Stab mit Neuigkeiten. Die Kapitulation ist unterschrieben, die Deutschen haben die Evakuierung der gesamten Zivilbevölkerung Warschaus angeordnet. Etwa eine Million Menschen müssen sich mit unbekanntem Ziel aufmachen, und sich dort misshandeln lassen. Ich hoffe, dass sie jetzt kein neues Treblinka für Polen einrichten. Ich denke, du solltest die Stadt genauso verlassen wie alle anderen. Ich bleibe noch mit Hanka eine Weile und wir schließen uns später den Massen an. Wir müssen uns um unser Überleben Gedanken machen. Wir haben dreißig Dollar bei uns. Hanka, du solltest Rucksäcke für die Reise nähen. Ich will einen lieben Freund mitnehmen.«

»Wen denn?«, fragte Hanka verwundert. »Meine Pistole, ich will meine Parabellum mitnehmen. Ich werde in der Unterkunft der Brigade nachsehen, vielleicht sind dort noch Granaten zurückgeblieben. Wir müssen auch Kleidung mitnehmen, Decken und Laken.«

Hanka unterbrach mich: »Igo, hast du dir schon überlegt, auf welchem Weg wir herausgehen werden? Ich habe gesehen, dass der Platz Zbawiciela voller Gendarmerie ist. Sie überprüfen jeden Passanten und du bist bekannt in diesem Abschnitt. Es ist besser, wenn wir Warschau in Richtung Süden, durch Żelazna, verlassen. Dort können wir uns den Massen anschließen.«

Wir entschieden uns, bei Dämmerung aufzubrechen. Die Dunkelheit würde uns die Flucht aus der Kolonne erleichtern. Wir verließen Warschau am 6. Oktober, dem letzten Tag der Evakuierung. Es nieselte und die Welt verschwamm im aschfarbenen Nebel. Gegen den gesunden Menschenverstand nahmen wir Waffen mit. Unter ihrem Regenmantel trug Hanka eine Automatik, ich hatte zwei Granaten und eine Pistole in der Hosentasche. Das Messer, von dem ich mich nie trennte, war mit einem Strumpfhalter an meinem Bein befestigt. Bis zur Filtrowa-Straße trafen wir niemanden. Die Stadt wirkte wie ausgestorben. In der dumpfen Stille hallten unsere Schritte erschreckend laut. Die schwarzen Schatten der ausgebrannten Häuser, die Trümmerfelder und die ständigen Hindernisse auf der Straße, der Schein der Feuer in den anliegenden Vierteln, dies alles setzte sich zu einem finsteren und bedrohlichen Bild zusammen. Auf der Filtrowa-Straße schlossen wir uns einer sich endlos hinziehenden Menschenmasse an. Niemand beachtete uns, als wir aus den Ruinen krochen. Auf beiden Seiten der Straße standen in regelmäßigen Abständen deutsche Soldaten mit Gewehren und schauten gleichgültig auf den Menschenstrom. Der Auszug aus Warschau war ein Albtraum. Die Menschen, die die Stadt verließen, verwandelten sich nun in Hunderttausende arme Schlucker und Bettler. Vor dem Bahnhof warf sich der ausgehungerte Mob in die nahegelegnen Felder, auf denen an schwankenden Zweigen nicht rechtzeitig geerntete Tomaten gereift waren. Da hörte ich plötzlich, wie jemand mich mit »Igo!« ansprach.

Mein guter Kamerad aus Treblinka stand vor mir: Zygmunt Strawczyński. Wir trafen uns zum zweiten Mal seit dem Ausbruch aus Treblinka. In seinem roten

Gesicht lachte mir die Freude über das unerwartete Treffen entgegen. »Igo, lass uns zusammen gehen.« »Wenn du dich nicht fürchtest mit einem ganzen Waffenarsenal zusammen zu gehen, bitte schön.«

Als ich merkte, dass er nicht verstand, was ich ihm mitteilen wollte, forderte ich ihn auf, die Taschen meiner Hose zu berühren. Mit einem Kopfnicken stimmte er dem Marsch in meiner Gesellschaft zu. Wir erreichten Bahngleise, auf denen ein Güterzug mit halb geöffneten Wagons stand. Plötzlich bahnte sich jemand den Weg durch die Menge auf mich zu – ein Deutscher. In perfektem Polnisch fragte er: »Igo, du lebst?«

Vor mir stand der Koch der AK. Er hatte sich schon in den ersten Tagen des Aufstands bei unserer Einheit mit den Worten gemeldet, er sei Deserteur der Wehrmacht. Er stammte aus Schlesien. Nach dem Verhör wurde er in unserer Einheit Koch. Lachend stand er in deutscher Uniform vor mir. Ein Gedanke schoss mir durch den Kopf. Dieses Treffen könnte sowohl mir als auch Hanka das Leben kosten. Er wusste, dass ich Jude bin. Hanka kannte er als Verbindungsperson der AK. Ich gab ihm die Hand, stellte ihm aber gleichzeitig das Bein, so dass er hinfiel. Auf ihm liegend stach ich mit dem Messer auf ihn ein, wobei ich versuchte, sein Herz zu treffen. Hanka hielt ihm mit einem Lappen den Mund zu, damit niemand seine Schreie hören konnte. Es war dunkel und die Menschenmasse ging unaufhörlich weiter, jeder war mit sich selbst beschäftigt und merkte nicht, was geschah. Als ich sicher war, dass er kein Lebenszeichen mehr von sich gab, schloss ich mich mit Hanka und Zygmunt wieder der Menge an und wir drängten uns bis zu den bereit stehenden Wagons durch.

Kurz darauf setzte sich der Zug in Bewegung. Auf den Gleisen blieb eine Menschenmenge zurück, die mit jedem Moment größer wurde. Wir standen im offenen Güterwagon und betrachteten die Vororte, die an uns vorbeizogen. Wir passierten Włochy. In den Häusern brannte Licht, was die Aussage von General Skała bestätigte, dass die Bewohner um Warschau herum geblieben waren. Das bedeutete, wir hatten ein Fluchtziel. Der Zug fuhr langsam. Der Nieselregen ließ die Dunkelheit noch undurchdringlicher erscheinen. Die Leute, die neben mir standen, kannten die Strecke und meinten, wir würden bald in Pruszków ankommen. Dort befand sich jetzt in riesigen Hallen ein Lager, früher einmal waren dort Wagons und Lokomotiven repariert worden. Dorthin brachten die Deutschen die Warschauer Bevölkerung. Um uns herum herrschte undurchdringliche Dunkelheit und dumpfe Stille. Es war bereits nach Mitternacht. Wir wussten nicht, ob die deutsche Gendarmerie an den Bahngleisen patrouillierte, entschieden aber dennoch zu flüchten. Ich flüsterte Hanka und Zygmunt zu: »Lasst uns springen.« Ich sprang als erster, dann Hanka und als Dritter Zygmunt. Ich spürte Kies unter meinen Füßen und fing, noch laufend, Hanka auf. Zusammen fielen wir auf den Kies. Wir lagen still und standen erst auf, als der Zug vorbeigefahren war. Da hörte ich plötzlich Schritte. Voller Angst warfen wir uns wieder auf die Erde. Es stellte sich jedoch heraus, dass es Zygmunts Schritte waren. Wir gingen durch einen Zaun und gelangten auf eine Straße, die parallel zu den Bahngleisen verlief. Dann hörten wir Schritte. Das gleichmäßige Auftreten von Schuhen deutete darauf hin, dass sich eine Patrouille näherte. Ich weiß nicht, ob sie uns gesehen oder gehört hatten, aber Schüsse regneten auf uns nieder. Es blieb keine Zeit mehr, um einen Plan zu fassen. »Die Automatik«, schrie ich Hanka zu. Schweigend reichte sie mir die Waffe. Ich wusste, dass noch dreißig Kugeln darin waren. Das musste reichen. Ich zog am Abzug und schoss eine lange Serie. Die Deutschen waren überrascht von dem Angriff und sprangen zur Seite. Sie wussten wahrscheinlich nicht, wie viele wir waren und wie wir bewaffnet waren. Ihr Zögern nutzten wir zur Flucht. Wir rannten in einen Seitenweg, hinter dem sich weitläufige Felder erstreckten. Uns durch den Matsch kämpfend rannten wir so schnell es unsere Kräfte zuließen. Wir wateten durch die aufgeweichte Erde, stapften durch Pfützen, sprangen über Zäune, umgingen Hütten.

Morgens kamen wir zu der Fabrikniederlassung Józefów. Durchnässt und übermüdet klopften wir an die Tür einer Arbeiterbaracke und baten um ein bisschen Wasser. Hier wohnten Arbeiter einer Zuckerfabrik. In kleinen Zimmern ohne jeglichen Komfort wohnten zahlreiche Personen. Trotz der Enge traten sie ein Zimmer an uns ab. Sie erlaubten uns nicht nur uns auszuruhen, sondern auch ein paar Tage zu bleiben. Wir brachten unsere Kleidung in Ordnung. Wir hatten vor zur Puszcza Kampinoska zu gehen, wo wir uns den Partisanen anschließen wollten. Als die Arbeiter von der Schicht zurückkehrten, baten sie uns, vom Ablauf des Warschauer Aufstands zu berichten. Unsere Zuhörer wechselten ständig. Auch wenn wir unsere Waffen bei uns hatten und sich neben der Siedlung eine deutsche Gendarmeriestation befand, zeigten sie keine Angst. Sie baten uns nur, vorsichtig zu sein. Eines Morgens sah ich, wie ein Gendarm zusammen mit einem Mann in Zivil und einer Schaufel in der Hand eine Person abführte. Ich kannte ihn, er war ein Jude, ein Leutnant, der Chef der Gendarmerie der PAL. Plötzlich hielt der Gendarm an und schoss dem vor ihm gehenden Leutnant in den Hinterkopf, der daraufhin in den Graben neben dem Weg fiel. Der Zivilist näherte sich der Leiche, zog ihr die Schuhe aus und begann, ein Grab auszuheben. Er bemühte sich nicht besonders dabei. Mit ein paar Stichen grub er etwas Erde aus, legte die Leiche in das flache Grab und bedeckte sie dann mit einer dünnen Lage Erde. Aufgebracht sah ich die Szene und griff aus Reflex nach meiner Automatik. Mit Gewalt riss Hanka, nüchterner als ich, sie mir aus den Händen. Schnell kam ich wieder zu mir und verbarg vor ihr, dass ich Leutnant Osa wieder erkannt hatte. Hinter mir hörte ich Stimmen von Arbeitern, die die Szene ebenfalls verfolgt hatten: »Das war wahrscheinlich ein Jude, einen Polen hätten sie nach Olszynka gebracht.« Abends entschieden wir zu dritt, dass es keinen Sinn machte, länger in Józefów zu bleiben. Nur Zygmunt war unentschlossen. Es ging ihm gut hier, vor allem, weil er von einer jungen Polin liebevoll versorgt wurde – nach dem Krieg wurde sie seine Frau. Nach ein paar Tagen verließen wir das gastfreundliche Józefów. Unser Weg führte uns durch das Städtchen Błonie. Abends sahen wir die Rauchfahnen der Feuer, die über Warschau aufstiegen. Die Deutschen vernichteten die gesamte Stadt. Auf engen von Bäumen verdeckten Wegen gingen wir weiter. Mein Orientierungssinn hatte sich auf meiner Flucht geschärft. Es reichte, die Richtung zu kennen. Ich wollte durch Błonie, Leszno bis zum Dorf Nowa Buda gehen, das sich bereits in der Puszcza Kampinoska befand. Ich wusste, dass sich dort Gruppen von Aufständischen konzentrierten. Auf dem anstrengenden Weg beschwerte sich Zygmunt unaufhörlich, dass wir unnötigerweise Józefów verlassen hatten. Er sehnte sich nach den ruhigen Tagen dort. Ich erklärte ihm geduldig, es hätte keinen anderen Ausweg gegeben. Wir hätten die herzliche Gastfreundschaft der Arbeiter, die in den engen Baracken zusammengedrängt lebten, nicht länger ausnutzen können. »Und auf dem Hof mit der deutschen Gendarmerie hätten wir ja wohl nicht zusammen leben können«, witzelte ich.

Während unserer Unterhaltung kamen drei deutsche Soldaten mit auf uns gerichteten Maschinenpistolen aus dem Gebüsch. Hanka, die unsere Automatik unter ihrem weiten Mantel am Arm hängen hatte, drehte sich um und gab eine Serie in ihre Richtung ab. Das Echo der Schüsse breitete sich im Wald aus. Kurz darauf lagen drei Leichen auf dem Boden. Wir sprangen ins Grüne und rannten in Richtung Süden. Nach einstündigem Lauf versperrte uns ein Fluss den Weg. Wir zogen uns im Schilf aus und stiegen, zitternd vor Kälte, in das eiskalte Oktoberwasser. Als wir auf der anderen Seite angelangt waren, zogen wir uns schnell wieder an und rannten weiter Richtung Norden. Nach einigen Stunden tauchte in der Ferne die Silhouette eines Städtchens auf. Über Felder erreichten wir Błonie. In der Masse der Flüchtlinge aus Warschau, die die Plätze und Straßen überflutete, fühlten wir uns sicherer. Unauffällig schauten wir in alle Richtungen, ob sich nicht irgendwo eine Gendarmeriepatrouille aufhielt. Plötzlich wurde Hanka bleich und sie fiel in Ohnmacht. Am Marktplatz fand ich eine Apotheke. In der Menge nahm ich einen älteren Mann wahr, der mich freundlich anlachte. Er wandte sich mit einer Frage an mich: »Herr Leutnant, wie haben Sie es geschafft, der Hölle zu entkommen?« Als er meine Verwunderung sah, fügte er schnell hinzu: »Ich habe auf der Marszałkowska 60 mit Ihrem Vater gewohnt, im selben Keller.«

Als ich das hörte, fragte ich ihn unverzüglich, ob er nicht wisse, wie es meinem Vater ergangen sei. Er antwortete, dass sie gemeinsam weggegangen seien und Vater sich in Okęcie bei Warschau befinde, wo sich viele Flüchtlinge aufhielten. Er riet mir flüsternd, zum Gemeindebüro zu gehen, das sich im südlichen Teil von Błonie befand, und dort einen Durchfahrtsschein zu einem der umliegenden

Dörfer zu beantragen. Ich entgegnete ihm, ich wolle nicht hier bleiben, sondern mich so schnell wie möglich in die Puszcza Kampinoska aufmachen. Darauf meinte der ältere Mann: »Es gibt dort niemand mehr, zu dem ihr gehen könnt. Die Deutschen haben alle Aufständischen in der Puszcza ermordet. Das letzte Gefecht bei Jaktorow in der Nähe von Żyrardow hat die Kämpfe beendet.«

Er riet uns, uns irgendwo in der Nähe aufzuhalten. Ich kaufte Medikamente für Hanka und hörte auf den Rat des älteren Mannes – wir suchten das Gemeindebüro. Dieses befand sich in einem großen Raum, in dessen Mitte eine Holzbarriere die Antragsteller von den Gemeindemitarbeitern trennte. Hier verlor Zygmunt das erste Mal seine Selbstsicherheit. Rot vor Aufregung stellte er sich hinter mich und Hanka. Ich rief mit lauter Stimme: »Wo befindet sich der Gemeindevorsteher?« Die versammelten Leute schauten in unsere Richtung und ein Sekretär kam zur Barriere und fragte mit zitternder Stimme: »Was möchten Sie?« Ich schaute ihn ernst an und fragte ihn erneut nach dem Gemeindevorsteher. Plötzlich öffnete sich die Bürotür und ein gut aussehender Mann trat heraus. Bei seinem Anblick erfasste mich Unruhe. Er sagte, er sei der Gemeindevorsteher. Ich schaute ihm direkt in die Augen und forderte: »Ich brauche ein Zimmer in einem ruhigen Dorf mit eigenem Eingang und Strom.«

Der Gesichtsausdruck des Vorstehers wandelte sich von Bestürzung zu Dienstbereitschaft. Er gab mir die Hand, drückte sie fest und flüsterte konspirativ: »Meine Herren, ich habe in meinem Dorf ein geeignetes Zimmer für Sie. Das Dorf heißt Kopytów. Nach der Arbeit begleite ich Sie dorthin. Wir müssen nur eine kleine Formalität erledigen – die Anmeldung. Verfügen Sie über irgendwelche Dokumente?« Wir und Zygmunt holten unsere falschen Kennkarten heraus. Er nahm sie und stempelte sie persönlich ab. Zum ersten Mal hatten wir einen echten Stempel auf unseren falschen Papieren. Wir verließen das Büro und gingen in Richtung Błonie. An den Ablauf meines Treffens mit dem Gemeindevorsteher denkend, bekam Hanka einen hysterischen Lachanfall. »Ein Zimmer mit Strom«, schrie sie und warf sich ins Gras. »So ein Auftreten habe ich in meinem Leben noch nicht gesehen.«

Zygmunt schaute sich vorsichtig in der Umgebung um, aber niemand achtete auf unser irres Verhalten. Überhaupt war er nicht überzeugt davon, von dem Platz Gebrauch zu machen, den uns der Gemeindevorsteher angeboten hatte. Er befürchtete, es könnte sich um eine Falle handeln. Wir beruhigten ihn, indem wir ihm erklärten, dass der allmächtige Vorsteher seine Hosen voll hatte. Er wusste, dass der Krieg in kurzer Zeit beendet sein würde und suchte für das Ende nach einem Alibi. Sicherlich hatte er den Deutschen während des Krieges mehr als einmal gute Dienste erwiesen und jetzt nahm er die Gelegenheit wahr zu zeigen, dass er sich Polen gegenüber hilfreich erwies. Problemlos könnten wir nach Kopytów fahren. Wir mussten nur noch etwas essen. In Błonie gingen wir zur Bank, wo der Beamte unsere Dollars zu Schwarzmarktpreisen wechselte. Von dem erhaltenen Geld kauften wir Wurst und Brot. Dazu erlaubten wir uns noch einen halben Liter Wodka. Unsere Laune besserte sich. Gesättigt kehrten wir zum Gemeindebüro zurück. Der Gemeindevorsteher wartete schon mit einem zweispännigen Pferdewagen auf uns. Mit diesem fuhren wir durch Błonie in Richtung Warschau. Wir passierten den Fluss Utrata über eine Betonbrücke und erreichten das Dorf Kopytów, das sich auf der rechten Seite der Hauptstraße befand. Der Fuhrmann hielt vor einem der ersten Häuser.

Es war ein quadratisches Holzhaus; im Hof erkannte ich eine Scheune und ein Wirtschaftsgebäude. Wir gingen von hinten hinein. An der Schwelle des Hauses stand eine ältere gebeugte Frau. Als sie uns in Begleitung des Gemeindevorstehers sah, bat sie uns herein. Durch einen engen Gang gelangten wir in die Küche. An einem Holztisch saß eine junge Frau mit hellen Haaren. Ihre hellblauen Augen lachten uns freundlich an. Trotz ihrer Jugend war ihr Gesicht von tiefen Furchen durchzogen. Als sie vom Gemeindevorsteher hörte, dass dieser uns bei ihr einquartieren wollte, gab sie uns ihre abgearbeitete, harte Hand. Laut teilte sie uns ihre Zufriedenheit darüber mit, dass man ihr junge Leute zugewiesen hatte. Sie führte uns in ein leeres Eckzimmer. Kurz darauf schloss sich uns ein älterer Bauer mit dichtem Schnauzer an. Im Gespräch stellte sich heraus, dass er der Vater der jungen, von Feldarbeit gezeichneten blonden Frau und der Ehemann der gebeugten alten Frau war. Zygmunt schaute sich in dem leeren Zimmer um, in dem sich nur eine an einem Draht hängende Glühbirne befand, und fragte vorsichtig, ob es nicht ein paar alte Möbel gebe. Der Bauer antwortete, wir sollten uns etwas in seinem Lager aussuchen: »Diese Nacht müsst ihr aber leider auf Stroh schlafen, das aus der Scheune hierher gebracht werden muss.« Um ihm keine Unannehmlichkeiten zu bereiten, schlug ich vor, wir könnten in der Scheune schlafen. Lachend antwortete er: »Was für Unannehmlichkeiten? Ihr könnt es selbst hierher bringen und euch ein Nachtlager bereiten. Bis dahin allerdings soll euch diese Hütte dienen so gut es geht« – und er lud uns mit einer Handbewegung in die Küche ein.

Der Gemeindevorsteher verabschiedete sich von allen und ging zu seinem Haus, das sich gegenüber befand. Nach dem leckeren, warmen Essen erzählte uns der Hausherr, dass vor einer halben Stunde die Deutschen auf dem Marktplatz von Błonie Jagd nach jungen Leuten gemacht hätten. Drei Ukrainer sollten bei Józefów getötet worden sein. Hanka stand von ihrem Stuhl auf und gab mir ein Glas Wodka. Die junge Tochter des Hausherrn spürte wahrscheinlich einen Zusammenhang zwischen dem Gehörten und uns. Sie sagte zum Vater: »In der Scheune gibt es doch einen Tisch und Stühle. Bretter findet man dort auch, aus denen man zwei Betten bauen kann.«

Noch am selben Abend füllte sich das leere Zimmer mit Möbeln. In der Mitte stand auf einer Holzkiste ein eiserner Ofen mit einem langen Rohr, das durch das ganze Zimmer und am Fenster nach außen führte. Sofort wurde es warm, angenehm warm. Die Tochter des Hausherrn lächelte uns, nachdem wir uns vollständig eingerichtet hatten, wissend an und versicherte uns, wir könnten beruhigt sein und es würde alles in Ordnung kommen. Ich drückte ihr kräftig die Hand und bedankte mich für alles, was sie für uns getan hatte. Nachdem sie gegangen war, überlegten wir zu dritt, wie wir uns einen Notausgang schaffen könnten. Das Zimmer hatte zwei Fenster, die nach vorne herausgingen und eine Tür, die auf den Gang führte. Wenn die Deutschen kommen würden, gäbe es keine Möglichkeit zur Flucht. Wir entschlossen uns also, in der Ecke eine Öffnung zu graben. So konnten wir im Ernstfall das Haus verlassen und auf die Felder flüchten. Am frühen Morgen begann ich den spröden Holzfußboden aufzubrechen. Danach hob ich die Erde aus, Hanka brachte sie nach draußen und kippte sie hinter die Scheune. So von der Arbeit eingenommen, bemerkten wir nicht einmal das Herannahen des Hausherrn. Erschrocken sah er uns an und sagte: »Meine Herren, das ganze Haus kann wegen dieser Grabungen zusammenstürzen. Ihr macht es euch überflüssig schwer, wir haben in der Scheune einen Bunker, in dem sich die jungen Leute, wenn es nötig ist, verstecken können.«

Ich unterbrach ihn: »Und was ist, wenn uns in der Nacht die Gendarmerie oder die Gestapo überrascht?« »Keine Angst, am Ortsanfang liegen unsere Jungen versteckt im Gebüsch und achten darauf, ob die Deutschen kommen. Bei Gefahr ziehen sie an einer Schnur und dann läutet eine Glocke in der Dorfmitte, etwa hundert Meter von ihnen entfernt. Es ist erprobt worden. Beim Klang der Glocke rennen die Deutschen in deren Richtung und suchen denjenigen, der Alarm geschlagen hat. Das gibt den Jungen genügend Zeit, sich zu verstecken. Im Allgemeinen aber ist es ruhig in unserem Dorf. Hier sind Soldaten der Wehrmacht untergebracht, die zwei Brücken über die Utrata bewachen, eine Eisenbahnbrücke und eine Straßenbrücke, die Warschau mit Łódź verbindet.«

Wir stoppten das Tunnelgraben und legten die Bretter zurück, nachdem wir darunter unsere Waffen versteckt hatten. Wir beschlossen, uns am nächsten Tag zum nicht weit entfernt liegenden Städtchen Milanówek aufzumachen. Ich hoffte, dort jemanden der PAL zu treffen. Zygmunt meinte, dieses Vorhaben sei sinnlos, sah aber, dass Hanka auf meiner Seite war und schloss sich uns an. Schon am frühen Morgen, nach einer kurzen Unterhaltung mit der Tochter des Hausherrn, die uns die Richtung wies, zogen wir los. Als wir über die Felder gingen, tauchten plötzlich die Mauern eines Gutshofs vor uns auf. Gegenüber stand ein einstöckiges Holzhaus. Über dem Eingang hing eine Fahne des Roten Kreuzes. Da Hanka sich nicht gut fühlte, entschieden wir hineinzugehen. Auf einer steilen Treppe stiegen wir nach oben. Ich bemerkte, dass dies kein Wohnhaus war, sondern vermutlich ein ehemaliges Lagerhaus. Wir öffneten die Tür und betraten einen weitläufigen Raum unter dem Dach. Uns gegenüber stand vor einem Vorhang aus Decken eine gut aussehende blonde Frau in weißem Kittel. Angsterfüllt sah sie uns an. Neben ihr, auf einem Tisch, lagen verstreut Medikamente und ein großes Glas mit Watte. Zitternd vor Angst fragte sie leise: »Was wünschen Sie? Ist jemand von Ihnen krank?«

In diesem Moment schoben sich die Decken, die den Raum unterteilten, auseinander und ein älterer Mann von kleinem Wuchs trat heraus. Ich sah sein rundes Gesicht und seinen langen, dichten, schwarzen Schnurrbart und schrie vor Freude auf: »Mors!«

Vor mir stand der Oberarzt der PAL, Doktor Zieliński, ein Jude so wie ich und Zygmunt. Wir fielen uns in die Arme. Die Fragen nahmen kein Ende. Er erzählte uns, dass er genau wie wir Warschau über Pruszków verlassen hatte. Aus dem Lager in Pruszków hatten ihn Mitglieder des Widerstands herausgeholt. Hier in dieser Einöde hatte er eine Abteilung des Roten Kreuzes gegründet. Unter diesem Schutz hatte er einen Orientierungspunkt für jene eingerichtet, die unterwegs waren, um neue Partisaneneinheiten in der Puszcza Kampinoska zu gründen. Dank der Hilfe von Doktor Zieliński konnte ich ein paar Tage später bei ihm General Skała treffen. Wir tranken Wodka und er erzählte mir, dass der Chef unserer polnischen Gendarmerie, Leutnant Osa verhaftet worden war. Er war von der Verbindungsperson des Majors Ketling, Urszula, denunziert worden. Er fragte mich, ob ich Waffen hätte und als ich ihm antwortete, ein ganzes Arsenal, wollte er, dass ich an einer Aktion teilnähme – dem Angriff auf die Fabrik Norblin. Es ging darum, Geld zu erbeuten. Mit Erschrecken fiel mir ein, dass in dieser Fabrik meine Mutter arbeitete. Es war bekannt, dass die Deutschen freitags Bargeld dorthin brachten, um die Löhne auszuzahlen. Diese Information hatte er von dort arbeitenden Franzosen bekommen. Sie hatten ihm ebenfalls mitgeteilt, sie würden versuchen, uns auf sicherem Wege auf das Fabrikgelände zu bringen, die Gendarmerieposten umgehend. Die Fabrik Norblin befand sich in Głowna. Zusammen mit drei anderen mit Revolvern bewaffneten Kämpfern der PAL fuhren wir mit dem Zug in Richtung Łowicz. Wir fuhren auf einem Wagon ohne Aufbau, der am Anfang des Zuges vor der Lokomotive bereitgestellt wurde. Die Deutschen fürchteten sich immer mehr vor Anschlägen auf die Züge und Minen auf den Gleisen. Als Schutz vor Partisanenangriffen, schob die Lokomotive vor sich einen langen Wagon, der nur eine Plattform hatte, auf der der polnischen Bevölkerung erlaubt war zu reisen. Dies sollte garantieren, dass die Partisanen keine Bombe auf den Zug warfen. Głowna erreichten wir abends. Erwartet wurden wir von drei Personen mit Sergeant Jordan an der Spitze. Zusammen gingen wir nach Osin, einem Viertel in Głowna. Dort befand sich die Fabrik. Das Objekt wurde scharf bewacht. Trotzdem schaffte es ein Franzose, uns unbehelligt über einen

Zaun in die Fabrik zu bringen. Wir gingen zu den Bürogebäuden, wo sich die Kasse befand. Im Zimmer hielt sich ein polnischer Kassierer auf, der, sobald er uns Bewaffnete sah, die Hände in die Höhe streckte und dann die Kasse öffnete. Wir nahmen die Banknoten und warfen sie in Säcke. Den Kassierer fesselten wir, wie auch zwei weitere Angesellte, denen wir auf dem Weg begegnet waren. Die Telefonkabel schnitten wir in allen Zimmern durch. Auf dem Rückweg, als wir durch die Arbeitsgebäude gingen, sah ich in einem der Säle meine Mutter. Ich tat so, als ob ich sie nicht kennen würde. Erst als wir allein waren, fragte ich sie nach Vater. Sie sagte, dass er lebe und in Okęcie sei. Ich gab Mutter meine Adresse und schloss mich dem Rest der Gruppe wieder an.

Wir gingen auf demselben Weg zurück, auf dem wir auch gekommen waren, über einen Zaun. Sergeant Jordan brachte uns zu einem Haus in Głowna, in dem wir zwei Tage und Nächte verbrachten. Dann kam ein mit Stroh beladener Pferdewagen und nach einer nächtlichen Fahrt kehrten wir drei wieder nach Kopytów zurück. In der folgenden Nacht machten wir uns zu Zielińskis Ambulanzpunkt auf, um ihm das erbeutete Geld zu überreichen. Es stellte sich heraus, dass es insgesamt 450.000 Złoty waren. Von der Puszcza Kampinoska schallten immer häufiger Schusswechsel herüber. In der Nacht kämpfte ich mich mit Hanka durch Schneeverwehungen von Kopytów nach Milanówek durch. Ein heftiger Wind trieb uns Schnee in die Augen. Von der Front an der Weichsel drang dumpfes Donnern der Geschütze herüber. Durch den Wind hörten wir den Motor eines Flugzeuges. Es flog über uns. Da riss eine Rakete die Dunkelheit der Nacht auseinander. Es wurde taghell. Wir warfen uns in eine Schneeverwehung. Als die Rakete nach ein paar Minuten verlosch, gingen wir weiter. Durch den Schnee stapfend erreichten wir mit Mühe die Station des Roten Kreuzes. Wir kannten das Passwort – viermal klopfen, Pause und danach noch zweimal klopfen – und warfen uns auf die Tür. Kurz danach öffnete sie sich und Doktor Zieliński erschien. Wir waren glücklich, endlich wieder ein Dach über dem Kopf zu haben. Wir betraten den warmen Raum, sahen den brennenden Ofen und wärmten unsere steifen Glieder. Es war ein angenehmer Gedanke, die Nacht in diesem warmen Raum zu verbringen. Morgen früh wollten wir wieder nach Kopytów aufbrechen. Wir hatten noch nicht unsere Rucksäcke vom Rücken genommen, als Doktor Zieliński uns mit strahlendem Gesicht Wodka einschenkte.

»Die Front bewegt sich endlich wieder. Die Russen greifen an. Sie haben die deutsche Verteidigung bei Magnuszew durchbrochen. Warschau ist bereits umzingelt. Wahrscheinlich sind sie morgen hier. Geht sofort nach Kopytów. Organisiert die Verteidigung der beiden Brücken. Es darf nicht dazu kommen, dass die Deutschen sie sprengen. Ich weiß, es gibt in Kopytów genügend Waffen. Macht euch sofort auf den Weg. Wir treffen uns nach der Befreiung.«

Es war die Nacht vom 19. Januar 1945. Wir verabschiedeten uns herzlich von Doktor Zieliński. Die Kälte der frostigen, dunklen Nacht spürten wir nicht mehr. Die eben gehörten Nachrichten erfüllten uns mit neuer Energie für den Weg nach Kopytów. Aber zuvor mussten wir das Bahngleis überqueren. Wir befanden uns etwa einen halben Kilometer von der Brücke entfernt. Wir fürchteten uns noch näher heranzugehen, da wir wussten, dass sich dort deutsche Posten aufhielten. Als wir uns dem Bahndamm näherten, hörten wir eine heftige Detonation. Die Eisenbahnbrücke war gesprengt worden. Als wir das Dorf erreichten, schallte uns Geschützdonner entgegen. Im Haus trafen wir Zygmunt mit einer Gruppe junger Leute an. Ich befahl ihnen, mit mir zu den Gebäuden zu gehen, die sich der Straße Warschau – Łódź – Berlin am nächsten befanden. Wir robbten auf die Straße zu und sahen eine endlose Schlange von Autos, Kriegsmaterialien, versprengten deutschen Soldaten auf der Flucht, Pferdewagen, Rettungswagen. Alles stürmte dahin, um sich so schnell wie möglich von der heranrückenden Front zu entfernen. Über allem herrschte die taube Kanonade der Waffen. Im Osten waren die Blitze zerfetzender Projektile zu sehen. Einige mich begleitende Partisanen lagen im Graben hinter einem umgestürzten Lastwagen voller Waffen. Sie holten leise den größten Teil der Fracht heraus. Auf diese Weise gelangten wir an mehrere Maschinengewehre, viel Munition und ein paar Kisten Granaten. Ich konnte mich nicht zu dem Befehl durchringen, die Straße zu beschießen. Ich kannte die Stärke der Deutschen nicht, auf die ich treffen würde. Mein Ziel war es, die flüchtenden Deutschen aufzuhalten, damit es ihnen nicht gelänge, die Brücke zu überqueren und ihnen gleichzeitig keine Gelegenheit zu geben, diese in die Luft zu jagen. Es begann zu dämmern. Über unseren Köpfen tauchten zwei russische Flugzeuge mit roten Sternen auf. Sie kreisten über der Brücke. Ich gab den Befehl zum Schießen. Das Maschinengewehrfeuer richtete ich auf die mit Soldaten überfüllte Brücke. Die anderen schossen auf die Straße entlang des Dorfs. Schon nach der ersten Serie von Schüssen stauten sich die deutschen Wagen. Einzelne deutsche Soldaten schlugen sich durch unseren Beschuss und versuchten über die Brücke zu laufen. Gleichzeitig beschossen die russischen Flugzeuge das von uns blockierte Stück der Straße. Die Deutschen schossen chaotisch. Plötzlich ging auf unsere Position ein Kugelhagel nieder. Wir wurden von den deutschen Soldaten beschossen, die die Brücke bewachten. Sie befanden sich auf beiden Seiten. Die Schießerei dauerte an bis es hell wurde.

Eine Rakete, die von den hinter uns liegenden Bahngleisen abgeschossen wurde, erhellte die Dämmerung. Sofort wurde der gesamte Himmel von Raketen erstrahlt. Hinter den Bahngleisen kamen weiße Gestalten hervor, die sich durch das verschneite Terrain kämpften. Als sie näher kamen, erkannten wir russische Soldaten, die in weiße Schutzanzüge gekleidet waren. Einer schrie auf Russisch: »Wo ist euer Anführer?«

Ich ging auf ihn zu. Im Halbdunkel fiel es mir schwer, die Züge seines Gesichts zu erkennen, das teilweise von den Ohrenklappen seiner Pelzmütze verdeckt wurde. Vorne auf seiner Mütze prangte ein roter Stern. Ich sagte, ich sei der Anführer der Partisaneneinheit. Freundschaftlich zog er eine Hand aus seinen Pelzhandschuhen und drückte mir die Hand. Anerkennend schrie er, wir hätten die flüchtenden Deutschen aufgehalten. Er wollte wissen, ob die Brücke noch stehe. Ich zeigte ihm den sich vor uns ausbreitenden unversehrten Bogen der Betonbrücke. Er rief, man müsse sie einnehmen. Ich zeigte ihm, dass man die Brücke umgehen könne, indem man über die gefrorene Utrata ging und sie dann von zwei Seiten aus einnehmen könne. Er nickte zustimmend, erteilte einen Befehl, und einige seiner Soldaten verschwanden im Gebüsch am Fluss. Meine Gruppe beschoss weiterhin gemeinsam mit russischen Soldaten und ihren Offizieren die Brücke. Nach ein paar sich endlos hinziehenden Minuten wurde auf der anderen Seite des Flusses eine Rakete abgeschossen. Sofort danach waren Schüsse zu hören. Das war das vereinbarte Zeichen, dass es der Handvoll Soldaten gelungen war, die andere Seite zu erreichen und der Angriff von dort begonnen hatte. Meine Partisanengruppe lief zusammen mit den russischen Soldaten auf die Straße zu, gleichzeitig die Brücke beschießend. Unter Kugelhagel erreichten wir die Straße, auf der die erschossenen Deutschen lagen. Von einigen Punkten, versteckt in umgestürzten Autos, schossen noch vereinzelte, sich verteidigende Deutsche. Zwischen zerstörten Autos, umgestürzten Wagen und getöteten Pferden stießen wir auf die Straße vor. Die ganze Zeit beschossen wir die Brücke. Hanka und Zygmunt waren in meiner Gruppe und kämpften mit uns. Als die Entfernung zur Brücke sich verringert hatte und ich von einem umgestürzten Auto geschützt lag, warf ich ein paar Granaten auf die Verteidigungsstellung der Deutschen an der Brücke, von der aus wir die ganze Zeit beschossen wurden. Sofort schwiegen die deutschen Positionen. Die Brücke wurde von uns eingenommen.

Während ich zusammen mit Hanka und Zygmunt auf der Brücke stand, grüßten uns die russischen Soldaten, die an uns vorbeigingen und schrien vor Freude: »Zdrastwujtie towariszczi, za rodinu na Berlin!« [Seid gegrüßt Freunde, fürs Vaterland nach Berlin!] Durch meinen Kopf schoss der Gedanke: »Für wen kämpfe ich eigentlich?« Vor meinen Augen zogen die Gestalten derjenigen vorbei, die schon nicht mehr da waren. Ich gehe auch nach Berlin, aber nicht für mein Vaterland. Ich gehe nach Berlin, um mich für diejenigen zu rächen, die in den Gruben von Treblinka zurückgeblieben sind, die nicht mehr leben.

Eine angsterfüllte Stimme weckte mich: »Igo, was ist mir dir? Hörst du nicht, die Sirenen heulen schon lange nicht mehr.« Da verschwand die Dunkelheit, die mich umgeben hatte. Vor mir erschienen die von der Morgensonne erleuchteten Straßen Tel Avivs. Der Holocaust-Gedenktag hat begonnen.

Udim 1984

Anmerkungen

1 Die im Folgenden in eckigen Klammern angefügten Bemerkungen stammen vom Übersetzer.

2 Synonym für Angehörige der »fremdvölkischen Einheiten« des SS- und Polizeiführers Lublin. Für diese Einheiten wurden hauptsächlich sowjetische Kriegsgefangene rekrutiert. Diesen Einheiten gehörten zwischen 4.000 und 5.000 Mann an. Die meisten von ihnen kamen aus der Ukraine. Diese Männer wurden auch bei der Ermordung der Juden im Rahmen der »Aktion Reinhardt« eingesetzt. Sie waren u.a. als Wachmannschaft in den Vernichtungslagern BełVec, Sobibór und Treblinka tätig. Wegen ihrer Ausbildung im SS-Ausbildungslager Trawniki wurden sie auch als Trawniki-Männer bezeichnet. (Anm. d. Hg.)

3 Die im Original in deutscher Sprache verwendeten Begriffe sind im vorliegenden Text kursiv gekennzeichnet. (Anm. d. Hg.)

4 Hier gemeint: außerhalb des jüdischen Ghettos. (Anm. d. Hg.)

5 In Israel geborenes Kind jüdischer Einwanderer. (Anm. d. Hg.)

6 Galewski, ein Ingenieur aus ŁódΩ, war der erste Lagerälteste Treblinkas und Mitglied des Komitees, das die Häftlingsrevolte vorbereitete. Er kam während des Aufstands um.

7 Spitzname für Fritz Küttner. Er wurde am 15. Juli 1907 in Oelsnitz/Kreis Chemnitz geboren. Von Beruf war er Schlosser. Küttner wurde vom Kreisgericht Dresden-Ost am 25. Juli 1959 für tot erklärt. (Anm. d. Hg.)

8 Spitzname für Kurt Franz. Kurt Franz wurde am 17. Januar 1914 in Düsseldorf geboren. Von Beruf war er Koch. Franz wurde zur Arbeit in den Euthanasie-Mordanstalten Grafeneck, Hartheim, Sonnenstein und Brandenburg eingesetzt. Dem SS-Sonderkommando Treblinka gehörte er vom Hochsommer 1942 bis zur Schließung des Lagers Ende November 1943 an. Dort hatte er zunächst die Funktion des stellvertretenden Lagerkommandanten. Ab August 1943 wurde er Lagerkommandant. In seinem Wohnort Düsseldorf wurde er am 2. Dezember 1959 verhaftet. Am 3. September 1965 wurde er wegen Beihilfe zum gemeinschaftlichen Mord an mindestens 300.000 Menschen und wegen Mordes in 35 Fällen an mindestens 139 Menschen sowie wegen versuchten Mordes zu lebenslanger Zuchthaushaft verurteilt. Kurt Franz wurde am 15. Mai 1993 aus der Haft entlassen und verstarb am 4. Juli 1998. (Anm. d. Hg.)

9 Franz Suchomel wurde am 3. Dezember 1907 in Krumau an der Moldau geboren. Von Beruf war er Schneider. Er wurde zur Arbeit in der Euthanasie-Mordanstalt Hadamar eingesetzt. Dem SS-Sonderkommando Treblinka gehörte er von Ende August 1942 bis Ende Oktober 1943 an. Am 11. Juli 1963 wurde er in seinem Wohnort Altötting verhaftet und am 3. September 1965 wegen Beihilfe zum gemeinschaftlichen Mord an mindestens 300.000 Menschen zu 6 Jahren Zuchthaus verurteilt. Am 20. Dezember 1967 wurde er aus der Haft entlassen. Suchomel verstarb am 18. Dezember 1979. (Anm. d. Hg.)

10 Spitzname für Willi Mentz. Von Beruf war er Melker. Mentz wurde zur Arbeit in der Euthanasie-Mordanstalt Grafeneck eingesetzt. Dem SS-Sonderkommando Treblinka gehörte er von Ende Juni/Anfang Juli 1942 bis zur Schließung des Lagers Ende November 1943 an. Er wurde am 23. Juni 1960 in seinem Wohnort Niedermeien/Kreis Lemgo verhaftet und am 3. September 1965 wegen Beihilfe zum gemeinschaftlichen Mord an mindestens 300.000 Menschen und Beihilfe zum Mord an mindestens 25 Menschen zu lebenslanger Zuchthaushaft verurteilt. Am 31. März 1978 wurde Mentz aus der Haft entlassen und verstarb am 25. Juni 1978. (Anm. d. Hg.)

11 Ze'ev Kurland (Korland) – einer der Anführer des Lageruntergrunds.

12 Dieses Kommando der Arbeitshäftlinge hatte die Aufgabe, die auf dem Ankunftsplatz zurückgelassene Habe der Angekommenen und die auf dem Umschlagplatz abgelegten Kleidungsstücke zum Sortierplatz zu bringen, sie dort zu sortieren, zu verpacken und entweder im Freien auf großen Bergen oder in der Sortierbaracke zur Verladung zu stapeln.

13 Rakowski fungierte während der Krankheitszeit des Lagerältesten Galewski als Kapo. Er war Mitglied des Untergrunds und überlebte Treblinka nicht.

14 Spitzname für Josef Hirtreiter. Von Beruf war er Schlosser. Hirtreiter wurde zur Arbeit in der Euthanasie-Mordanstalt Hadamar eingesetzt. Dem SS-Sonderkommando Treblinka gehörte er von August/September 1942 bis September/Oktober 1943 an. Am 3. März 1951 wurde er wegen Mordes in einer unbestimmten Anzahl von Fällen zu einer lebenslangen Zuchthausstrafe verurteilt. (Anm. d. Hg.)

15 Die Arbeitshäftlinge der blauen Gruppe mussten den ankommenden Juden beim Aussteigen aus den Wagons helfen, in den Wagen zurückgebliebene Gepäckstücke ausladen und die Wagons nach dem Entladen gründlich säubern.

16 August Miete wurde am 1. November 1908 in Westerkappeln geboren. Von Beruf war er Müller. Miete wurde zur Arbeit in den Euthanasie-Mordanstalten Grafeneck und Hadamar eingesetzt. Dem SS-Sonderkommando Treblinka gehörte er von Ende Juni/Anfang Juli 1942 bis Mitte November 1943 an. Miete wurde am 27. Mai 1960 in seinem Wohnort Lotte/Kreis Tecklenburg verhaftet und am 3. September 1965 wegen Beihilfe zum gemeinschaftlichen Mord an mindestens 300.000 Menschen und wegen Mordes in acht Fällen an mindestens neun Menschen zu lebenslanger Zuchthaushaft verurteilt. (Anm. d. Hg.)

17 Zu dieser Gruppe der Arbeitshäftlinge gehörten die Handwerker wie Schneider, Schlosser, Schmiede, Zimmerleute, Schuster, aber auch die Friseure und die Musiker, die in den verschiedenen Werkstätten arbeiten mussten oder als Musiker zur Lagerkapelle gehörten.

18 Spitzname für Otto Stadie. Stadie wurde am 10. März 1897 in Berlin geboren. Von Beruf war er Krankenpfleger. Er wurde zur Arbeit in der Euthanasie-Mordanstalt Bernburg eingesetzt. Dem SS-Sonderkommando Treblinka gehörte er vom Sommer 1942 bis Juli 1943 an. Otto Stadie wurde am 15. Juli 1963 in seinem Wohnort Nordenau/Meschede verhaftet und am 3. September 1965 wegen Beihilfe zum gemeinschaftlichen Mord an mindestens 300.000 Menschen und wegen Beihilfe zum Mord zu einer Gesamtstrafe von sieben Jahren Zuchthaus verurteilt. Am 17. Dezember 1965 wurde er aus der Haft entlassen. Stadie verstarb am 28. Juli 1977. (Anm. d. Hg.)

19 Dr. Julian Chor√ycki war einer der Anführer des Lageruntergrunds.

20 Hermann Sydow: Biografische Daten unbekannt. (Anm. d. Hg.)

21 Jankiel Wiernik, der Lagertischler, kam im August 1942 nach Treblinka. Er floh während des Aufstands aus Treblinka. Danach nahm er Kontakt zur °egota in Warschau auf. Mit

Hilfe dieser jüdischen Untergrundorganisation gelang es ihm, 1944 2.000 Exemplare seines Berichts aus dem Lager *Rok w Treblince* [*Ein Jahr in Treblinka*] zu verlegen. Ein Kurier brachte Mikrofilme dieses Buchs nach London. Schon im Krieg konnten deshalb zwei Ausgaben in Jiddisch und Englisch erscheinen.

22 Franz Stangl wurde am 26. März 1908 in Altmünster/Österreich geboren. Von Beruf war er Webmeister. Stangl wurde zur Arbeit in der Euthanasie-Mordanstalt Hartheim eingesetzt. Er war von September 1942 bis August 1943 Kommandant von Treblinka. Am 28. Februar 1967 wurde Stangl in Brasilen verhaftet, im Juni 1967 an die BRD ausgeliefert und am 22. Dezember 1970 zu lebenslanger Haft verurteilt. Franz Stangl starb am 28. Juni 1971 im Gefängnis. (Anm. d. Hg.)

23 Nicht identifizierter Angehöriger des SS-Sonderkommandos Treblinka. (Anm. d. Hg.)

24 Einer der Anführer des Lagerwiderstands.

25 Zentrale Straße in Warschau: Nowy wiat. (Anm. d. Übers.)

26 Vor einigen Jahren bekam ich in meinem Landhaus in Udim in Israel einen Anruf aus den Vereinigten Staaten. Eine mir unbekannte Frau erzählte mir auf Polnisch, dass sie während einer Reise nach Polen Treblinka besucht habe. Dort hatte sie im Kiosk mein Buch *Aufstand in Treblinka* in englischer Übersetzung gekauft. Im Kapitel über den Warschauer Aufstand fand sie einen Ausschnitt, in dem es um sie ging. »Ich bin nämlich eine dieser beiden jungen Frauen«, sagte sie, »die sich bei den Volksdeutschen in der Mokotowska-Straße versteckt hielten. Die Aufständischen warfen uns vor, wir wären Tauben und drohten, uns zu erschießen. Aufgrund Ihrer Bestätigung, dass wir Jüdinnen waren, wurden wir damals gerettet.« Ein paar Wochen nach dem Telefonat kam ein Brief aus den Vereinigten Staaten. Er war von dieser Frau und ihrem Mann geschrieben, der sich persönlich bei mir für die Rettung seiner Frau bedanken wollte. Dem Brief lag auch ihr Foto bei. Sie selbst drückte ihre Dankbarkeit nicht nur mir gegenüber aus, sondern der ganzen Gruppe von Aufständischen, die, wie sie dem Gespräch mit mir entnommen hatte, dem Bataillonder AK Ruczaj angehörten. Sie hatten nicht einfach unüberlegt gehandelt, sondern meine Aussage akzeptiert. (Anmerkung des Autors, 2004)

Anhang

Interview mit Samuel Willenberg

Der polnische Publizist und Autor Paweł Śpiewak interviewt Samuel Willenberg

Paweł Śpiewak: Wir treffen uns im Mai 2004 in Tel Aviv, wo Sie Ihr Haus und Ihre Bildhauerwerkstatt haben. Vor einem Jahr wurden Ihre Werke in der Galerie Zacheta (Nationalgalerie der Künste) in Warschau ausgestellt. So weit ich weiß, war das Ihre erste Ausstellung und die, was wichtig ist, fand ausgerechnet in Polen statt. Wann haben Sie begonnen zu bildhauern?

Samuel Willenberg: Ich habe im Jahr 2000 angefangen, Skulpturen herzustellen. Davor habe ich viele Jahre lang als Hauptvermesser im Ministerium für die Entwicklung Israels gearbeitet. Als ich in Pension ging, hat mir eine Bekannte empfohlen doch zur Volksuniversität zu gehen. Dort habe ich dann fünf Jahre lang Kunstgeschichte und am Anfang auch Malerei studiert. Ich kann gut malen. Eines Tages aber wurde an unserer Universität eine Ausstellung von Skulpturen organisiert. Daraufhin entschied ich mich Bildhauerei zu studieren. Erst beschäftigte ich mich mit Aktskulpturen. Ich machte ein oder zwei Figuren und dachte dann, – warum nicht eine typische Figur aus Treblinka bildhauern? Und so kam die erste Arbeit zustande, die den *Scheißmeister* darstellt.

Śpiewak: Wer war das?

Willenberg: Der *Scheißmeister* war ein Häftling, dessen Aufgabe es war, die Toilette zu beaufsichtigen. Den Häftlingen war nicht erlaubt sich länger als zwei Minuten auf der Toilette aufzuhalten. Der Scheißmeister hatte eine Uhr um den Hals, einen Wecker, und kontrollierte die Zeit. Auf dem Kopf trug er eine

Kantorsmütze, gekleidet war er ebenfalls wie ein Kantor, oder er hatte eine Richterrobe an, und in der Hand hielt er eine Peitsche. Sie befahlen ihm sich so anzuziehen, um ihn zum Gespött der anderen zu machen. Für ihn selbst war das eine Tragödie. Der Mund steht offen und die Augen sind nach oben gerichtet. Er schreit nicht Gott an, er schreit zum Himmel.

Danach machte ich den *Mensch mit Wagen*. Der sammelte Flaschen, Fläschchen, Flachmänner, Glas. Die Leute hatten sie, so wie viele andere Dinge auch, mit nach Treblinka gebracht. Glas verrottet nicht, es löst sich nicht auf. Die Deutschen befahlen uns, die Flaschen aufzusammeln, damit kein Glas liegen blieb, damit keine Spuren zurückblieben. Ich habe auch den *Maler* dargestellt. Ihm trugen sie auf, auf die Wand einer Baracke Aufschriften zu malen: *Wartesaal,*

Die Band von Artur Gold

1. Klasse, 2. Klasse, Kasse und das Modell einer Uhr, deren Zeiger sich natürlich nicht bewegten. Die Deutschen sorgten dafür, dass die Leute, die nach Treblinka kamen, den Eindruck bekamen, dies sei eine normale Bahnstation. Außerdem malte er für die Deutschen Portraits ihrer Kinder und Frauen. Sie gaben ihm Fotos und auf deren Grundlage malte er Ölgemälde.

Danach habe ich die Skulptur *Die Band von Artur Gold* gefertigt, einem bekannten Kabarettmusiker aus Warschau. Die Deutschen befahlen, den Musikern bunte Fracks und riesige Fliegen zu nähen. Damit sahen sie aus wie Clowns. So ein Kostüm zum Lachen. In Treblinka gab es Schneider und Schuhmacher, die die Deutschen mit neuer Kleidung versorgten. Die Häftlinge, die im Lager arbeiteten, holten sich ihre Kleidung aus den Bündeln, die von den Juden mitgebracht worden waren. Sie haben sicher eine andere Vorstellung von Treblinka, aber es war sehr farbenfroh dort.

Śpiewak: Warum gab es Musik im Vernichtungslager?

Willenberg: Um das, was sich dort abspielte, ins Lächerliche zu ziehen. Sie spielten mittags für die Deutschen beim Essen, vor dem Fenster ihres Speisesaals. Sie spielten nach dem Appell, nachdem geprügelt worden war. Wir sangen das Lied *Góralu, czy ci ni żal ...*, damit sie in den umliegenden Dörfern hörten, dass es hier Leben gab. Die Bauern erzählten dann anschließend: Die haben aber gesungen! Und die Deutschen brüllten: Lauter!

Śpiewak: Welchen Eindruck hatten Sie von der Musik?

Willenberg: Man hat gewartet, bis es endlich vorbei war. Die Musik brachte keinerlei Erleichterung oder rief irgendwelche angenehmen Gefühle hervor. Einmal haben wir in der Baracke Wodka getrunken. Als ein Tscheche auf der Mundharmonika *Ostatnia niedziela* [Letzter Sonntag] spielte, warf jemand einen Schuh nach ihm. Musik störte alle.

Danach kam die Plastik *Der Vater bindet dem Kind die Schnürsenkel auf.* Sofort, nachdem man aus den Wagons ausgestiegen war, wurde befohlen, die Schuhe auszuziehen und zusammenzubinden. Das war die erste der Tätigkeiten, die direkt in den Gaskammern endeten. Mit dieser Skulptur wollte ich ihren Tod zeigen. Übrigens – wie soll man den Tod darstellen? Den Menschen nackt ausziehen? Ich wollte das nicht darstellen. Das wäre zu billig. Mit der Handlung, sich die Schuhe auszuziehen, zeige ich den Moment des sich nähernden Todes.

Śpiewak: Sie haben eine Methode gewählt, durch die, trotz des Bronzegusses, Händespuren zu sehen sind, die Finger des Schaffers?

Willenberg: Die Plastiken sind so etwas wie Skizzen. Das, was sich im Lager abgespielt hat, kann man nicht wirklichkeitsgetreu abbilden. Irgendeine abstrakte Form könnte es ebenfalls nicht darstellen. Das eine wie das andere würde die Leute beleidigen, die dort waren und umkamen. Im Laufe von drei Jahren schuf ich fünfzehn Figuren aus Treblinka. Ich erzähle mit ihnen die Geschichte Treblinkas. Ich stellte eine Gruppe Frauen dar, die ins Gas gehen. Das sieht sehr symbolisch aus, aber ein Element dieser Plastik ist sehr realistisch. Das sind die Koffer, die Koffer der Ermordeten. Sie haben ein gemeinsames Kennzeichen. Wissen Sie welches?

Śpiewak: Auf ihnen stand etwas mit weißer Farbe geschrieben.

Willenberg: Nein, sie hatten alle aufgebrochene Schlösser. Der Schlüssel war nämlich irgendwo bei der Kleidung geblieben. Alle Koffer sind aufgebrochen. Das ist ihr gemeinsames Kennzeichen im Vernichtungslager. In Auschwitz muss es auch so gewesen sein.

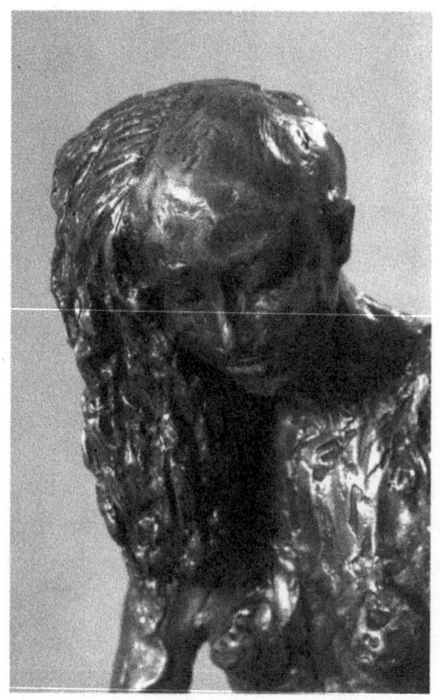

Rut Dorfman

Ein jüdischer Weltkriegsinvalide

Śpiewak: Die Plastik, die mich am meisten beeindruckt, ist *Rut Dorfmann*. Ein zur Hälfte geschorenes Mädchen. Kurz vor ihrer Vergasung.

Willenberg: Es ist interessant, dass ich mich an ihren Namen erinnere, im Allgemeinen erinnere ich mich nicht daran. Ich habe sie geschoren, und sie fragte mich, wie lange das Sterben dauert. Ich sagte ihr – fünfzehn, zwanzig Minuten. Sie vergasten mit Abgasen russischer Panzer.

Śpiewak: In den Plastiken stellen Sie noch einmal das dar, was im Buch beschrieben wird. Warum?

Willenberg: Ich wollte einfach verdeutlichen und noch stärker ausdrücken, was dort passiert ist. Ich konnte nicht mehr hinzufügen, als dort war, ich wollte nicht fantasieren. Die Arbeiten sind natürlich eine Illustration meines Buches.

Das, was ich geschrieben habe, ist von mir, genauso wie das, was ich in den Plastiken darstelle. Ich bin glücklich, dass ich bildhauern kann, dass ich etwas schaffe.

Śpiewak: Und welche Form erscheint Ihnen besser, die Bildhauerei oder das Wort?

Willenberg: Das sind zwei verschiedene Dinge, das Schreiben und das Herstellen von Plastiken. Ich habe ein gutes Bildergedächtnis. Ich war lange Jahre Vermesser von Beruf. Wenn ich bildhauere, dann ziehe ich mich in die Vergangenheit zurück und sehe verschiedene Einzelheiten aus meinem Leben. In dem Moment, als ich begann, zu bildhauern, kamen die Bilder wieder zurück. Wieder sehe ich den *Scheißmeister* vor der Toilette stehen. Ich sehe die Umzäunung aus Stacheldraht,

Der Aufstand

in den grüne Zweige geflochten sind. Ich sehe das *Lazarett*, die Grube, ich sehe die aus Holz gebaute Rampe, auf die sie Alte, Kinder und behinderte Menschen gesetzt und erschossen haben. In der Grube brannte ein Feuer, ein Feuer nur aus Leichen.

Śpiewak: Meinen Sie, dass man überhaupt beschreiben, bildhauern oder malen kann, wie es dort war?

Willenberg: Das kann man. Es ist jedoch makaber, Skulpturen von Leichen zu hauen. Ich habe darüber nachgedacht, wie ich es darstellen kann. Menschen zu zeigen, die ersticken? Menschen, die brennen? Menschen, die begraben werden, von denen nur eine braune Hand aus der Erde schaut? Als ich nach Treblinka kam, hatten sie gerade das *Lazarett* zugeschüttet. Nur eine verbrannte, schwarze Hand ragte aus der Erde. Das kann ich nicht bildhauern. Es wäre eine Schändung, wenn ich die Toten zeigen würde. Das sind Sachen, an die ich mich erinnere, aber die kann man nicht nachbilden, das ist zu makaber.

Śpiewak: Was denken Sie als Bildhauer über die Denkmäler, die in Polen für die ermordeten Juden errichtet wurden?

Willenberg: Das Beste steht in Kazimierz (Krakau) es ist aus Stücken alter jüdischer Grabsteine gemacht. In diesem Denkmal ist das Auseinanderbrechen, der Zerfall enthalten. Das Denkmal in Majdanek (Lublin), mächtig, aber zu ausgefeilt, um ästhetisch zu sein, gibt die Tragödie nicht wieder. Das schafft jedoch das Krematorium, das sich dort befindet. Großartig ist das Denkmal in Treblinka. Die Steine sprechen für sich, für die Dörfer, für die Städtchen, die Städte, für die Völker. Aber haben Sie bemerkt, dass alle Steine auf Beton stehen. Nicht auf Sand, sondern auf Beton. Wissen Sie, warum?

Śpiewak: Sicher deswegen, damit sie nicht umfallen.

Willenberg: Aber nein, im Sand fällt nichts um; Sand hält wunderbar. Die Leute aus der Gegend haben dort Löcher gegraben und Gold gesucht. Das war der Grund. Bis heute graben sie noch dort. Dort, wo der Wald ist, können Sie diese Löcher finden. Angeblich kommen sie mit Apparaten, die angeben, wo sich Metall befindet. Darum hat man auch überall Wälder angelegt. Früher gab es dort keinen Wald, nur ein paar vereinzelte Bäume auf der Seite, wo die Ukrainer gewohnt haben, und das ganze Lager hatte ein Ausmaß von ungefähr anderthalb Hektar. Und auf diesem kleinen Gelände hat man mit primitiven Mitteln 875.000 Menschen ermordet.

Paweł Śpiewak, Warschau (Aus dem Polnischen von Steffen Hänschen)

Das NS-Vernichtungslager Treblinka

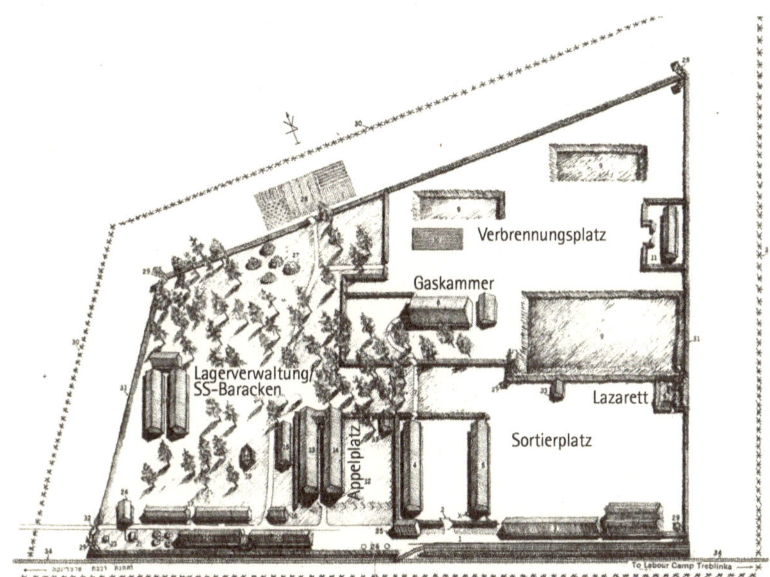

Treblinka, gezeichnet von Samuel Willenberg

Wie viele Jüdinnen und Juden im Vernichtungslager Treblinka tatsächlich ermordet wurden, ist bis heute nicht bekannt. Historiker schätzen die Gesamtzahl der in Treblinka Ermordeten auf etwa 900.000 Juden – auch einige Hundert Sinti und Roma. Sie alle wurden im SS-Sonderkommando Treblinka zwischen dem 23. Juli 1942 und dem 19. August 1943 getötet. Die Daten markieren die ersten und die letzten Deportationszüge, die das Vernichtungslager Treblinka meist aus Osteuropa erreichten. Nach ihrer Ankunft im Lager trieb man die Juden zu Hunderten in die Gaskammern – luftdicht abgeschlossene Räume, in die Abgase von Motoren geleitet wurden. An manchen Tagen fuhren nacheinander fünf Deportationszüge mit jeweils bis zu 6.000 Personen ins Lager. »Die Zeit zwischen der Ankunft eines Transportes auf der Bahnhofsrampe und der völligen Vernichtung der mit ihm ins Lager gekommenen Menschen betrug im Regelfall nicht mehr als etwa

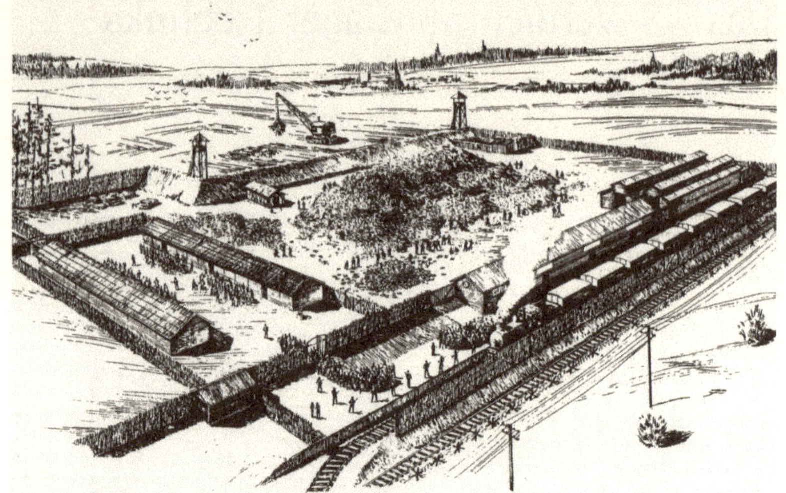

Treblinka, gezeichnet von Samuel Willenberg

1,5 Stunden (...)«, stellte das Düsseldorfer Landgericht Mitte der 1960er Jahre im ersten Treblinka-Prozess fest.

Das Todeslager Treblinka war verhältnismäßig klein. Nur 400 mal 600 Meter maß das Gelände der Mordstätte. Etwa 35 bis 40 Angehörige der deutschen SS-Lagermannschaft organisierten dort die Vernichtung. Dabei unterstützt wurden sie von 90 bis 120 nichtdeutschen Hilfskräften (so genannten Trawniki-Männern), die die SS im Lager Trawniki zu KZ-Wachmannschaften ausgebildet hatte. Nachdem die Leichen der Ermordeten zunächst in Massengräbern verscharrt wurden, exhumierte man sie später, um sie auf riesigen Scheiterhaufen zu verbrennen und die Asche anschließend wieder zu verscharren. Trotz aller Geheimhaltungsbemühungen war das Vernichtungslager kein unbekannter Ort. Unmittelbar an den Lagerzaun grenzten die Felder und Äcker, die auch während des Mordgeschehens bestellt wurden. Das Dorf Wolka-Okraglik war nur 1.500 Meter entfernt. Die SS-Wachmannschaften selbst waren mit Rot-Kreuz-Schwestern und Soldaten, die in einem nahegelegenen Wehrmachtslazarett lebten und arbeiteten, befreundet. Eisenbahnarbeiter, die im vier Kilometer vom Lager entfernten Małkinia arbeiteten, ärgerten sich über den fürchterlichen Gestank. Kein Wunder: An klaren Tagen war die Rauchwolke der Leichenverbrennungen über Dutzende von Kilometern zu sehen. Der SS-Kommandant des Lagers, Franz Stangl, beschwerte sich einmal über Privatflugzeuge, die über das Lager flogen. Angelockt wurden auch Händler und Prostituierte aus der nahen Großstadt Warschau. Sie tauschten Essen, Schnaps oder Sex gegen Habseligkeiten der Ermordeten. »Die ganze Gegend weit und breit schmarotzt auf diesem Mammon verseuchten Schlachthof (...)«, schrieb der Treblinka-Überlebende Richard Glazar später. Glazar gehörte wie Samuel Willenberg zu den 600 bis 1.000 jüdischen Sklavenarbeitern, die die Deutschen zur Arbeit im Vernichtungslager gezwungen hatten. Zusammen mit seinen Leidensgenossen wagten Glazar und Willenberg am 2. August 1943 einen Aufstand. Etwa 400 der Arbeitshäftlinge konnten damals fliehen. Jedoch nur knapp 70 von ihnen erlebten das Ende des Krieges. Auch nach dem Aufstand wurde das SS-Sonderkommando Treblinka noch für einige Wochen als Mordstätte weiter benutzt. 7.600 Juden aus Bialystok ermordeten die Deutschen noch Mitte August 1943. Erst danach wurde das Todeslager geschlossen und die SS begann mit der Spurenbeseitigung ihres Mordens durch Sklavenarbeiter. Dazu wurden Gebäude, Wachttürme und Zäune abgerissen und die Gruben, die mit der Asche der Ermordeten gefüllt waren, zugeschüttet. Am 17. November 1943 soll der letzte Kommandant von Treblinka, Kurt Franz, die Exekution der letzten jüdischen Sklavenarbeiter befehligt haben.

Treblinka war nach Auschwitz-Birkenau der Ort, an dem die meisten Juden von deutschen Nationalsozialisten ermordet wurden. Das Lager gehörte neben Bełżec und Sobibór organisatorisch zu den Vernichtungslagern der »Aktion Reinhardt«. Unter Leitung von SS-Gruppenführer Odilo Globocnik wurden große Teile der jüdischen Bevölkerung des von Deutschland besetzten Ostpolens (damals: Generalgouvernement Polen) in den drei Mordstätten getötet. Zwischen März 1942 und Oktober 1943 fielen über 1,5 Millionen Juden dieser »Aktion« zum Opfer. Für die Morde in Treblinka wurden in der Bundesrepublik später zwölf ehemalige SS-Angehörige verurteilt. Kurt Franz, letzter Kommandant des Vernichtungslagers Treblinka, erhielt eine lebenslange Freiheitsstrafe, unter anderem für den gemeinschaftlichen Mord an 300.000 Menschen. 1993 wurde er nach fast 30 Jahren Haft entlassen. Kurt Franz starb 1998 in Wuppertal.

Nach 1944

»Die Erde speit Knochensplitter aus, Zähne, Sachen, Papiere, sie will das Geheimnis nicht bewahren. (...) Da sind sie – die halbvermoderten Hemden der Ermordeten, Hosen, Schuhe, grün angelaufene Zigarettenetuis, Uhrrädchen, Taschenmesser, Rasierpinsel, Leuchter, Kinderschuhchen mit roten Bommeln ...«. So beschreibt der sowjetische Schriftsteller Wassili Grossman seinen Besuch auf dem ehemaligen Lagergelände. Im Herbst 1944 begleitete er als Korrespondent der Armeezeitung *Roter Stern* die sowjetischen Streitkräfte. Obwohl das deutsche SS-Kommando nach seinem Abzug versucht hatte alle Spuren zu verwischen, fanden sich noch überall Überreste und Zeugnisse des Massenmords – vor allem Menschenknochen und Asche der verbrannten Leichen. Als 1945 eine polnische Kommission die deutschen Verbrechen in Treblinka untersuchte, fotografierte sie tiefe Gruben und Löcher auf dem ehemaligen Gelände des Lagers. Auf der Suche nach Wertsachen hatten Bewohner der umliegenden Dörfer das Gelände regelrecht umgegraben. Jahre und sogar Jahrzehnte später suchten und suchen Menschen auf dem Gelände des Vernichtungslagers noch immer nach Wertsachen der Ermordeten.

Bereits am 2. Juli 1947 verabschiedete das polnische Parlament ein Gesetz, mit dem das ständige Erinnern an das Vernichtungslager Treblinka ermöglicht werden sollte. Doch erst am 2. Mai 1964 wurde eine Gedenkstätte auf dem ehemaligen Gelände des deutschen Vernichtungslagers eingeweiht. Im Auftrag des polnischen Staates hatten der Architekt Adam Haupt und der Bildhauer Franciszek Duszeńko die Gedenkstätte errichtet. Sie gestalteten das ehemalige Lagergelände als großen Friedhof. Meterhohe grob behauene Steinblöcke markieren heute die Grenzen des ehemaligen Lagers. Schwellen aus Granit symbolisieren die Schienenstrecke, die die Deportationszüge bis zur Bahnrampe im Lager nehmen mussten. Auf dem Gelände hinter der Rampe befinden sich drei riesige Betonflächen, unter denen die Asche der Ermordeten liegt. In den betonierten Flächen sind fast 17.000 Steinstelen in allen Formen und Größen eingelassen. Sie rufen Bilder uralter jüdischer Friedhöfe ins Gedächtnis, wo Grabsteine krumm aus der Erde ragen. Auf Hunderten von Steinen sind in Treblinka die Namen von polnischen Gemeinden eingraviert, aus denen Juden ins Vernichtungslager deportiert wurden. Als zentrales Denkmal steht auf dem Gelände ein neun Meter hoher Granitstein, der einem monumentalen Grabstein gleicht – darunter kann man auf einem anderen Stein die Worte »Nie wieder« in den Sprachen der Deportierten lesen.

Bereits seit mehreren Jahren ist der Bau eines Museums in Treblinka geplant. Nachdem alte Informationstafeln entfernt wurden, die auf dem Parkplatz der Gedenkstätte standen, gibt es nunmehr eine Interimslösung: eine kleine, provisorische Ausstellung in einem Haus auf dem Weg zur Gedenkstätte.

Biografie

Samuel Willenberg wurde 1923 im polnischen Częstochowa geboren. Sein Vater, Perec Willenberg, lehrte am jüdischen Gymnasium Kunst und war ein landesweit bekannter Synagogenmaler. Seine Mutter stammte aus einer russischen Adelsfamilie, die während der russischen Revolution nach Polen floh. Nach der Heirat trat sie zum jüdischen Glauben über. Zusammen mit seinen Schwestern Ita und Tamara wuchs Samuel Willenberg in Częstochowa und Warschau auf.

Ada und Samuel Willenberg 2005

Als erst die deutsche Wehrmacht und wenige Wochen später die Rote Armee in Polen einmarschierten, meldete sich der erst 16-jährige Samuel Willenberg freiwillig zur polnischen Armee. In Chełm wurde er im Kampf gegen die sowjetischen Truppen schwer verwundet. 1940 ging die Familie nach Opatów, wo sein Vater die Synagoge bemalte. Trotz falscher »arischer« Identität verhafteten die Deutschen 1942 seine Schwestern und brachten sie ins Gefängnis. Kurze Zeit später wurde Samuel Willenberg mit der jüdischen

Samuel Willenbergs Vater Perec Willenberg

Samuel Willenberg in der Uniform der polnischen Streitkräfte

Bevölkerung Opatóws ins Vernichtungslager Treblinka deportiert. Weil er vorgab Maurer zu sein, selektierte ihn die SS als Arbeitshäftling. Alle anderen Deportierten tötete die SS in den Gaskammern. Am 2. August 1943 beteiligte sich Samuel Willenberg am Lageraufstand und konnte fliehen. In Warschau traf er seine Eltern wieder. Sein Vater lebte dort, getarnt als Marienmaler. Samuel Willenberg knüpfte über ihn Kontakt zum polnischen Widerstand. 1944 kämpfte er mit im Warschauer Aufstand. Nach Kriegsende wurde er dafür ausgezeichnet und im Rang eines Leutnants in die neue polnische Armee übernommen. Als dann im Nachkriegspolen bei antisemitischen Überfällen, Pogromen und Anschlägen mehrere Hundert Holocaust-Überlebende getötet wurden, ließ sich Samuel Willenberg bereits im Jahr 1946 wieder demobilisieren. Schließlich organisierte er Selbstverteidigungskurse für die jüdischen Gemeinden in Polen, entwarf Pläne zur Sicherung jüdischer Einrichtungen und gab Schießunterricht. In dieser Zeit verließen viele Jüdinnen und Juden Polen. Samuel Willenberg selbst führte eine Gruppe von Flüchtlingen über verschiedene grüne Grenzen bis nach Italien. Das Ziel der Flüchtlinge: Palästina. Als Samuel Willenberg vom Tod seines Vaters erfuhr, kehrte er im Mai 1947 nach Polen zurück. Er suchte fortan im Auftrag jüdischer Organisationen nach jüdischen Kindern, die während des Krieges bei christlichen Polen versteckt worden waren. 1948 heiratete Samuel Willenberg Ada Lubelczyk. Ihre Eltern hatten sie als junges Mädchen aus dem Warschauer Ghetto schmuggeln können. 1950 erhielt Samuel Willenberg die Erlaubnis, Polen zu verlassen und musste danach die polnische Staatsbürgerschaft abgeben. Zusammen mit seiner Frau und seiner Mutter

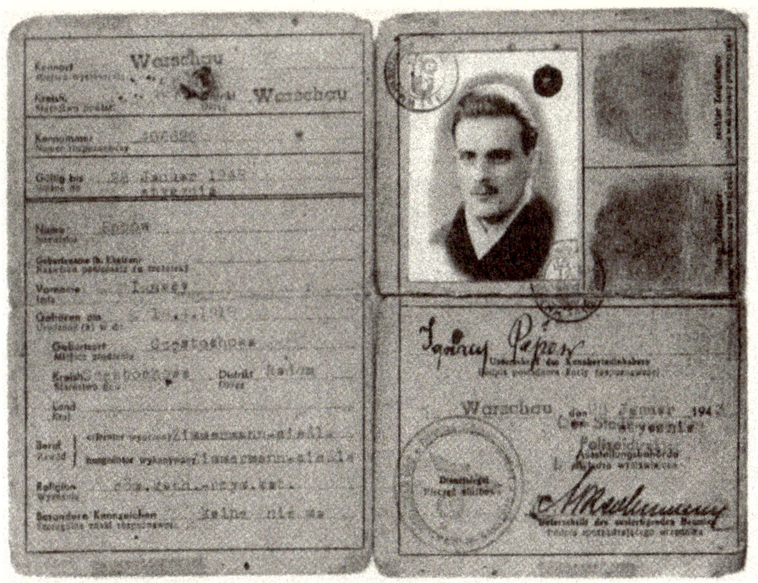
Kennort Warschau
Kreis Warschau
Kennummer
Gültig bis
Name
Vorname
Geboren am
Geburtsort
Kreis
Distrikt
Land
Beruf
Religion
Besondere Kennzeichen
Warschau, den Januar 1943

Der gefälschte »arische« polnische Pass, mit dem Samuel Willenberg nach der Flucht aus Treblinka eine neue Identität fand, mit der er bis zum Kriegsende überlebte

emigrierte er nach Israel. 40 Jahre arbeitete Samuel Willenberg im israelischen Entwicklungsministerium und leitete im Ministerium die Abteilung für Landvermessung. Nach dem Zusammenbruch des sozialistischen Systems in Polen erhielt Samuel Willenberg vom damaligen polnischen Staatspräsidenten Lech Wałęsa eine Auszeichnung für seine Beteiligung am Warschauer Aufstand. Auch ihre polnische Staatsbürgerschaft bekamen Ada und Samuel Willenberg zurück.

Bereits seit 1983 berichtet Samuel Willenberg als Zeitzeuge der Shoah. Oft begleitet er israelische Jugendgruppen nach Polen. 1986 erschien erstmals sein Buch *Aufstand in Treblinka* in hebräischer Sprache. Das Buch wurde bisher ins Polnische, Englische, Französische und ins Spanische übersetzt. Als Rentner studierte Samuel Willenberg Kunstgeschichte, Malerei und Bildhauerei. Anschließend begann er zu modellieren und erschuf Bronzefiguren, die Menschen aus dem Lager Treblinka darstellen. Mittlerweile hat es mehrere Ausstellungen mit seinen Skulpturen gegeben. Sie waren bereits im israelischen Präsidentenpalast und in der renommierten Nationalen Kunstgalerie Zachęta in Warschau zu sehen.

Samuel Willenberg lebt mit seiner Frau Ada in Tel Aviv. Das Paar hat eine Tochter und drei Enkelkinder.

Das Bildungswerk Stanisław Hantz e.V.

Das Bildungswerk ist benannt nach dem Auschwitz-Überlebenden Stanislaw Hantz – er starb im Sommer 2008. Stanisław (Staszek) Hantz erzählte von seinen Erfahrungen, seinen Erinnerungen an die Zeit in Auschwitz. Von Hunger und Durst, von Todesangst. Von den Menschen, denen er im Lager begegnete, Freunden wie Peinigern. Von seinen Gedanken über die Vergangenheit und die Gegenwart mit der Vergangenheit.

1995 fuhren Mitglieder des Bildungswerkes erstmals mit Stanisław Hantz in die Gedenkstätte Auschwitz. In beeindruckender Offenheit und ohne Furcht vor Tabus erinnerte sich der Überlebende an das Lagerleben und brachte so Geschichte auf sehr persönliche Art nahe. Bis zu seinem Tod begleitete der Namensgeber des Bildungswerks die Studienreisen in die Gedenkstätte Auschwitz-Birkenau und gab sein Wissen und seine Erfahrungen weiter.

Das Bildungswerk bietet jährlich mehrere Bildungsreisen nach Polen an die Orte ehemaliger Konzentrations- und Vernichtungslager an. Tagesseminare, Lesungen, ZeitzeugInnengespräche gehören ebenso zu den Tätigkeitsfeldern des Bildungswerkes wie die Herausgabe von Berichten über den Holocaust. Umfangreiches Informationsmaterial wird auf den Internetseiten www.bildungswerk-ks.de zur Verfügung gestellt. Ein weiterer Arbeitsschwerpunkt ist die Vermittlung und die Sicherung von Überlebendenberichten. Eine intensive Zusammenarbeit verbindet die Mitarbeiter des Bildungswerkes sowohl mit dem Club der ehemaligen Konzentrationslagerhäftlinge in Zgorzelec (Polen) und der Stichting Sobibór in Amsterdam (Niederlande), als auch mit der Gedenkstätte Sobibór und dem Verein Brunnen der Erinnerung in Lublin (Polen).

Für das Bildungswerk Stanisław Hantz e.V. ist der Umgang mit der Vergangenheit im Land der Täter und der nationalsozialistischen Ideologie von besonderem Interesse. Als Nachkriegsgeborene geht es bei uns nicht um persönliche Schuld und Verstrickungen. Im Vordergrund steht für uns ein verantwortlicher Umgang mit der Geschichte des Nationalsozialismus. Es ist unser Anliegen, die nationalsozialistische Verfolgungs- und Vernichtungspolitik von verschiedenen Blickwinkeln aus zu betrachten und ihre Vielschichtigkeit in Ursachen und Wirkungsweisen erkennbar werden zu lassen. Dabei ist ein offener Blick für die wissenschaftlichen Erkenntnisse über den Holocaust genauso wichtig wie der

Versuch, Mechanismen kollektiver, massenhafter Gewalt zu verstehen und in der Bildungsarbeit auf Probleme der Gegenwart zu übertragen. Die Auseinandersetzung mit Nationalsozialismus, Krieg und Massenmord ist kein bloßer Geschichtsunterricht, sondern hilft auch die Welt heute zu verstehen.

Die Stätten des Holocaust sind nicht allein Orte des Gedenkens und Erinnerns, sondern vor allem auch Lernorte. Besonders wichtig ist das im Hinblick auf eine Zukunft ohne Überlebende und ihre unmittelbare Zeugenschaft. Für die Zukunft gilt es neue Ausdrucksformen einer nachhaltigen Erinnerungskultur zu finden. Im Zusammenwachsen Europas ergeben sich neue Möglichkeiten und Wege übergreifender Kooperationen. Mittels internationaler Kontakte, in der Zusammenarbeit mit Gedenkstätten und im Dialog mit Interessierten werden gemeinsame Ansätze einer Erinnerungsarbeit entwickelt.

Ziel ist Erinnerungsarbeit, die überkonfessionell und transkulturell zusammenwirkt; eine Erinnerungsarbeit, die zukunftsweisend auf die Vergangenheit blickt.

Aus fünf Arbeitsschwerpunkten besteht die Arbeit des Bildungswerks:

Studienfahrten zu Gedenkstätten ehemaliger Konzentrations- und Vernichtungslager

Jährlich werden Bildungsreisen in das ehemalige Konzentrations- und Vernichtungslager Auschwitz-Birkenau angeboten; unter anderem eine Studienfahrt mit dem Schwerpunkt »Frauen in Auschwitz«.

Studienfahrten nach Ostpolen, in die ehemaligen Vernichtungslager der so genannten »Aktion Reinhardt« - Bełżec, Sobibór und Treblinka, sind trinational – mit Teilnehmerinnen und Teilnehmer aus Polen, den Niederlanden und Deutschland. Diese besonderen Fahrten werden zusammen mit dem Verein Brunnen der Erinnerung (Lublin, Polen) und der Stichting Sobibór (Amsterdam, Niederlande) organisiert.

Im Jahr 2007 fand erstmals eine Gruppenreise in die Ukraine nach Lwiw, in das ehemalige galizische Lemberg, statt, die sich mit dem Holocaust an diesem Ort auseinandersetzt.

Zusätzlich wird organisatorische, inhaltliche und pädagogische Unterstützung für Gruppenreisen zu Gedenkstätten in Polen angeboten.

Zusammenarbeit mit der Gedenkstätte Sobibór

Im Jahr 2002 initiierte das Bildungswerk die Errichtung eines Gedenkweges für die Ermordeten von Sobibór. Er erinnert an den letzten Weg der Deportierten von der Rampe zu den Gaskammern und bietet die Möglichkeit dem Schicksal Einzelner zu gedenken, die hier ermordet wurden.

Dieses Projekt ist in enger Zusammenarbeit mit der niederländischen Stichting Sobibór entwickelt worden. Weltweit beteiligen sich Menschen an der Umsetzung und tragen dazu bei, dass an in Sobibór ermordete Angehörige, Freunde, Bekannte und auch Unbekannte erinnert wird. Mittlerweile ist die Gedenkallee ein zentraler Teil der Gedenkstätte geworden. Sie verweist darauf, dass sich hinter der namenlosen Zahl von etwa 250.000 Ermordeten Einzelschicksale verbergen.

Darüber hinaus konnte das Bildungswerk mit Hilfe von Spenden in früheren Jahren, zum Ausbau eines Arbeits- und Dokumentationsraums, der Publikation von Broschüren des Museums und der Finanzierung einer Ausstellung beitragen.

Zeugnisse von Überlebenden und historische Berichte

Neben Materialiensammlungen zu Aspekten der nationalsozialistischen Konzentrations- und Vernichtungslager in Polen sind diverse Publikationen von Überlebenden der nationalsozialistischen Konzentrations- und Vernichtungslager herausgegeben worden.

Des Weiteren konzipierte das Bildungswerk eine Fotoausstellung über Henryk Mandelbaum, ehemaliger Sonderkommando-Häftling in Auschwitz und organisierte die Wanderausstellung »Kunst der Erinnerung« mit den Bronzeplastiken Samuel Willenbergs.

Lesungen und ZeitzeugInnengesprächen mit Überlebenden der nationalsozialistischen Konzentrations- und Vernichtungslager wie auch NS-geschichtliche Vorträge von HistorikerInnen, können vom Bildungswerk organisiert werden.

Erinnerungsarbeit in Izbica, ehemaliges Durchgangsghetto in Ostpolen

In Zusammenarbeit mit der Maria-Konopnicka-Schule wurde ein pädagogisches Konzept für Jugendliche entwickelt. In verschiedenen Projekten beschäftigen sich die SchülerInnen mit der Geschichte der jüdischen Menschen im Ghetto und ihrem Heimatort unter deutscher Besatzung.

2005 wurden mit Hilfe des Bildungswerkes auf dem ehemaligen jüdischen Friedhof in Izbica Stelltafeln aufgestellt, die auf die dort befindlichen Massengräber hinweisen. Gemeinsam mit der ortsansässigen Konopnicka-Schule wird für die Pflege des Friedhofes gesorgt.

Europäische Zusammenarbeit

Eine langjährige und fruchtbare Zusammenarbeit verbindet die MitarbeiterInnen des Bildungswerkes sowohl mit der polnischen Gedenkstätte Sobibór und dem Verein Brunnen der Erinnerung in Lublin, wie auch mit der niederländischen Stichting Sobibór in Amsterdam.

Darüber hinaus wird ein intensiver Kontakt zu polnischen Vereinigungen ehemaliger Konzentrationslagerhäftlinge und zu einzelnen ehemaligen Häftlingen gepflegt. Die intensive Zusammenarbeit besteht aus einem kontinuierlichen Austausch, wie auch in der praktischen Unterstützung bei Alltagsproblemen.

Die Bildungsarbeit lebt zum Einen von ehrenamtlichem Engagement. Zum Anderen lebt sie von zahlreichen Spenden. Vor allem aber lebt sie auch aufgrund eines weit verzweigten Netzes von UnterstützerInnen, das diese Arbeit erst ermöglicht. Mehr Informationen zum Bildungswerk finden Sie hier:

Bildungswerk Stanisław Hantz e.V.
Dörnbergstraße 12
34119 Kassel
www.bildungswerk-ks.de

Sobibór

Das Vernichtungslager

ISBN 3-89771-814-6
412 Seiten · 20 €
Mit umfangreichem Bild- und Dokumententeil

Jules Schelvis, der Sobibór und weitere Lager überlebt hat, recherchierte jahrzehntelang in Archiven in Ost und West und hat ein an Fülle und Detailgenauigkeit beeindruckendes Buch zusammengestellt, in dessen Mittelpunkt die Geschichte des Vernichtungslagers Sobibór und der geglückte Aufstand der Häftlinge am 14. Oktober 1943 stehen.
Das vorliegende Buch, in dem Jules Schelvis eigene Erlebnisse, ergänzt durch Zeugenaussagen aus den Sobibór-Prozessen der Nachkriegszeit, umfangreiches Archivmaterial und Interviews mit Überlebenden verarbeitet, ist 1993 erstmals in den Niederlanden erschienen und gilt seitdem als Standardwerk.
Nachdem das Buch jahrelang in Deutschland vergriffen war, gibt es anlässlich des 60. Jahrestages des Aufstandes im Vernichtungslager Sobibór eine Neuauflage.

Der vergessene Aufstand

ISBN 3-89771-813-8
256 Seiten · 16 €
Mit einer ausführlichen Recherche von Heike Kleffner und Miriam Rürup zur Nachkriegsaufarbeitung der Sobibór-Verbrechen in Justiz und Medien

Thomas Blatt ist einer von ungefähr 50 Überlebenden des Aufstandes im Vernichtungslager Sobibór. Dass das Morden in diesem heute fast vergessenen Lager der »Aktion Reinhardt« im Oktober 1943 schließlich endete, war auch das Ergebnis dieses Aufstandes, den mehr als 350 der so genannten Arbeitshäftlinge zur Flucht nutzen konnten. Thomas Blatt war als 16-Jähriger in die Planungen des Aufstandes eingeweiht und in die Umsetzung dieser Pläne einbezogen. In seinem Buch beschreibt er detailliert die scheinbar unmöglichen Voraussetzungen für den Aufstand und dessen Durchführung.
Mit seiner Veröffentlichung wollte Thomas Blatt ein zutreffendes und umfassendes Bild des Aufstandes zeichnen und dem Widerstand gegen den nationalsozialistischen Völkermord die Bedeutung zukommen lassen, die ihm gebührt. Damit kämpfte er gegen das fast vollständige Fehlen von Spuren an, da die Nationalsozialisten nahezu alle Opfer ermordet sowie das gesamte Lager zerstört hatten.
Dieses Buch war bisher nur auf Englisch und Polnisch erschienen, im Land der Täter fehlte es. Im Zusammenhang mit dem 60. Jahrestag des Aufstands liegt *Sobibór – der vergessene Aufstand* nun auf Deutsch vor.